传世励志经典

U0654877

孤独的梦想家
巴尔扎克

【奥】斯蒂芬·茨威格（Stefan Zweig） 著　吴玉英 编译

中华工商联合出版社

图书在版编目（CIP）数据

孤独的梦想家——巴尔扎克 /（奥）茨威格著；吴
玉英译. --北京：中华工商联合出版社，2005.11
　ISBN 978-7-5158-1479-7

Ⅰ. ①孤… Ⅱ. ①茨… ②吴… Ⅲ. ①巴尔扎克，
H. D.（1799～1850）—传记 Ⅳ. ①K835.655.6

中国版本图书馆 CIP 数据核字（2015）第 247572 号

孤独的梦想家
——巴尔扎克

作　　者：【奥】斯蒂芬·茨威格
译　　者：吴玉英
出品 人：徐　潜
策划编辑：魏鸿鸣
责任编辑：崔红亮
封面设计：周　源
营销总监：曹　庆
营销推广：王　静　万春生
责任审读：郭敬梅
责任印制：迈致红
出版发行：中华工商联合出版社有限责任公司
印　　刷：天津旭丰源印刷有限公司
版　　次：2016 年 3 月第 1 版
印　　次：2023 年 4 月第 4 次印刷
开　　本：710mm×1020mm　1/16
字　　数：200 千字
印　　张：18.25
书　　号：ISBN 978-7-5158-1479-7
定　　价：59.80元

服务热线：010－58301130
销售热线：010－58302813
地址邮编：北京市西城区西环广场 A 座
　　　　　19－20 层，100044
http://www.chgslcbs.cn
E-mail：cicap1202@sina.com（营销中心）
E-mail：gslzbs@sina.com（总编室）

序

　　为了给《传世励志经典》写几句话，我翻阅了手边几种常见的古今中外圣贤大师关于人生的书，大致统计了一下，励志类的比例，确为首屈一指。其实古往今来，所有的成功者，他们的人生和他们所激赏的人生，不外是："有志者，事竟成。"

　　励志是动宾结构的词，励是磨砺，志是志向，放在一起就是磨砺志向。所以说，励志不是简单的立志，是要像把刀放在石头上磨才能锋利一样，这个磨砺，也不是轻而易举地摩擦一下，而是要下力气的，对刀来说，不仅要把自身的锈磨掉，还要把多余的部分毫不留情地磨掉，这简直是一场磨难。所有绚丽的人生都是用艰难磨砺成的，砥砺生命放光华。可见，励志至少有三层意思：

　　一是立志。国人都崇拜的一本书叫《易经》，那里面有一句话说："天行健，君子以自强不息。"这是一种天人合一的理念，它揭示了自然界和人类发展演化的基本规律，所以一切圣贤伟人无不遵循此道。当然，这里还有一个立什么样的志的问题，孔子说："士不可以不弘毅，任重而道远。"古往今来，凡志士仁人立的都是天下家国之志。李白说：大丈夫必有四方之志，白居易有诗曰：丈夫贵兼济，岂独善一身，讲的都是这个道理。

二是励志。有了志向不一定就能成事，《礼记》里说："玉不琢，不成器。"因为从理想到现实还有很大的距离。志向须在现实的困境中反复历练，不断考验才能变得坚韧弘毅，才能一步一个脚印地逐步实现。所以拿破仑说：真正之才智乃刚毅之志向。孟子则把天将降大任于斯人描述得如此艰难困苦。我们看看历代圣贤，从世界三大宗教的创始人耶稣、穆罕默德、释迦牟尼到孔夫子、司马迁、孙中山，直至各行各业的精英，哪一个不是历经磨难终成大业，哪一个不是砥砺生命放射出人生的光芒。

三是守志。无论立志还是励志都不是一朝一夕、一蹴而就的，它贯穿了人的一生，无论生命之火是绚丽还是暗淡，都将到它熄灭的最后一刻。所以真正的有志者，一方面存矢志不渝之德，另一方面有不为穷变节、不为贱易志之气。像孟子说的那样："富贵不能淫，贫贱不能移，威武不能屈。"明代有位首辅大臣叫刘吉，他说过：有志者立长志，无志者常立志，这话是很有道理的。

话说回来，励志并非粘贴在生命上的标签，而是融汇于人生中一点一滴的气蕴，最后成长为人的格调和气质，成就人生的梦想。不管你做哪一行，有志不论年少，无志空活百年。

这套《传世励志经典》共收辑了100部图书，包括传记、文集、选辑。为读者满足心灵的渴望，有的像心灵鸡汤，营养而鲜美；有的就是萝卜白菜或粗茶淡饭，却是生命之必需。无论直接或间接，先贤们的追求和感悟，一定会给我们带来生命的惊喜。

徐　潜

前　言

　　巴尔扎克是法国著名小说家，有"现代法国小说之父"的称号，他的作品合集《人间喜剧》被誉为"资本主义社会的百科全书"。

　　1799 年 5 月 20 日，巴尔扎克出生于法国大革命后富裕起来的一个小市民家庭。他的童年时光并没有什么快乐可言，被寄养的生活让他没有得到亲情的呵护，再加上他天生内向，并且想象力丰富，以至于他的童年是沉浸于一个属于自己的世界里。

　　成年之后，他过得也不顺利，他的整个一生几乎是一个受难的过程。任何文学之外的尝试也都以失败告终，放荡而不拘一格的生活方式，近乎自虐式的投入创作与感情，几段畸形的恋爱，最终摧毁了他的健康和生命。1850 年 8 月 18 日，一代文坛巨星，因病辞世。

　　巴尔扎克是文学上的巨人，却在俗世生活里扮着小丑角色。他奢华，虚荣，钟爱有夫之妇，周旋于众多女人之间，终其一生，他的写作，都是为了还清债务。生活中的一切挫折成了他笔下优秀的创作素材，在他短促的一生中，创作了无比丰富的作品，其中几部著名的小说甚至是一气呵成，一两天的时间就完成了。他笔下的人物栩栩如生，虽然都具有典型的人物形象，却又有着鲜明的个性色彩，比如高老头、葛朗台这些人已经成为整个文学史甚至人们心中的资产阶级代表。巴尔扎克在作品中"以编年史的方式"描绘了资本主义社会的风俗画卷，细致而深入，突出了人物性格在环境中的变化和发展，看到巴尔扎克的作品仿佛就能够置身于当时法国社会的日常生活中，看到当时人们生活的状态。这是他在文学领域的巨大成就，对日后的现实主义文学产生了深远的影响。

巴尔扎克志向远大，发誓"拿破仑用剑开创的事业，我将用笔完成"。他每天写作 16 小时，睡眠 4 小时，喝了几万杯的特浓咖啡。不可否认，巴尔扎克的一生就是属于文学创作的，作品比岁月还多。

正如雨果所讲："他，思想家的面孔，将永不朽……"

目 录

第一章 成长的年代

第一节 苦难的童年

　　一个像巴尔扎克这样有着无穷想象力的天才，总能构建一座属于自己的世界，并且不会对生活中无关紧要的真相斤斤计较。他将一切都纳入自己所能控制的范围之内。在世俗生活中，他对各种事件都表现出专横的态度。比如在他三十岁左右的时候，有一天，他公开宣布：他的姓名并不是巴尔扎克·奥诺雷，而是德·巴尔扎克·奥诺雷。他还说自己高贵的身份和特权是向来就有的，但事实上这不过是他的父亲偶然开过的一个玩笑，说他和古代骑士德·昂特拉格·巴尔扎克是亲戚。但是巴尔扎克却展开丰富的想象力，把这次吹牛，硬说成了"事实"。此后他签名的时候都会带上"德"这个高贵的姓氏，还把象征贵族身份的徽章印在马车上，坐这辆车去维也纳旅行。每当知道真相的人嘲笑他这种虚荣的做法时，他就坦然地告诉别人，他父亲给他办的出生证可以证明他贵族的身份，他的出生证就像其他的贵族一样。

不过不幸的是，现实往往是很残酷的，那些白纸黑字的文书也是十分可恶的，它对诗人想象出来的传奇故事丝毫不留情面。这对于巴尔扎克这位被后人尊敬的伟人来说尤为尴尬，因为那份被他冠冕堂皇地拿来炫耀的出生证明至今还存放在杜尔城的公文档案室里。显然，那里面没有任何证明他是贵族的痕迹。1799年5月21日，杜尔的一个小公务员记下了这样一段话："今日，市民巴尔扎克·伯纳·佛兰苏，本城居民，住意大利军街，沙杜南地段25号，向本人呈报产一子。巴尔扎克声称，此子名为巴尔扎克·奥诺雷，今日上午11时，出生于家中。"

这段话记载得明明白白，而且另外一些跟他有关的资料，比如他父亲的死亡证明还有他妹妹的结婚证明，都丝毫不能证明他的贵族家世，所以有关他的出身，以及所有他自己说的那些有关家谱的言论，都是这位伟大的作家出于自身的渴望而编造出来的。

从法律上来讲，这些文件完全可以使巴尔扎克打输官司，但是他自己那极富创造性又不可动摇的信念，最终打败了现实，跨越了白纸黑字的严肃，而获得了胜利。尽管后来有很多人为了维护无私的真理而出来更正这件事，不过"文学"最终还是战胜了"历史"。虽然巴尔扎克的家族从来没有得到过贵族的徽章，但是当后人提起这位伟大的法国小说家时，人们都自觉地按照他的意愿说他全名叫作"德·巴尔扎克·奥诺雷"而不是"巴尔扎克·奥诺雷"，更不是"巴尔萨·奥诺雷"。

"巴尔萨·奥诺雷"这个名字几乎从没被人提起过，不过事实上"巴萨尔"才是他的真实姓氏。他的祖先没有任何可以让这位后人炫耀的资本，也从来没有披甲上阵驰骋疆场，或是参与过贵族式的比武。他们的生活不过放放羊、种种地，干点重体力活儿。

巴尔扎克的父亲，伯纳·佛兰苏，1746 年 6 月 22 日，生于在靠近康奈扎克的奴该瑞耶村落的一间简陋的小石屋里。那是巴尔萨氏的聚居地，他们家没有出过什么名人，如果非要说有过什么名人的话，那也不一定是什么光荣的事儿。1819 年，在奥诺雷大学毕业那年，他父亲的一位五十岁的兄弟因涉嫌谋害家乡的一名孕妇而被逮捕了。不知道有没有经过什么审讯，他在第二年被送上了断头台。这是巴尔扎克的一个心结：希望自己能和那位臭名远扬的叔父尽量没什么关系。可能是出于这个愿望，他从小就在心里暗自发誓：要给自己安上一个贵族头衔，并且给自己重新虚构出一段另外的家世。

巴尔扎克的父亲伯纳·佛兰苏，有 11 个兄弟姐妹，作为家里的老大，从小便被自己的农民父亲规定了命运，让他去教会中。村里的教士教他读书识字，还教了他一些简单的拉丁文。可是巴尔扎克的父亲年轻的时候可是个很有野心的人，他丝毫没有剃度出家和一个人独自修行的打算。那个时候他在自己家乡的小镇里随意晃荡，有时候在当地帮忙做做书记员，有时候给人家种地的打打工，种种葡萄什么的。二十岁以后，他就不干这些了。而后来的经历都成了他儿子的写作素材，且多次出现在作品里。他凭借着乡下人特有的韧劲，通过自己不断的努力，竟然到巴黎去混得如鱼得水，混迹于巴黎的生活圈中。一开始，他和那些带着满满的梦想，但不知努力方向在何处的年轻人们一样，默默无闻地混在人群之中，不知道自己将要从事什么职业。而很多年之后，他在当地开始崭露头角小有名气，他开始洗白自己的经历，谎称自己曾经在皇家议院里边给路易十六当过秘书，还做过皇家法律顾问。其实这种假话简直不堪一击，这只是这个虚荣的老油条一时兴起开了个玩笑罢了。因为在皇家史书上，从来没有一位姓巴尔扎克或者巴萨尔的人曾经担任过如此重要的职务。

时代造就命运，法国大革命把这个乡下人推上了风口浪尖，而且在巴黎政坛上占据了一席之地，那个时代有很多这样的人。尽管他对自己人生中所经历的这个最特殊的阶段，向来是谨慎地保持着沉默，但是这段经历却给他带来了许多有用的人脉，加上他与生俱来就有一种哪儿有钱就往哪儿钻的劲头儿，他竟然能够进入一个军队的部门。这个部门的油水很多，说得再清楚点，这个部门是在战时提供各种补给和军粮的地方。自然而然，致富之路从军粮处像金线一样源源不断流向放债人和银行家的账房里去了。伯纳·佛兰苏在这种不可告人的生活方式之下，过了三十年，突然有一天他又改变了一种活法，投入到了另一种工作中，去给巴黎的杜麦尔·丹尼耶银行做主任秘书。

后来他的儿子巴尔扎克曾经多次描写这次人生转折，老巴尔扎克在五十岁那年，总算完成了其一生的重要转变，从一个奔波劳碌且野心勃勃的穷小子，终于变成了一个堂堂正正的、高贵的、受人尊敬的"上流社会"市民。到了这个时候，有了金钱和地位的保障，才算达到了人生中梦想已久的阶段。此时，他又要采取另一个重要举措，在达到他所渴望的最终目的，也就是成为一位富有的绅士之前，他可以从小资产阶级变成更高一层的资产阶级。他想给自己找一位太太，一位能带着丰厚的嫁妆和高贵的资产阶级血统的太太。在他五十一岁那年，他依然身体健康、举止优雅、仪表堂堂，是一位情场老手，他看上了银行里一位上司的女儿。萨郎比耶·罗尔·莎洛特·安娜，安娜比他小三十二岁，还是个情窦初开富有浪漫和激情的女孩，不过同时也是一位既孝顺又有教养的女儿。她的父母看上了老巴尔扎克的钱，于是她顺从了父母亲的意愿。在她父母的思想中，虽然两人年纪相差很大，但是他的理财能力很强，这才是决定性的因素。

他们结婚之后，老巴尔扎克认为再继续为他打工未免有失身份，更别说这还很不划算。由于好战的拿破仑掌握着国家的命运，有战事部队供给方面会更丰富，某些人收入可能会增加，所以在面临职场危机的时候，他动用以前的关系网，再加上他太太的嫁妆做支持，又回归了以前的职位，成为军粮处第二十二师部的都督驻扎到杜尔城中去了。

这个时候，他们的长子奥诺雷出生了，此时正是巴尔扎克一家的兴旺之际，杜尔城的有钱人们都对他们家以礼相待。在军粮处的工作可以给他们家带来一笔十分可观的收入，而且他们家花钱又很节约，还很善于投资，所以日子过得很滋润，甚至有些趾高气扬。奥诺雷出生后不久，他们就搬出了窄小的部队宿舍，搬进自己家的大房子里了。甚至在拿破仑战役最紧张的 1814 年，他们家都过得相当舒服，比其他的外地人都奢侈，他们家有自己的马车，还有许多佣人。这位曾经的农民之子，跟那些最上流社会的人物们，甚至于贵族都交往甚密。其中包括上议员德·瑞·克莱芒，巴尔扎克的作品《一桩可怕的事情》写的就是他那神秘的绑架事件。还有德·马尔冈先生，他在许多年后，曾经帮助过我们那位时常挣扎在走投无路边缘的大作家巴尔扎克。尽管出身低微，家世贫贱，但是老巴尔扎克赶上了一个好时代，这是个动荡的年代，一切都瞬息万变，他的地位已经上升到不被那些名流瞧不起了。老巴尔扎克经常应邀去参加一些市政活动，还经常在有重大决定的时候被征求意见。

老巴尔扎克的德高望重，是在每一个方面都可以被理解的。他身材魁梧，性格乐观，他对自己，对自己的成功，对这世上的一切，都感到称心如意。他的谈吐很少有贵族的气息，有时候粗俗得像个骑兵，还喜欢说一些奇闻逸事（他儿子的《笑林》可能来源于此），他永远兴致勃勃，还是个编笑话的能手，经常吹牛。在这个动荡的岁月里，他的精明能干，决定了他在政治上的倾向，绝对会以破釜沉舟的气概去支持国王、皇帝或革命中的任何一方。虽然没有接受过健全的教育，但是他的兴趣倒是很广泛，读书方面涉猎也很广，因此积累了多方面的知识，这些丰富的积累帮助他应付这个世界。他甚至还写过两本书，书名是《如何防止被偷窃和被杀》《那些被抛弃和被欺骗的少女们不为人知的回忆录》。当然这种作品是不能和他那伟大的儿子的那些作品相提并论的，就像老歌德的《意大利日记》，不能与约翰·沃尔夫冈（大文豪歌德）的《意大利旅行记》相比较一样。

由于精力充沛，加上生活中充满了各种乐趣，老巴尔扎克想要活到一百岁。六十岁的时候，他跟妻子已经有了四个孩子，外加几个私生子，更在八十岁那年，因为使一个不检点的少女怀孕，而受到控诉。医生很少会来他家给他看病。另外，他成了所谓"拉发惹养老金"里的年金受领人，这更加坚定了他要比他同时代的人活得更长的决心。因为该年金法规定：当别的年金领受人死去，他的年金就可以按比例增加。他的儿子继承了这种意志力，不过是用来描绘自己创造出来的文学世界。而对于父亲，就是靠着这种意志力来尽量延长自己的寿命。八十三岁那年，他已经可以领到八千法郎，这个数字已经超过了其他所有的受领人。但是也就在那一年，他竟然死于非命了。若非如此，他和他儿子一样充分发挥意志力，没准儿可以实现那不太可能实现的愿望。

如果说巴尔扎克·奥诺雷从他父亲那里继承来了讲故事方面的生动形象，那么他敏锐的感觉则是从他母亲那里继承来的。像她母亲那样年轻，而且婚姻生活还算得上美满的人，却总有一种觉得自己红颜薄命的忧郁。她的丈夫从来都是开开心心，无忧无虑的，他不会让妻子吵吵闹闹、疑神疑鬼的神情影响自己从容若定的脾气。相反，巴尔扎克·罗尔·莎洛特·安娜很让人厌烦，她经常唠叨个没完、大喊大叫，显得很委屈。她觉得自己家里的所有人并没有百分之百地爱戴、恭敬和抬举她。她在生活中总是充满抱怨，怨她的孩子们对她的奉献没有感恩之心。一直到她死去，她也从未放弃过用她的忠言逆耳和泪眼婆娑，试图感化巴尔扎克，但是已经举世闻名的巴尔扎克只感到了苦恼。但她并不是愚昧和没有教养。在她还很小的时候，就曾有幸成为银行家杜麦尔先生女儿的好闺密。这段经历让她从小就希望过上浪漫的生活。那时候，她对纯文学产生了一种极大的热情，甚至到晚年，她对瑞登堡和其他一些作家的作品依然一往情深。

但是，她那点微弱的文艺气息，没多长时间就被铜臭味给取代了。她出身于一个典型的巴黎小资产阶级家庭，从一个小铁器作坊起家，一分钱一分钱地慢慢积累起来。她也把自己小资产阶级特有的狭隘带到了婚姻之中，尤其是那种表面上阔绰实则小家子气的贪婪本性，和她丈夫的投机本能简直是意气相投。她教育孩子的理念就是让他们知道花钱就是犯罪，只有挣钱才是美德中的美德。从小，她就教育他们应该为自己做长远的打算，追求稳定的生活。如果是女孩子，就要找个好对象。她总是时刻监视着孩子们的一举一动，从来不给他们自由的空间。由于她的独断专行和疑神疑鬼，而且对于孩子们难以把握的未来总是抱着近乎变态的关心，尽管她是出于好心，但她的所作所为总是达到相反的效果，把全家搅得鸡飞狗跳。后来巴尔扎克成为一个成年人时，他总是能回忆起小时候的情景，一听见母亲的声音，就被吓一大跳。

　　巴尔扎克的母亲脾气古怪，她曾冷酷地拒绝了孩子们任何亲昵的表示。她将痛苦强加到巴尔扎克身上，以致他曾经在一封信里表达过："我从来不曾有过母亲。"时隔多年，人们已经很难知道是什么原因促使这位母亲本能地对两个大一点的孩子（奥诺雷和罗尔）冷淡，但对最小的两个孩子却又非常宠爱。这可能是对她丈夫的一种反抗。但不管怎么说，毫无疑问的是很少有别的母亲像她那样对自己的孩子漠不关心。她的长子巴尔扎克刚一出生，还没满月，她就要人立刻将他从家里送走，好像他是个患传染病的人一样。他们把小巴尔扎克交给一个宪兵的妻子抚养，直到四岁。尽管他父母的房子那么大，但他们却不许他回家来，只能生活在一个外人的家里，只允许他每个星期天回家一次，就好像他个远房亲戚一样。父母从来不让他和弟弟妹妹们一起玩，他从来没有自己的玩具，也没有收到过礼物。生病时亲生母亲从来不在身边，也从来没有在她的口中听到一个关心的词。每当他试图亲昵地靠近她，想要拥抱她的时候，母亲一定会严厉地呵斥他，就像他做了什么错事一样，打断了他亲近母亲的愿望。七岁那年，这个可怜的孩子，就被强行送到一个寄宿学校去了。那个时候他母亲就是不想看到他，所以把他送到另一个城市去了。终于经过了痛苦的六年小学生涯，巴尔扎克才得以重新回到家中，不过这并不是什么好事儿，跟他母亲生活在一起是种痛苦。于是18岁成年之后，他立马毫不犹豫地逃离了那个让他无法忍受的家庭。

　　巴尔扎克的性格十分温和，尽管如此，他还是长期不能从小时候遭受的痛苦中摆脱出来。过了很长时间，甚至后来他把母亲接到自己家中居住，那时他的头发已经花白了，他还是不能把母亲在他小时候对他的冷淡和虐待给完全忘记。这种感觉是可怕而且让人无能为力的，他曾经对德·韩斯迎夫人倾诉过他的积怨："你简直无法想象我的母亲是什么样的人！她就像个吓人的妖怪一样。祸害完了我可怜的劳伦斯和祖母之后，她又把魔爪伸向我的妹妹。她总是有很多的借口把我当成仇人一样，甚至我还没出生的时候她就这样。自然而然，我跟她已经到了决裂的边缘，但是我还得继续忍受。那是一道无法愈合的伤口。我们都以为她疯了，还找了她的私人医生来给她治病。但是医生却说：'不，她并没有疯，她本性如此。'我母亲造就了我生命中的一切灾难。"

很久以后，他突然吐露出这些话，就意味着这是他身心无限痛苦的来源。那些隐痛，恰恰是从理论上来讲应该对他最亲近最慈爱的人，在他生长发育最敏感的时期赋予他的。那痛苦，正如他自己所说："是所有人从不曾遇见的最恐怖的童年。"

巴尔扎克在王多欧姆瑞多教会学校读书的时候，仿佛生活在精神监狱里。这六年光阴，人们可以在两种截然不同的文件上找到踪迹：一种是学校注册档案上刻板的官方文件；另一种是名为《朗贝尔·路易》的伟大名著。校方的文件上简单地记录着：巴尔扎克·奥诺雷，8 岁零 1 个月，学号 460，出过天花但没有后遗症，充血型体质，有轻微高血压，1870 年 6 月 20 日入学，1813 年 8 月 22 日离校。老家杜尔城。

在他的同学们眼中，他是个红脸蛋的胖孩子。关于巴尔扎克那时候的情况，他们所能提供的资料，仅仅是他的外表和几件不知真假的事而已。所以，他那本具有自传性质的《朗贝尔·路易》的小说就显得更为动人了。那本书把具有天才气质的巴尔扎克儿时内心的痛苦与悲剧展现给了读者。

书中巴尔扎克采用了双重描写的方法，来展示自己的成长历程。他既是诗人，又是哲学家。他把自己的双面性格进行了剖析，这两个基本形态一个是创造的要素，它以世界为参照，呈现世间百态；另一个是支配的要素，它揭示了日常生活的伟大规律。实际上，朗贝尔·路易可以说就是巴尔扎克自己的一个写实形象。因为这段人生体验虽然看上去不真实，但确实就是他自己的经历。其他一些影射他自己的人物，比如说《驴皮记》中的拉发埃尔，《幻灭》中的阿尔泰斯，《十三人的故事》里的蒙泰若将军等，都不像这个小孩的故事这样全面真实地记录了他的个人经历。这是一个被抛弃于教会的寄宿学校中野蛮粗暴的校规之下的孩子。

这所位于王多姆的市中心的学校，有着黑黢黢的高楼和厚厚的墙壁，小罗瓦尔河从旁边流过，从外观就能看出来，这所学校更像一座监狱。从开学第一天起，两三百名学生就开始经受严峻考验。在那里没有假期，家长只能在特殊的情况下，才能来看望自己的孩子。在上学的这几年，巴尔扎克好像从来没有回家，为了加强故事情节，让人们深刻地体验到自己当时的经历，他把朗贝尔·路易写成一个无父无母的孤儿。学校的学费和生活费还都算便宜，不过孩子们经常连最基本的生活必需品都得不到供应。冬天那些父母不给孩子准备手套和暖和的衣服，孩子们的手脚都生了冻疮，蜷缩着熬过漫长的冬季。我们都知道巴尔扎克的母亲对他漠不关心。他既然是这些孩子中的一个，也就理所当然地享用不了这些保暖的东西了，特别是巴尔扎克（朗贝尔），他的肉体和精神一样敏感，因此和其他的同学相比，更加受罪：

　　　　他习惯了乡下的空气，习惯了在大自然里的自由，习惯
　　了被一个爱他的老人无微不至的照顾，习惯了在日光下躺着

思考，所以服从校规，排着队走路，整天坐在监狱一样的教室里，教室里还有八十个少年默默坐在各自的书桌前，这让他感到非常难受。他全身感官都十分敏锐，因而有时候它们很脆弱，同时，身上的每一个细胞，在这种群居生活之中，都异常痛苦。那种弥漫的臭气，混杂着恶心味道的教室，教室里四处散落着的孩子们剩下的食物，使他的嗅觉受不了。一般来说，比起其他的感觉，一个人的嗅觉和大脑组织的联系最密切，所以一旦受到损害，势必就影响到正常的思维结构，虽然这种影响别人是没有办法发现的。使空气混浊的原因除了这些，还有从课桌抽屉里散发出来的味道。抽屉是每人存放自己宝贝的地方，有节日里宰杀的鸽子，或者是从食堂里偷来的食物，都藏在里面。学校里还有一大块石头，上面老是放着两个水桶，做成了一种水槽，每天清晨，同学们都要在教师的监督之下排着队，到那个地方去洗漱。然后再到一张桌子前等着人给梳头抹粉。学生宿舍尽管每天早上起床之前都要打扫一次，但还是很脏。无论是洗脸的地方，还是梳妆台，还有那些抽屉。总之，凡是那些孩子活动的地方，都是脏的。尽管有许多窗户用来通风，80个孩子聚集到一块儿使空气永远是混浊的。由于朗贝尔之前一直住在郊外，在学校里没有那种清新的空气，还有生活习惯的变化和严格的管理，这一切都使朗贝尔充满了忧伤。很多时候，他左手托腮，趴在书桌上，痴痴地望着天井里的绿树和天空里的云彩，来消遣时间。他表面上似乎学习很用功，但是老师经常发现他其实是在偷懒，他根本不动笔，常常面对着一张白纸发呆。

　　老师们无意中发现，当他们试图教育他时，他似乎是有一种抵触情绪。但他们却没有想办法去体会他内心的特殊变化，只把他当成一个不爱学习的小孩。他们觉得这孩子又笨又懒，又任性又捉摸不透，因为他跟其他的孩子总是不在一个节奏上，他总是按照自己的步子慢慢往前走着，跟大家总是不同步。不管怎样，他比别的孩子挨打挨得厉害多了。他总是受到各种惩罚，以至于都没时间干别的。没完没了的斥责，而且时常被监禁起来，在某两年的时间里，他每个礼拜都得被关起来一次。巴尔扎克那残忍的老师有个撒手锏，就是不停地体罚他。后来这位天才曾经如此描述：

　　　　这个孩子，如此脆弱，却又如此坚强！他身心俱痛。就像古代船上的奴隶。他被拴在书桌上，忍受着鞭子的抽打，经历着疾病的折磨，所有感官都受到迫害，对他来说周围的事物都令人讨厌，他整个人仿佛被一支老虎钳子紧紧地钳住。他当时被打到身体仿佛都不是自己的了，任凭着那些残酷的刑罚施加到自己身上。皮鞭的抽打对人们的身体来说是最痛苦的事情。凶残的老师拿着两尺厚的皮鞭，用尽全身力气抽打他的掌心。受刑的孩子就像个犯人一样，迎着所有同学的目光，从椅子上站起来走到老师桌前跪下。对于自尊心强的孩子来说，这样的屈辱会让他十分痛苦。这种感觉就像从前那些死刑犯，从牢里一步步走向断头台时的那种恐惧一样。有的人在挨打的时候，往往会尖叫或者啼哭，有的人则会由着自己的性格，咬紧牙关默默地承受。但无论这个人意志多么强大，在鞭子落到身上之前的等待过程中，他都不能控制住脸上肌肉的抽搐。朗贝尔·路易不知被单独挑出来殴打过多少次。他被打的原因是他自己都没有发现自己天性中有一种特质。每次他在发呆的时候，被老师呵斥声吓一跳，他经常会对这位打扰他的人瞥一眼，眼神肯定是桀骜不驯的，这种眼神下还蕴藏着很多想法。这种眼神的交流，肯定他的老师有种不舒服的感觉，同时由于他学生眼中无声的反抗而使他怨恨，他便急着想要教训一下这孩子。当这位教师，第一次感受到这不服气的眼光像闪电一样投射过来之时，他就发出了让学生永生不忘的警告，"你敢这样子看着我，朗贝尔，你要挨揍了！"

这几年里，这些严厉的老师，没有一个人能够察觉到巴尔扎克内心的秘密，他们只看出这个学生在学习方面比别人要差得多。但是也没人发现巴尔扎克是一个天才，他能够感悟一些难以言明的事物。他们觉得这个学生既懒惰又不用心，事实上，他们没有发现他之所以学不好功课，是因为功课太简单了。表面上他游手好闲，那是因为脑子里各种各样奇妙的想法让他的脑子太累了。他的老师们并不知道，这个胖胖的小男孩早就乘着智慧的翅膀翱翔，飞到那令人窒息的教室以外去了。在那些年幼的孩子们中间，他是唯一一个独自过着双重生活的人。

到了十二三岁的时候，巴尔扎克找到了心灵的归宿，那就是读书。有一个图书馆员曾经给他补习数学，这使得巴尔扎克这辈子数学都很差，他可能是整个文艺界数学头脑最差的人了。不过图书管理员曾答应他，允许他把喜欢读的书全借出来，不过他没有想过这个少年对书籍胃口到底有多大。这些书成了巴尔扎克的救星。它们缓解了这个孩子在学校里所受的苦难。"只有读书才可以维持我们的头脑存活，如果体制不允许我们从图书馆里借到书读，那么我们的生命将会被摧毁。"这时候，他在学校里的现实生活黯然失色，而书则慢慢地引领他进入了属于他自己的真实世界。

他在自传《朗贝尔·路易》中写道："从那时候开始面对各种书籍的时候，他的胃口仿佛永远填不满，他用历史、哲学、科学、神学的作品来充饥。"

这些他上学时偷偷读书的经历，奠定了他日后渊博学识的基础。由于神助般的敏锐和强大的记忆力，无数的知识都被他牢牢地记在心里。我们在他描写朗贝尔·路易沉浸在读书的乐趣中时，就能够清楚地发现巴尔扎克无与伦比的悟性："对他来说，由于阅读而使意念融会贯通已达到非凡的高度。他能够一目十行地读书，他的脑子可以以一种可与他的目光相同的速度，瞬间抓住书里的意义。一个字常常就可以使他明白整句话的意思。他的记忆力真的是太惊人了。他可以真切地把阅读所获得的东西牢牢记住，并不次于记住那些他自己的感悟或谈话时所倾听到的东西。说白了，他的记忆力并不是单一型的而是多样的，对于地域的记忆力，还有人名、话语、事物，以及样貌。他可以记住他想记住的任何事，并且可以用他内在的感觉，把那些曾经出现过的形态和色彩，都感知到。而且他的理解能力也是异于常人地强大。他自己也说，他对自己经历过的那些心路历程，从浅层次的感受到心灵深处的感悟，或丰富或单一的思想，都能够回顾出来。他的大脑从小就像个源源不断的丰富矿藏，里面蕴藏了大量清晰而新鲜的思想，这使他的心灵时时刻刻保持着活跃。十二岁时，他的想象力在不断读书刺激下已经发展到了顶峰，他用自己从书上看到的抽象概念，在脑中构建了十分具体生动的形象，以至于分不清现实还是虚构。他的理解力惊人，常常举一反三，这种本事可能是与生俱来的，让他能够看透世界上的全部规律。

他自己回忆道："当在书中看到了关于战争的描写时，我仿佛身临其境，轰隆隆的炮火和各种厮杀声就在我的耳边，震撼着我的内心。我能够闻到火药味，看到战马奔驰。我看着两支队伍在沙场上激战，就像伫立在山顶上注视着正在发生的一切。"

当他全身心地投入到自己读的那些书上面时，就好像肉体都失去了知觉一样，只任由着他的内心思绪驰骋飞扬，他智慧的疆域如此辽阔。用他自己的话说：简直"超脱世俗"了！

可是在他的思绪纵情神游之后，这个精神狂欢后疲惫不堪的孩子仍然要钻进自己深恶痛绝的校服，与那些俗气的孩子为伍。他们愚蠢而缺乏创造力，吃力地跟着老师制定的步伐走。当巴尔扎克依旧沉浸在自己的想象世界的时候，老师们却希望他把注意力集中在那些简单的语法规则上。其实凭他聪明的头脑，他只要读一遍就可以把课文全记住，然后回到自己想象的空间里，完全没必要去听老师那些多余的解释。他对于自己周遭的现实世界表示蔑视，这种蔑视使他付出了巨大的代价。

因为他的记忆力实在是太好了，所以他从来不去提前准备功课。因为只要听别的同学背诵一遍课文或者语法规则，巴尔扎克就可以完全照着背下来。但如果运气不好，有时候老师心血来潮，打乱常用的提问顺序，让他最先背诵，这样他就没办法先听别人背，就什么也背诵不出来。此时什么借口都阻止不了老师的呵斥了，但是只有当这种呵斥劈头盖脸地来临时他才会有点感觉。但如果他还沉浸在之前读的书中，或者在想象的世界中畅游，他对老师的批评根本听不进去，于是就会引出更多的批评。

这个早熟的孩子受到的严酷惩罚一直在增加，到最后甚至连中古时代李尔王用来惩罚善良的坎特的一种叫木袴的枷架都被用上了。直到他精神崩溃了，他才离开了他童年的监狱。在那儿，他的身心都遭受到了难以想象的痛苦。而且，没有人发现他精神上所受的折磨。

当这个孩子还没有从所受到的痛苦中解放出来前，在朗贝尔·路易的"启蒙史"上，曾有过一段小插曲，这件事极有可能是真的。巴尔扎克曾经描写过，朗贝尔·路易在十二岁的时候就写过一篇《意志论》。这是一篇关于"内心与肉体之间的关系"的哲学论文。当时有几个爱捣乱的同学，因为记恨他那种"高傲的沉默"，就抢走了他的论文。而巴尔扎克儿时的克星奥古尔神父，这位最令人害怕的老师听到了吵闹，便把这份手稿没收了，直接给了收废品的小贩。而作品中珍贵的思想宝藏，就这样夭折在了无知者的手中。在他的书中，对这件事描写得十分详细生动，还写到了这个孩子当时无声的愤怒，看起来这件事不像是虚构的。但是，到底是巴尔扎克小时候曾经领教过类似的经历呢，还是在他小小年纪的时候真的有能力写出这样一篇《意志论》呢？他真的小小年纪就敢于写这样的作品吗？到底是巴尔扎克那个确实存在的孩子，写出了这篇论文呢，或者只是他想象中的精神上的弟兄，那个虚构的朗贝尔·路易写出来的呢？

这些问题在今天都难以找出确切的答案了。但我们可以确定的是，在巴尔扎克的小时候，他的确想过要写这样一篇论文。因为一个天才思想家所关注的焦点，一般都是在他很小的年纪就确定了的。那是在他的《人间喜剧》里所描写的人物的精神状态，以及行为还没有形成之前的事情。否则，在他的第一部小说《驴皮记》里，不可能也有一位全力以赴地写作《意志论》的主人公。小时候起他心中就有一种坚定的意念，那就是创作能使自己获得未来的荣誉。而且除了猜测，我们还有更坚定的理由认为，他之所以要研究精神和肉体之间的关系，也许就是因为在他上学时一开始就面临着这样的问题。

当时，麦斯梅与高勒那种曲解的学说十分流行，巴尔扎克的一个叫戴赛因的老师，对此学说十分信服。他写了一本名为《建立在身体组织的基础上对精神的探究》的书。他经常将自己对这个问题的想法灌输给他的学生们，他唤醒了班上唯一有天赋想要成为一个心理学家的孩子的理想。那时流行一种"主观能动性"概念，是为了适应人们要追求事物的规律而产生的。而这个规律，是藏在看起来杂乱无章的世界背后的。巴尔扎克的一生，被自己内心无法控制的各种奇思妙想搞得十分困惑，在他写作《人间喜剧》以前，就试图给这个庞大而混乱的世界创造出井然有序的制度，把他们梳理成有秩序的分类，在此基础上他才能够进行精神活动。但我们不能证实对于他是不是在这样小的年龄就已经立志写作了。因为我们能看到的在朗贝尔·路易的《意志论》里所写的那些东西，跟巴尔扎克十二岁时的主张并不一样。

小学毕业那年，他才第一次真正意义上回到父母的家中。以前父母只是偶尔去看看他，回家之后他父母对这个孩子的外表和内心都很陌生。在经历了六年多的严酷生活之后，曾经那个胖乎乎，性格开朗的孩子，竟然变成了一个形销骨立，敏感脆弱的少年，眼神里透着惊恐。他刚回到家中时的神情仿佛刚经历过一个一言难尽的恐怖事件，他的妹妹后来回忆，他当时的举止就好像在梦游一样，眼神茫然摸索着往前走。有人跟他说话，他就像听不见一样，呆坐在那里不动。他这种将自己的性格隐藏起来的拘束态度，让她的母亲十分生气。不过如同他人生中所有的关键节点一样，他天生的乐观又战胜了一切，不久他就重新成了一个乐观健谈的人，但是他实在是太爱说了，他母亲还是特别生气。由于受的教育还不够，他又开始去上中学，1814 年底，他们家从杜尔搬到了巴黎，巴尔扎克又转学去了那里的一所寄宿学校。学校是老巴尔扎克的一位朋友黎毕德先生开的，他是大革命时期老巴尔扎克做参议会议员时的同事。在这个寄宿学校里，同样没有人对这孩子给予他所期待的爱护，他就又一次笼罩在一种被抛弃的感觉中。他在另一部类似于自传的作品《驴皮记》里说出了当时的感受：

> 我曾经在家里和学校所遭遇的痛苦，如今在我寄宿于黎毕德学校的时候，又一次以另外一种不同的方式感受到了。我的父母觉得我在这儿有吃有穿。整天上课学习，他们觉得我过得挺好，所以从不给我零花钱。学校里我的众多同学们，从来没有谁像我这样，不被父母关心。

作为一个叛逆的孩子，在这所学校，巴尔扎克依然无法使自己脱颖而出，成为一个"好学生"。没办法，他父母又将他转到另外一所学校，在那里，他学习还是特别差。他们班有 35 个学生，他的成绩是第 32 名，他母亲原先就怀疑他是个没用的废物，现在来看，她的判断好像是对的。于是她写了一封信给他，信中对这个年仅十七岁的孩子使用了一种悲痛欲绝的语气，这语气一直使巴尔扎克心灰意冷，哪怕他到了五十岁时还这样。信中这样写道：

> 亲爱的奥诺雷：
>
> 我实在不知道该怎么形容你给我造成的郁闷。你真是太不懂事了，我为了你们这些孩子付出了所有，多希望你们能

让我省点心！

你的老师告诉我你成绩竟然降到第 32 名了！！！……他还说这段时间你还是很调皮。所以，本来指望你带给我的快乐，如今看来都不可能了……

原本计划明天八点钟我们见面，一起吃午饭和晚饭，而且可以一起聊聊天。但你如此不思进取，荒废学业，我必须让你去承受你应得的惩罚。我的心里如今是多么难过啊！我的希望是多么渺茫啊！你在学校成绩这么不好，可我至今还在瞒着你的父亲，如果他一旦知道，你下个礼拜就不太可能出得来，虽然你离开学校不是为了玩，也是为了学习。舞蹈老师明天四点半来，我会派人去接你，学完跳舞就送你回去。我这样做完全是出于对你负责任的目的，都是因为我太爱你了。

但是，不管他母亲有多么不好的预感，不管她怎么样瞧不起巴尔扎克，他慢慢也能够凑合完成功课了。1816 年 11 月 4 日，他考上了大学，进入法学系。这一天的到来，可以说是这个年轻人苦难的结束，他迎来了自由的曙光。课余时间他可以自由地读自己喜欢的书，做自己喜欢的事了。但他的父母亲却不这么想，他们认为年轻人是不应该有空余时间的。他应该利用每一分每一秒的时间去挣钱。白天在大学里听听课，晚上读读书，这样就够了，白天他应该再找个兼职做做。为了未来的生存，一点点时间都不可以浪费，一分不必要的钱也不要乱花。从此，他便一边上课，一边到一家律师事务所去做兼职当书记员。这位律师，也是他的第一个老板，是一个令他佩服不已的人，后来在巴尔扎克的笔下，把他写成了戴尔维耶那样伟大的人物。因为这位律师一眼就看出了这个年轻人的聪明才智，然后慷慨地和他交朋友。

两年之后，巴尔扎克又被介绍到一位家里的世交巴赛律师那儿去打工。如果照此发展下去，毫无疑问，巴尔扎克将会成为一位本分的公民。后来奥诺雷总算功德圆满，取得了学位。于是他可以去担任这位著名律师的助手，一旦老板巴赛退休或去世，他就可以独当一面。接着他就可以跟一位家世优越的女子结婚。这样做之后他就可以给他那多疑的母亲，以及他身后的巴尔扎克和萨郎比耶两大家族的亲戚们增光添彩。那么在他此后的人生传记里，他就是一个典型的资产阶级形象，这种作品也就得福楼拜来写了。他也许会成为福楼拜笔下的布瓦尔先生或佩库歇先生第二了。

但是，心底深处压抑多年的火焰终于还是燃烧起来了，他开始反抗命运的安排。1819 年春天，突然有一天，正在律所工作的巴尔扎克从椅子上跳起来，把那些尘封的卷宗掀翻在地。这样机械毫无自由与乐趣的日子他已经受够了。他第一次挺直了腰板去反抗他的家庭，他宣布，不管怎么说，他都不会再从事书记员、律师、法官这样的机关单位的工作了。而且，任何资产阶级的职业他都不想做。巴尔扎克下定决心要做一名作家，并且将来要靠着自己伟大的作品去给自己赢得荣誉和财富，以及他所向往的自由。

第二节　找到人生目标

"心情上的烦恼会让人老得很快，你简直无法想象我 22 岁之前过的是一种什么样的日子！"

——1828 年写给德·葛朗台公爵夫人的信。

　　奥诺雷突然决定不做律师了而是去当个作家，他的家里一下子就乱了套。他竟然要放弃一个这么稳定的工作！一个巴尔扎克家族的子孙，一个高贵的萨郎比耶家族的外孙，居然要致力于写作这个永远没有保障的工作！他能从哪儿获得稳定的收入？文学！诗！这可以是那些子爵们沉迷的玩物，因为他们有数不清的房产；或者德·拉马丁先生或是雨果将军的后代可以玩玩文学创作；可是一个中产家庭的平常子孙绝对不能从事这项工作！而且，这个不肖子孙什么时候显示出一丁点文学方面的才能了？又有谁读过他发表的文章？地方报纸上登过他的诗吗？不，从来没有。在他上过的所有学校，他的名次永远排在最后，拉丁文考个32名，至于数学成绩就更不用说了，更何况数学还是每一个勤勤恳恳工作的人所必须掌握的至关重要的学问！

　　同时，他这个决定做得也很不是时候，因为他老爸正陷于纠缠不清的财务危机中。波旁王朝的复辟暂时中止了欧洲战争，因此，在整个拿破仑时代大发战争财的吸血鬼们赖以生存的基础不复存在了。对他们来说，这就是惊天噩耗。老巴尔扎克八千法郎的丰厚薪水降得所剩无几。杜麦银行清算事件，其他投资也纷纷失败，更是雪上加霜。不过这个家庭的生活质量还可以，并且家里还是有一些积蓄的。但是，小资产阶级们遵守着一条比国家法律还严格的不成文规定："当收入减少时，必须立即以加倍的俭省节约来抵消。"因此，巴尔扎克家放弃了巴黎的房子，搬到巴黎郊区一个叫维尔巴黎西的小地方。在那里，他们可以悄悄地降低他们的生活水平。就在这个时候，巴尔扎克宣布了他的决定，他们本来以为他从此能够不从家里拿钱了，但他现在居然不帮忙反而添乱，宣布他不仅要成为一个作家，还要求父母接济他这种游手好闲、入不敷出的生活。

在这个问题上他的父母意见完全一致，坚决反对！并且还联合了他们所有的亲戚朋友前来助阵。当然，那些人也一致地公开反对这个少爷的妄想。老巴尔扎克在此时算是最心平气和的了，他本来就不喜欢被这些家庭琐事所困扰，所以他只是嘟囔了一声"干吗不随他去呢"而已。其实他本人就是一位老牌冒险家，也是一个险中求胜的人，他一生换了十多种职业，直到晚年，他才在资产阶级的舒坦生活中安稳下来，所以他对这个特立独行的儿子和他疯狂的想法并不感到愤怒，奥诺雷最钟爱的妹妹罗尔也默默地支持着他。她浪漫地热爱着诗歌，而且认为如果她哥哥是一位名人，正好满足了自己的虚荣心。虽然女儿以此为荣，但在那位俗气的母亲看来这却是一个极大的耻辱。一旦她的娘家人听到这个消息，说来自萨郎比耶家族的巴尔扎克夫人家里的公子成了一个作家或是某报撰稿人，那她还怎么在亲戚面前抬得起头？资产阶级普遍不喜欢那种不稳定的生活方式，这两种想法让她坚决地反对儿子的决定。不行！坚决不行！这个懒惰的家伙，上学时就不成材，坚决不能允许他做这种填不饱肚子的梦！绝对不能把他们花在他大学学费上的血汗钱给浪费掉！这一切无稽之谈都必须立刻停止，并且永不再提！

但是这次，她居然第一次遭到了反抗，她无法想象她忠厚而懦弱的儿子身上竟会爆发出这么大的抵抗力，这种不屈不挠，无法动摇的，正是德·巴尔扎克·奥诺雷所特有的意志力！拿破仑皇帝已经不复存在，在欧洲大地上都没有像巴尔扎克这样有决心和毅力的人了，不管什么事情，只要巴尔扎克要做，那么这件事就一定要做到。一旦他下定决心，多么不可能的事都可以做到。哭泣也罢，劝导也罢，哀求也罢，歇斯底里也罢，一切都不可能使他改变主意，他已立志成为一位大作家而不是律师，那么，时间就能证明他可以实现自己的愿望。

经过了长时间的争论，这个家庭达成了小资产阶级特有的妥协。这个伟大的尝试是提出了条件的。奥诺雷可以走他自己的路。他们愿意测试一下他的能力，看他是否能成为一个著名的作家。但这条路怎么走完全是他自己的事。家里对这件不靠谱的事，不会付出太多的努力。父母准备在未来的两年里给他一点补贴，如果两年期满他未能如愿成为知名作家，那就必须回到律师事务所去。不然的话，他们就会撤销本就不多的生活费用。

父子俩签订了奇怪的合同。经过一番周密的计算，父母同意按最低生活标准，每月提供一百二十法郎，作为他们儿子在未来两年里探求自己人生价值的经费。这应该是老巴尔扎克一生中最不亏的生意了，比他曾经签订的任何军需合同或投资生意赚得都要多。

巴尔扎克固执的母亲在比自己更顽固的人面前，第一次被迫让步，我们可以想象她此时是多么失望，因为她十分肯定儿子的这个决定会毁了他的一生，她做的第一件事就是向娘家人隐瞒了奥诺雷丢弃高贵的律师职业而妄想当作家的愚蠢想法。她告诉亲戚们，奥诺雷即将到巴黎去是出于健康的原因，到南方一个表兄弟那里暂住。她希望他很快把这荒唐的想法在三分钟热度过后就给忘了。或者，这个不肖子会认识到自己的错误，那么别人就不会知道他的出走。

这举动真是可能毁掉他的名誉，耽误他的终身大事，还会影响他日后的工作。为了做到万无一失，她悄悄地执行她的计划。因为之前她软硬兼施，都无法阻止她的犟儿子一意孤行去辱没家风，所以这次她必须用诡计耍手段来制伏他，她故意让巴尔扎克挨饿受冻从而改变他的想法，使他体会到家里是多么舒服而律师事务所的炉火又是如何温暖，一旦他在巴黎生活不下去，他狂妄的计划很快就会土崩瓦解，当顶楼的寒冷空气冻得他瑟瑟发抖的时候，他立刻就会停止那所谓的创作。于是，他的母亲以帮助儿子为名，帮他在巴黎租了一间房子。可是她租的这间房子，是全巴黎最破旧、最不舒服的房子。她的用意明显是要用这种方法摧毁他的毅力。

不过非常遗憾的是，莱斯堤居尔街九号的这间房子早就不复存在了。如果想看到的巴尔扎克为了文学所做出的疯狂的牺牲，在巴黎再没有什么比得上这凄苦的顶楼了。我们在《驴皮记》中还能找到关于它的描写。穿过黑漆漆、充满怪味的楼梯间，爬上五楼来到一扇早就破烂不堪，用几块木板拼成的门前。开了门，眼前是一间阴暗潮湿冬冷夏热的阁楼，尽管房东太太只要五法郎一个月，一天才三个苏这么点的租金，也没有任何人愿意住在这种"洞"里。但是，未来作家的母亲为了使儿子无法进行他的新职业，就选中了这间破窑洞。

　　没有什么能比这顶楼和它又脏又黄的墙更令人讨厌了。……屋顶差不多斜倒在地板上，穿过这瓦缝就能看见天。……这个住处一天花掉我三个苏，而夜间的灯油又烧掉另三个苏。我自己整理房间，因为实在无法支付洗衣费，这一天要花两个苏，所以只能穿法兰绒衬衣。因为用煤取暖，算起来，一天大约要烧掉两个苏……一天的开支总计不超过十八苏，还要留两个苏以备不时之需。清晨，我到圣米切尔广场去抬水，这样寄居阿特斯桥的漫长的艰难时日中我就可以把水钱省下。……我在贫穷而又孤独的状态下生活了很长时间。我既是自己的主人又是自己的仆人，凭借着难以描绘的毅力，我过着苦行僧式的生活。

巴尔扎克的母亲下定决心，坚决不会把这间小屋布置得舒服一点，她巴不得这种艰难的生活能迅速地逼迫她的儿子回到正常的生活轨道上来。她只是给巴尔扎克提供最低限度的生活必需品，这些东西都是从垃圾堆里边淘出来的：一张木板床，跟个架子一样。一张小橡木桌子上边铺块破皮子，外加两把椅子，仅此而已。床是用来睡觉的，桌子用来工作，再有个坐的地方就够了。他最希望的是能够租一架小钢琴，但遭到了拒绝。一段时间之后，他只能向家里要袜子和手帕这类东西了。但当他置办了一件雕塑和一面镀金的方镜时，他母亲就写信给罗尔，要她责备哥哥的浪费行为。

然而，巴尔扎克的想象力却能够超越现实，他带着强烈的兴趣去看待生活中那些最不美观的事物，并且在那些令人生厌的东西上也看出了美感。以至于他从那个破房子中所看到的凄凉街景都能给他带来安慰。我们再看一看《驴皮记》：

我记得，那时我在窗前呼吸着新鲜空气，我高兴地把面包在牛奶碗中蘸着，我面前是一幅美好的风景，红色的瓦片和浅灰色的石板交相辉映组成了连绵的屋顶，上面还覆盖着绿色或淡黄色的苔藓。乍看起来，这样的景色有些单调，然而我还是立即发现了这当中蕴含的美，黄昏时刻余晖闪烁，每栋房子或开或合的百叶窗装饰着眼前这奇特的风景，有时路灯闪烁着微光，穿过薄雾，在马路上投下淡黄色的光，并且反射出一层层起伏的屋顶，像在地上画出一片建筑物垒出的海。在这朦胧的画卷中不时浮现出几个人影。在一个屋顶花园的花丛中间有一个正在洗菜的伛偻老妇人瘦削的剪影；隔着一户人家顶楼破碎的窗户，是一个正在梳洗的少女，她大概没有想到会有人在注视着她吧。我只能隐约看见她美丽的前额，和正在被束在一起的长辫子。我愉快地凝神注视着那些屋顶上朝生暮死的植物，那些在风中摇曳着的乱草；那些苔藓在不同的天气中呈现了不同的颜色，雨后它们被滋润得生机盎然，而在阳光下，它们就像古朴的棕色天鹅绒。很长时间之后，那些转瞬即逝的烟云，忽明忽暗的日影，变幻莫测的夜色，屋顶上的炊烟，这些如画的风景，这些只有大自然才能做到的奇妙变幻，都成了我生活的一部分，我对它们如此地熟悉，它们让我快乐，我竟然爱上了这个破房子。我喜欢这里，住在这里很高兴，整个巴黎就像一片荒野，一片由这些枯燥的屋顶组成的原野，它广阔无垠，在生命的深渊中无限延伸，一直到达我的灵魂深处，与我的思想合而为一。

天晴的时候，他会出门去放松一下，他顺着布尔东大马路向圣·昂特纳镇漫步，尽情地呼吸新鲜空气，这是他唯一的乐趣，而且并不需要花钱。这短暂的休息，既能够让他精神得到放松，也能让他兴奋起来。在《卡因·法西诺》中，他写道：

> 只有一种事情能让我满腔热血地从我的研究中走出来，其实这件事也是研究工作的一部分。那就是我出去观察整个城市，城市里的居民和活动。我穿着破破烂烂的衣物，深入到当地工人中间，一点不注意仪表，我跟底层的人们打成一片，加入他们的各种团体活动，跟他们随意闲聊，观察他们

的生活方式，他们在我面前一片坦诚毫无隐瞒。时间不长，我就形成了一种观察的直觉，能够轻易地直击他们的内心世界，当然了也不会因此忽视了他们的外表，其实对他们的外貌我已经了如指掌了，我才可以一眼将他们看透。我犀利的观察让我有了一种特殊的本领，我能够对我所研究的每一个人都感同身受，分享他们的感觉，就像我正经历着他们所经历的事情一样。这样，我就能轻易地站在别人的角度上看问题，这就像《天方夜谭》中的托钵僧人一样，只要他对谁一念咒语，他就可以由外而内完全变成那个人。

我发自内心地理解他们的各种行为，我对他们由衷地偏袒与同情，就好像我自己穿着他们的破衣烂鞋生活着一样。他们的期望和困苦我感同身受，我的灵魂深入到他们中间，就像做梦一样。他跟他们一样对那些残酷的雇主充满怨恨，或者对那种恶毒地强迫他们无偿加班的手段大发雷霆。我放弃自己原有的思维习惯，而用狂热的精神力量去理解别人的道德观念，并把这些玩弄于股掌之间。这样能使我非常愉快，我找不到这力量的来源。这是"超能力"呢，还是我有与生俱来让人着迷的气质？我从不考虑其来源，只是充分地占有和利用这种本事。值得注意的是，我逐渐学会了把那些纷繁复杂的各类人民大众，也按照不同的因素做个划分。我分析他们，并且能判断他们气质的好坏。我很清楚这个城市对我的重要性，这个革命的温床如今都陷于忧患之中，在这里，无论是英雄、发明家、有智慧的人，抑或是无赖与罪犯，全挣扎在贫困中，沉溺于酒精中，你是无法想象在这苦难的城市里，有多少奇闻逸事不被人注意到！有多少被人忘记的戏剧蓝本！你无法想象我在这里看到了多少美丽与丑恶，只凭空想是永远无法发现这些隐藏的事实的。一个人必须深入其中才能发现这些非凡的故事，这些悲剧或是喜剧，这些时间造就的杰作！

巴尔扎克的世界里只需要房中的书，街上的人，能从内到外洞察一切的眼光就够了。他一旦开始创作，除了他笔下创造的东西，这个世界上的一切就不复存在了。

好不容易经过抗争得到了自由，头几天，他开始着手布置将供他创作用的住所。他很乐意亲自动手粉刷装修惨不忍睹的墙壁，他把从家里带来外加从图书馆借来的几本书摆出来。他把未来写满杰作的白稿纸摆得很好看，再削几支笔备着。为了照亮他未来辛勤工作的无数个黑夜，用空瓶子做了个烛台，里边有一点可怜的灯油，又买了一支蜡烛。

现在已经万事俱备了，还有一件有点麻烦的小事让人很烦恼，我们这位自命不凡的作家还没想到自己将要写什么。他那惊世骇俗，立志写作，不成杰作不出门的决定，在当时是头脑一热的爆发。到了现在，一切都准备好了，他却还没有一个工作计划，或者说，他还在无数伟大的计划中摸索着。直到二十一岁，他对自己还不是很了解，不知道将来的路该怎么走，将来是做个哲学家、诗人、小说家、戏剧家还是科学家，他已经发现自己不同寻常的能力，但是并不知道该如何去施展。

他意识到自己心里有一种信念：我要表达一个意识，架构一个系统，阐述一种学术。然而他究竟该向什么意念、什么系统、什么文学流派去奉献自己的天才呢？他还没有发现自己人生的航向，思想的天平自然也就摇摆不定了。他看了一下自己带来的草稿，没有一篇是完整的，全是一些片断，细读下去，他怎么也没法从中找到走向成功的跳板。其中有一部分是讲义和读书札记，它们的标题叫作"关于灵魂不朽的笔记"或者"关于哲学与宗教的笔记"。还有一些草稿，就是些类似于日记的笔记，没有什么大的价值。

还有一些诗句的片段，一些诗只写了开头两句，还有些戏剧的原始稿件，以及几部小说、歌剧的书写计划。那些稿子光名字看起来就特别奇怪。当他对自己的作品仔细地阅读后，剩下来的只是失望，巴尔扎克越来越不知道自己该如何开始创作了。到底是写一部哲学研究的书，一部歌剧剧本，一首浪漫史诗，或是一部小说？到底怎样才能最终使巴尔扎克扬名立万呢？但是无论如何，首先得写出些东西来，才能使他成名，才能够从依赖父母的困境中解放出来，他凭借与生俱来的强烈的爱好，一头钻进书海之中，一方面找一个题目去写，一方面从前人那儿学一点技巧，他写信给罗尔说："除了深入研究并且不断发展自己的风格，我什么事都不做，直到我认为自己将要失去理智。"

时间越来越紧迫了。他花费了两个月时间在寻找和练习的尝试中，但是收效甚微。大概是担心白费劲，他放弃了写一部哲学著作的计划。而且他觉得自己并没有什么能力写一本小说。那么也就只剩下戏剧一条路了。他应该写出一部历史性的、新古典主义的戏剧，而且它必须适合法兰西剧院，就像席勒他们所创作的那样。于是他又从图书馆中借了几十本书来仔细研读。他必须不惜牺牲一切找到一个题目。

功夫不负有心人，终于让他找到了一个题目！

1819 年 9 月 6 日，他写信给妹妹说：

我决定了写克伦威尔的故事，我研究了整个近代史，觉得只有他符合我的要求。自从我决定了写这个题目，越想越觉得开心，我已经沉浸其中，周围一切事物对我都变得没有意义，强烈的写作意愿充斥于大脑，可是由于写作能力不足，思维还老是出现短路……妹妹，再告诉你一个吓人的消息！至少还要有七八个月我才能把它们全部写成韵文，然后再推敲琢磨，再通篇修改一下……唉！你无法体会这其中会出现多少困难。不过，这是自然的，给你举个例子吧，即便是伟大的拉辛，也花费了两年时间去琢磨他的作品，任何一个作家都要经历一个个这样的过程。两年！整整两年呀！

不过，事到如今已经没有退路了，他一定要做到这件事，巴尔扎克第一次下定决心要做一件正经事，并且打算用他不可战胜的意志去搏一回，只要这种毅力发挥出来，就再没有任何事物可以阻止它。

巴尔扎克已下定决心写完《克伦威尔》，而且有一个不得不完成这部作品的原因：

> 哪怕我当作家的努力最终失败，我也必须要完成我的《克伦威尔》。我必须做出一点成绩来，好对妈妈有所交代。

巴尔扎克像走火入魔一样地投入到创作中，就像他自己所说，这样的毅力就连他的死对头都该佩服他。这是他第一次真正意义上过上苦行僧式的严格的隐居生活。在他的一生中，他总是在工作紧张的时候按照这样的方式生活。他经常三四天不出门，没日没夜地伏案写作。如果出门的话，也只是买些咖啡，购置点面包、水果。冬天逐渐来临，他的房子四面透风，还没有火炉，他的手最怕这种寒冷的侵袭了，冻得几乎不能握笔写字，但他的意志力仍旧十分坚定。他在书桌前坚持着，把父亲的旧毛毯盖在脚上，靠一件毛背心取暖，始终坚持着自己的工作。他妹妹给了一条旧披肩，裹在肩头取暖，他又请求母亲给织了一顶帽子。他每天都窝在床上写作，裹着被子取暖就可以少点火，省点燃料钱。其他的困难都无法影响他的创作，但灯油的消耗却让他担心。因为冬天天黑得越来越早，下午三点钟他就必须点灯。如果不是这样，不管白天黑夜，对他的工作都是没有影响的。

在他搞创作的这段时间，从没去过咖啡馆和饭店，快乐、女人都离他远远的。没有什么办法能使他紧张的神经放松下来。天生的胆小使他不敢去接近任何女人。在上学的时候，他只和男孩子们来往，他不会跳舞，不知道上流社会的生活法则，也知道自己笨手笨脚的。因为父母对他太吝啬了，他的穿着简直不入流。虽然已经成年，可巴尔扎克的体型也和他邋遢的外表一样糟糕。有个他当年的熟人曾这么写他：

> 巴尔扎克当时真的是丑得很明显，低矮肥胖的体型，乱七八糟的头发，一张大饼脸，大嘴里还有参差不齐的牙齿，虽然他的小眼睛里透着聪明。

当时他恨不得一分钱掰成三瓣花，那么他就不具备广交朋友的先决条件。至于咖啡馆那类消遣场所，这是青年作家和记者们聚会的地方，他却只能站在门外，对着玻璃照照自己面黄肌瘦的样子。饭店当然也是去不起的。这个繁华都市里所拥有的一切奢华与娱乐，每一件动人的东西，甚至是短暂的休息，都与我们伟大的苦行僧无缘。

只有一个人偶尔对这位作家有点兴趣。他是一位以批发铁器为业的商人，叫达伯来恩，他是巴尔扎克家的老朋友，他常主动照顾这位可怜的文人。时间长了他们结成了忘年之交，这份友谊伴随了巴尔扎克的一生。尽管达伯来恩只是一个做小生意的，可是他对文学怀着崇高的敬意。他经常在结束了一天铁器买卖生意之后，领着巴尔扎克去看场戏，法兰西剧院就成了他唯一的消遣。每到这时候，他们总要先吃点好的再去欣赏剧目，这无疑是对心怀感恩的作家身心双重的慰藉。

达伯来恩每周都要艰难地爬上阁楼，陪着巴尔扎克读书。巴尔扎克在自己的家庭中看到的只是小资产阶级的野心，还有视财如命的本能。但是在达伯来恩身上，他看到的是伟大的道德力量，像达伯来恩这样的普通中产阶级是经常从这种力量中得到活力的。这种纯粹的力量，是任何演员都表演不出来的。后来，巴尔扎克在《毕罗多·恺撒》中的《群歌之歌》里赞颂民众们的优秀品格时，他满怀感激地向达伯来恩这位第一个帮助他的人表示致敬。正是这位朋友以他"既不加装饰又不夸张的实实在在的同情心"理解并安慰了他年少时的痛苦。在书中那位谦逊平易的皮易诺尔律师的身上，人们可以找到达伯来恩的影子。尽管日常琐事使达伯来恩的眼界狭窄，但他却看出了巴尔扎克是个天才，这比文学批评家、比世人早了整整十年。

达伯来恩虽然时常能够减轻他表面上的紧张，但是巴尔扎克内心还是十分纠结痛苦。巴尔扎克压力山大，因为他必须竭尽所能尽快完成《克伦威尔》。所以他不停地写啊写，写的太阳穴生疼，手指都肿了。然而，每当他的疯狂劲儿过去，他又会开始迷惑不解，对于自己，对于自己的才干，对于自己的作品。他不断地问自己："我的能力够吗？"他在一封信中恳求妹妹不要再赞美他，以免让他自满：

> 我恳求你，今后再谈到我的作品时，千万不要再说挺好的，不要再说那些赞美的话，只要提提意见就行了。

年轻人的锐气决定了他不会创作平庸陈腐的作品。"华丽的辞藻滚开吧，必须别具一格创作出与众不同的作品！"

确实如此，每当他置身于文学的世界中，他总认为他的《克伦威尔》是无与伦比的，而且他骄傲地宣称："我的作品一定会在法兰西民族流传千古。所以我一定要一鸣惊人，否则我的梦想就要这样破灭了！"

但是紧接着绝望就跟来了："我已经认识到自己缺乏才华。所以，我根本解决不了我的困难。"他的埋头苦干很可能一文不值。因为面对艺术作品只凭苦干是不行的。"全世界的劳力都比不上一个天才！"作品越写到最后，他越是怀疑这是否能成为一部杰作或是根本什么都不是，所以他更加苦恼。

不幸的是，《克伦威尔》似乎不能成为一部传世杰作了。他不知道自己的才能该用到什么地方，又没有良师益友引路，所以巴尔扎克选错了方向。他根本不懂得人情世故，也不知道舞台技巧，再加上现在的他能力还不足，现在写悲剧，尤其是诗体悲剧，绝对不合适。他对于写韵文简直毫无天赋，流传下来的他的诗，读起来糟糕得不行。巴尔扎克天性热情奔放，诗歌的格律句法、固定节奏所要求的淡然、拘谨、隐忍的气质与其简直格格不入。他只有在灵感喷发的时候才能构思和创作。从一个意象跳到另一个意象，他的想象力之丰富，远不是讲求格律声韵、讲求技巧的诗体所能承载的。这些僵化的形式禁锢了他的灵感，所以他想要追求的古典雅韵的悲剧也就变得僵硬空泛了。

　　巴尔扎克没有工夫去分析自己到底擅长什么，为了争取独立和名誉，他全身心忙着写完他的悲剧，尽可能填完他那乱七八糟的十二行诗中的句子。他一心想着尽快完成这件事以便让命运给他一个答案：他是不是应该按家里的安排回到律师事务所。经过四个月的辛苦劳作，1820 年 1 月，《克伦威尔》草稿终于完成了；然后在亚当岛的朋友家中最后再修改修改。5 月份，他回到维尔巴黎西，已经完成的稿本躺在寒酸的行囊中，等着父母的检查。决定他命运的时刻已经到来。巴尔扎克·奥诺雷到底能不能成为一位法兰西甚至全世界的伟人呢？

　　父母对他的诗体悲剧充满好奇。家里财政状况略有好转，家庭氛围也变好了一些。这应该归功于他最爱的妹妹罗尔，她得到了一个好婚配，一个姓德·苏维尔的土木工程师，值得一提的是，他还是贵族出身。同时，奥诺雷克服了众多困难，居然在外边一分钱都没欠，他的坚忍使家人有所感动，这种成就本身就为巴尔扎克的性格正了名，早先人们认为奥诺雷放弃很有前途的法律工作是因为偷懒，但是这一部两千多行的文稿，让人们对奥诺雷的看法大大改观。达伯来恩在巴尔扎克父母面前讲述了这位年轻人简朴的生活方式，更使父母怀疑自己这么严苛地对待儿子，是因为他们太不相信他了。如果巴尔扎克的戏剧作品能在法兰西剧院进行一场演出的话，那么这对巴尔扎克家族和萨郎比耶两大家族来说将是莫大的荣誉，如果真的能够实现的话，那么巴尔扎克的坚持也是有道理的。他母亲此时竟对奥诺雷的剧本产生了极大的兴趣，甚至答应帮他认真抄写一遍，这样可以使他在公开阅读时不被稿本上乱七八糟的涂改打断，以免丧失它动人的效果。这是奥诺雷生平第一次在家中被人看重。

5月份，巴尔扎克的家中有一种过节的气氛，举行了判定奥诺雷是否成功的公开朗诵仪式。为了公正地评判巴尔扎克是不是个天才，他的父母除了新女婿德·苏维尔，还邀请了几位很有影响力的朋友，这当中有一位纳克卡尔大夫，他是巴尔扎克的医生，也是巴尔扎克的生死之交和一个支持者。达伯来恩当然不能错过他好朋友的首次亮相，为此他特地从巴黎坐着一辆老式马车花了两小时赶来。

这是一场奇特的首秀。家里郑重其事地重新布置了客厅里的家具。椅子摆成一个弧形，上面坐着他的父母，患忧郁症的萨郎比耶老外婆，巴尔扎克妹妹、妹夫。纳克卡尔大夫作为皇家医学会秘书自然高居上座，在座的还有达伯来恩，劳伦斯和亨利这两个小孩坐在他们后面。巴尔扎克就坐在这群外行听众面前，拿着稿本的手不知该怎么放。他特意打扮了一下，茂密的乱发被从前额梳到后头。他不知所措的眼睛在一张张熟悉的面孔上扫来扫去。"第一幕，第一景"他开始断断续续地念着，可是，很快他就读顺了，随即十二缀音诗汇成一股洪流喷薄而出，声韵回荡着整个客厅。

关于这次长达三四个小时的表演到底达到了何种效果，已经找不到任何资料了，人们已经无法知道年迈的外婆是不是其间昏昏欲睡，也不知道两个小孩是否听了一小会儿就坐不住了。但是起码有一点可以确定，这些人在看了这场表演之后，谁都无法客观公正地判断奥诺雷是不是天才。这些人有外科医生，铁器生意人，还有土木工程师，但是没有一个人是合适的文学批判家。刚才听到的这个玩意儿，到底是他们自己不懂呢，还是它就是一部失败的作品？鉴于大家对此不敢确定，德·苏维尔建议把这部作品交给权威人士去评判。对此，他想起自己当初在工业学校上学时教纯文学的昂得烈先生。这位先生曾经创作过许多诗体戏剧，还都搬上了舞台。他打算帮忙联系。这是一位受人尊敬的文学史教授，同时还在法兰西学院执教，所以他可以说是当之无愧的评判人。

对资产阶级来说官衔最有说服力了。这人既然是大学教授，而且执教于法兰西学院，他一定有绝对的权威。于是，巴尔扎克夫人携女儿亲赴巴黎拜见这位先生，并恭敬地呈上了儿子的作品。教授当然很看重她们的来访，因为这么一来，他是一个作家这件事又被人们记起来了。他对巴尔扎克这件作品的评价一直为后世所公认。他认为这个剧本就是个失败品。这位教授最大的功劳就是他没有用完全否定的语气来否认奥诺雷的文学才华。在给巴尔扎克夫人的信中，他委婉地写道：

> 我不愿意让令公子失望。但我还是认为他能够把时间花在比写作更好的地方。他如果来见我一次我会很高兴的，我到时候一定会跟他好好谈谈这件事，告诉他如何研究文学，不需要将写诗当作职业，他也能从文学中有所收获。

这个巧妙的说辞让奥诺雷的父母比较容易接受。如果孩子确实爱好写作，那也挺好。不管怎么样，一个青年人，坐在写字台前总比出去闲逛好，比混迹在女人堆里要高尚省钱吧。但是，必须得像昂得烈教授所建议的，不是做一个"职业作家"，而是单纯作为一种爱好，此外还必须有一个稳定的职业。不过，奥诺雷却看清了这种说法的危险性，虽说《克伦威尔》失败了，但是他还是认为自己应该成为一个"专职作家"。他出于本能地认为写作是他命定的职业，神圣不可侵犯，绝不能当作副业：

稳定的工作将会毁灭我，如果我变成一个小职员，一部只知道工作的机器，就像拉磨的马一样，在规定的时间里转圈，在规定的时间里喝水、吃饭、睡觉，我会堕落为一个庸庸碌碌的人，就如常人所说的生活，像石磨般转着，永远做一样的事情！

他十分确信自己生来就是要做一件伟大的事，尽管他还不知道那是什么。做这件事需要他付出全身心的力量，甚至都不够。当初约定的两年期限还没有到，他还有整整一年的时间呢。他像人生中每次经历重大危机之后一样，树立了比以往更坚强的意志，带着当初离家出走时一样的精神和毅力，又心甘情愿地回到莱斯堤居尔街的小破屋去了。

第三节　写作的歧途

很长一段时间里，巴尔扎克一直不愿意承认他的《克伦威尔》失败了。他跟朋友达伯来恩商量，想把作品送到法兰西剧院去试试。达伯来恩在巴黎做生意久了，在戏院有一些关系。他想把这部作品介绍给一位艺人，然后再做其他的努力。没过多久巴尔扎克又不同意这样做了。为什么自取其辱呢？只要他对自己能力有足够的自信，他就能够承受这种重大的打击。他叫达伯来恩不要再奔走，他把那个稿子扔进书柜，一生也不再去瞧。

他眼前最重要的事是安顿下来然后重新开始工作。第一次的失败已经使他的傲气稍有收敛。一年前，他沉浸在他的写作中，自己飘飘然，认为他可以一举成功，名誉地位，以及富有自得的生活唾手可得。现在他已经从高处跌下来，他应该追求点实际的目标了。目前他必须自立，先养活自己，省得再去向家里伸手求援了。至于写出传世佳作的想法，只能以后再说了。这个乐观主义者，不得不脚踏实地做事，暂时放下那些梦幻了。他打算先写一点能立竿见影的作品赚点钱。

但是，究竟什么样的作品在当时能立刻见效呢？他也不知道。通过观察他发现那就是小说。之前曾流行过卢梭的《新爱洛绮丝》和歌德的《少年维特之烦恼》这类伤感性的小说。现在又出现了一种全新的潮流，拿破仑时代战事频发、社会动荡，法国人民生活在过分的神经紧张中，那时候人们就要靠一些麻痹神经的鸡汤类读物来自我安慰。而在波旁王朝复辟、和平来临之后，民众又想看看别人的冒险经历来刺激一下自己的神经，还恨不得亲身经历一下那些恐怖和变态的情感体验。读者们对那些志怪、言情、传奇类的，以及外国小说十分感兴趣。所以民众对小说的需求量很大，现有的出版量都满足不了他们。

许多作家毫不犹豫地胡编乱造起来了，在他们的书里充斥着"关公战秦琼"这一类的荒诞故事。时而浪漫，时而恐怖，时而写历史，时而编故事，种种不着边际的小说出现在读者面前。现在，属于那些作家的黄金时代终于来临了，如像英国小说家拉德克利夫·安娜女士和她的志怪体小说。有几个人就剽窃了这位夫人的写作技巧发了一笔横财。即使在历史小说这样比较高水平的作品上，人们也开始做文章。那些用大刀长矛的骑士们个个身怀绝技，他们征服的国家与打败的敌人，比拿破仑及其用大炮所征服的国家和敌手还要多。与此同时，拜伦笔下的那些提督和海盗，身上具有浓厚的浪漫忧郁气质，给人们的心灵带来了强大的震撼，就好像政府有一次宣布战争胜利那时一样让人激动不已。

巴尔扎克也打算在这股浪潮里扬帆起航，而且已想好了写一部历史小说。他并不是第一个被拜伦等人的成功所吸引的作家。雨果·维克多及其《巴黎圣母院》与德·威各尼及其作品也随之在这一领域里异军突起。不过他们此时已经是成功的作家了，对于作品已经能够很好地驾驭。相反，巴尔扎克没有经验，才刚刚开始写小说，他只能试着去模仿。他照搬了德克利夫·安娜小说的写作背景，再把那些原班人马都搬上来，最主要的一个人物，就是经常出现的女巫。再有就是诺曼底人，被俘虏的军队小官，再加上一些伤感的情节。开头简略概括出了战争的开始、围攻，直到退守，以及一些不可信的英雄事迹。就这些已超出这位作家眼前的水平了。还有一部没写完的小说，用的是书信的格式，体裁上是卢梭体，并且写的是朗贝尔·路易所喜爱的一个题目《意志理念》。遗憾的是，这只写了概况。这个稿子的一部分，后来被安插到另一部小说里了。

所以巴尔扎克又失败了，巴尔扎克尝试写悲剧失败了。一年半过去了，巴尔扎克伟大的母亲正在家里等着把他最后的自由夺走。1820 年 11 月 15 日，他被通知必须在年底从莱斯底居耶尔彻的房子里搬出去。

巴尔扎克这下真的要自己挣钱了！其实他一直在努力挣钱，没有什么东西比钱更要他的命了。为了争取自由，这两年的时间里他尽力省吃俭用，挨饿受冻。然而现在一切都要落空了。除非出现奇迹才能够拯救他。

童话故事里经常出现这样的桥段，在一个人走投无路的时候，魔鬼就出现来引诱他，收买他的灵魂。出现在巴尔扎克面前的魔鬼，是一个帅气时尚的年轻人。他的衣着得体，举止大方，想要巴尔扎克替他写文章。巴尔扎克偶然间和这位与自己相仿的贵族青年德·来哥罗维耶·勒·波阿特万·奥古斯督结识了。这是一个戏子的儿子，他从父亲那里继承了圆滑的处世之道，靠这个来弥补自己文学素养的缺乏。他居然出版了一本胡编乱造的小说，出版社给了他八百法郎的稿费。这书分上下两册，署名是"德·维也尔惹莱·奥古斯都"，并且将于二月由皇家市场发售。他也许曾经对巴尔扎克说过，巴尔扎克之所以失败是因为对文学的期望过高。干吗要那么认真地去对待写小说这件事呢？写小说简直是太简单了，只要找到一个题材，最好是历史题材，因为出版商特别喜欢这样的题材。然后用最快的速度胡乱地往里填一些故事就好了。他已经找到一个愿意合作的出版社，如果巴尔扎克愿意的话，他们俩就可以合伙写一部小说。或者两个人商量一下，然后由巴尔扎克执笔，因为他写得好又快，而勒·波阿特万则负责去联络跑腿儿。只要巴尔扎克觉得可行，他们马上就可以行动，赚了钱两个人平分。

这是一件多么堕落的事啊！和一位毫无艺术理想的伙伴合作，出版一些毫无营养的快餐小说。这和他往日的梦想简直天差地别。他将为了区区几百法郎去浪费自己的才华，这会毁了他的。一年前，他的梦想是要让"巴尔扎克"这个名字永载史册，并且要超过17世纪的剧作家拉辛，想要重新阐释人类的原理。那个"魔鬼"要的其实就是他的灵魂啊！他将失去他的艺术良心！但是他别无选择，两年期限已到，假如他还不能用自己的笔挣钱，他的父母再也不会给他第二次机会了。况且这样写作总比回去当小职员强。于是他便同意了"魔鬼"的条件，首先巴尔扎克作为一个不署名的作家，帮助完成勒·波阿特万刚刚开始动笔的小说。这家小说制造厂以后的产品，则由两位老板 A. 德·维也尔惹来（波阿特尔的笔名）和汝纳男爵（巴尔扎克的笔名）共同署名。

就像童话故事里的人把自己的影子卖给了魔鬼一样，巴尔扎克正在出卖他的艺术理想，还有他自己的名字都不要了。为了得到自由，他放弃了自由，甘愿为人服务。在这之后好几年时间里，他的才华和名字都被湮没在黑暗之中，不被人们知晓。

确定了这桩交易之后，巴尔扎克回到父母的家中休养了一段时间。他搬到妹妹出嫁前住的房间里。他决定等挣够付得起房租的钱时，出去找一个地方住。就是在他妹妹曾整日幻想着哥哥将来成名的小屋，他把小说加工厂安置在这里了。不得不说他的合作伙伴与代理人挺有本事，给他的任务源源不断地涌来，所以他日日夜夜不停地工作，一张张完成的稿纸越摆越高。他们配合得默契极了，巴尔扎克写小说，勒·波阿特万负责出售。

巴尔扎克的家人对事情的发展满心欢喜。看到第一笔钱有八百法郎，接着又是两千法郎，他们就不再认为巴尔扎克的选择是无意义的了。可能是因为巴尔扎克终于能够养活自己，不用花他们的钱了。他的父亲感到格外高兴，也可能是因为他的儿子放弃了出名的念头，而用假名来避免巴尔扎克家尊贵的姓氏蒙羞。这个温和的老绅士感到心满意足，儿子不再像以前那么执拗了，他真诚地希望儿子能有所成就。

相反，巴尔扎克的母亲总是乱操心，对她儿子的每件事都横加干涉。她把家里的这个小说加工厂当作自己的事。她和她女儿也想插一脚。她对巴尔扎克的作品指手画脚，说他缺乏风格，而且她是第一个抱怨他染上幽默讽刺恶习的人。她催促儿子仔细校对稿件，巴尔巴克对母亲这种无休止的唠叨感到厌烦极了。母亲则更加替儿子担心。她曾向人说："奥诺雷太自负了，这让我们所有人都很伤心。"巴尔扎克在这个家里越来越没有自由，最后实在是不能忍受了。他唯一的希望就是在巴黎有一间属于自己的屋子。

　　带着对自由的向往，他发疯似的拼命工作。他平均每天写三四十页，甚至一天能写一整章。但是他写得越多，他就想写更多。他写作时，就像一个逃犯在喘息着奔跑，这都是为了能逃出家庭。他这么拼命地工作，甚至他母亲都看不下去了。"奥诺雷就像一个野人在玩命，假如他这样持续三个月，他非得得肺痨不可。"巴尔扎克一旦开始工作，他就全身心地投入其中。每三天他就要用完一瓶墨水和十几个笔头。他工作时就像着魔了一样，这增加了他的能力。短短几个月的时间，巴尔扎克帮勒·波阿特万写了四五部作品。到1822年2月，巴尔扎克对只靠他自己的劳动支撑的工厂感到厌恶了，可是他又神速地乱写了一部署名"A.德·维也尔莱"的作品。然而这本书的真正作者汝纳男爵的名字提都没被提。这个时候合同已经到期了，于是巴尔扎克就把其他的作品用自己的笔名出版了。他现在成了唯一的老板，并且决心要使这个工厂成为全法兰西一流的"小说制造"厂。他对自己赚钱的方式感到很满意，便写信给妹妹：

　　亲爱的妹妹，我现在所做的事情，就像亨利四世称王之前的情形一样。我打算在年底挣到两万法郎，这笔钱将成为我成功的基石。你哥哥不久就要成为一个风云人物，成为世界上最多产的作家，成为最受人欢迎的偶像，而且会得到上流社会女人们的倾慕。到那时，你亲爱的哥哥便会富甲一方，昂首挺胸地乘着马车而来。人群会高呼欢迎。人们也会悄悄议论："那就是德·苏维尔夫人的兄长呢！"

　　巴尔扎克这些拿不出手的作品里，我们看到只有一样东西是巴尔扎克未来的本事，那就是他惊人的写作速度。那段时间，他自己独立完成或是与人合作的作品有十六本至二十本。而1822年这一年，他又出产了三部长篇小说，每部多达四卷。他觉得再用之前的假名字不好，于是他便在后两部书上署上了德·圣·沃盘·奥雷斯的笔名。而且现在，他的稿费早已翻倍了。如果一年写五本或者十本小说，就能使他少年时候的梦想得以实现。只需几年，他就能变成一个富人，而最重要的是，他能够保障自己的独立自由。

对于巴尔扎克这几年到底写了多少乱七八糟的东西，我们已经无法考证了。那些署名汝纳男爵及德·圣·沃盘·奥雷斯的小说，仅仅是其中一小部分。在他二十二岁至三十岁这几年，无论什么样的作品，无论帮谁写，他都一律不考虑颜面地接下来。只要肯给钱，他就可以廉价出售他的手笔。这位十九世纪最伟大的作家，居然肯用一种无所谓的态度出卖自己的笔杆子。那时的他跟坐在巴黎街头帮人写信的人一样，为了几个零钱，就替路人写情书，写诉状，甚至恐吓信等。巴尔扎克为那些政客，不出名的出版商，以及各种职业的人写了很多东西，只要他们提出来，他就去写。他写过的东西真的很杂，什么保皇党的宣传册《继承权》，还有关于教会的书《公平的耶稣会史》，还有传奇戏剧，他甚至还编写了一部字典叫《巴黎标记》。

1824年，巴尔扎克为了适应民众的口味，开始创造新花样，不再生产小说，而去生产什么法典啊、科普类的图书。一段时间之后，这个工厂加工出了一大串欺骗小资产阶级的工具书来。《要做个诚实的人》（又名《如何防止被骗》）、《女子领结系发大全》《婚姻宝典》（这本书后来改写成了《婚姻生理学》），还有《教你如何创业》（这本书对他后来那本著名作品《闻人高笛洒》

影响很深），还有《如何做个有修养的人》。这些"指南"，都是以瑞宋·奥雷斯署名的，并且都卖得很好。不过他究竟写了多少这种东西，我们已经无法统计了，因为不管是巴尔扎克本人还是那些出钱的人都不愿公开承认这些事。不过有一点可以确定，这些作品简直跟文学艺术不沾边。而且，如果非要说这些作品是某个人写的，那他一定会无地自容。

这种作品都是在金钱的诱惑下写出来的。刚开始，他是为了追求自由，但后来就越陷越深，养成了不好的习惯。虽然他已经从小说里挣了很多钱，但他为了发财，即便只有很少的酬劳，他也愿意滥用他的才华。虽然后来他的《朱安党人》和《驴皮记》已经使他在法兰西文坛上声名鹊起，然而在几百个法郎的诱惑面前，他常常自降身价做回以前的勾当，甘愿把德·巴尔扎克·奥诺雷的大名贬低。那个时候巴尔扎克在文学创作中简直是无所不用其极。他厚颜无耻地把别人作品里的背景与情节照搬照抄，加工成小说。在文学上，他巧妙地扮演了裁缝的角色，把那些剽窃来的材料翻新一下再加工。不论是哲学上、政治上还是供人消遣方面，只要人们有需要，他就能拼凑出来，以便迎合老板们的嗜好，并且他也准备好了随时调整策略，去创作任何一类流行的文字。

巴尔扎克的这段经历真是令人叹息。他虽然是当时最伟大的小说家，然而他也是那些可耻的出版商，以及那些上不了台面的书贩子和批发商的手下。这是因为他还没有弄清自己的正途在哪里。在文学史上，像巴尔扎克这样的天才，居然也不能免于沾上污点。因为曾经偏离方向，最终他受到了惩罚。所以巴尔扎克在写流行小说时染上的那些不良习气，比如无所顾忌的描写，夸张不写实的形象及矫情的伤感气氛，这些始终排除不掉。特别是他曾经神速地写小说时养成的那种急迫又随意的习惯，对他的创作风格造成了永远的影响。

文学无情地向每个曾经不尊重它的人施以报复。在对文学的尊重方面，巴尔扎克醒悟得有些晚了。后来他拼命地检查他的草稿，甚至校对一二十遍，但是要完全把那些已经根植在他文章中的恶习除掉，已经太晚了。如果说巴尔扎克的文字风格有无药可救的缺点，那是因为在人生中最重要的成长阶段，他偏离了航向。

年轻的巴尔扎克也曾在心底模糊地意识到，他正在贬低自己的价值。所以，他从来都是用笔名来出版那些作品。到后来，他竟坚决地否认那些作品是出自他的手。对他早年唯一亲近的人，那位忠心地支持他的妹妹，他也有所保留地和她交流那些作品。这个时候的巴尔扎克对文学实在是没什么理想。他只是一味地按照合同以最快的速度供给印刷者大量的书稿，双方只是以作品数量和酬金多少来做考量。由于巴尔扎克只考虑速度，所以在写作的过程中自然就忽略了，行文是否流畅、前后风格是否统一，以及书中所引用的材料出自哪里。以至于他看到妹妹在家挺闲的，就跟她建议可以帮着一起写，这多可笑。他的写作生意才刚刚开始，他就想找人来帮忙了，找个和他一样偷偷摸摸工作的合作者。然而，有时候当他辛苦地工作时会突然醒悟过来，被自己残存的良心刺痛。

他现在开始瞧不起以前写的那些作品了，也鄙视那些和他合作过的人，即使那些东西是为他们而写的。他预感他惊人的努力最终必定会有成就，并且使他功成名就。只有这种对未来不确定的预感才能给他一些力量，支撑着他能够忍受住这种自我出卖的悲惨生活。和之前一样，这位想象力丰富的人，把自己从现实中拯救出来。

　　巴尔扎克直到二十三岁都没有谈过恋爱，也没有好好享受生活的乐趣。他从来没有得到过别人的信任和崇拜，也从没有在经历困难的时候得到别人的援助。在学校，他永远被欺负，在家里丝毫没有自由。他不惜出卖他的人格尊严，来换取从家庭中独立出来的筹码。他为了不终生出卖劳力而出卖劳力，这种悲剧的怪圈，决定了他的生活状态。他生活在恶性循环中：为了不必写作而写作；为了不为钱发愁而挣钱；有了钱还要挣更多钱；他想要征服世界，赢得一切想要的财富、美色、荣誉，但现在却游离于一切之外。他为了将来能纵情奢侈，现在克勤克俭。他拼了命，目的是使他将来的生活过得更好。

　　这就是巴尔扎克的梦想。这些疯狂的梦想使他的精神紧张到了极点，把体内所有的能量都爆发出来，这就是促使他工作的动力。他的作品还没有使他成名，而力量却像火山爆发似的再也控制不住。这种力量贯穿整个宇宙，势不可当。他拼命地在巨大的压力中挣扎，努力为自己开辟一条道路，以获得能够滋养他成功的养分，这些就是增加他的勇气给他动力的养分。他着急地去体验生活，想要让自己的作品更加真实。他已找到了完成他事业所需要的动力，而他就差命运之神给予他的运气了。只要有一线曙光，那尘封的一切，马上焕发出勃勃生机。他曾这样写道：

　　　　我真希望有一束光照亮我这种冰冷的生活！直到今天，我还没有享受过生活的喜悦……我很饥饿，却没有什么能满足我。但是那又有什么关系？……爱情和名誉，这就是我人生仅有的两个要求。然而这二者，我一个也没有得到。

第四节 美好的初恋

确实，爱情和名誉巴尔扎克都没有得到。他的所有梦想，都还只是梦想，他的所有努力都没有得到回报。第一部作品《克伦威尔》的稿子早就成了压箱底的废纸。他用假名出版的那些小说，问世不久就没人记得了。巴尔扎克从没有以作家的身份被人们记得。没有人尊重他的才华，他自己更是还没发现它们。他努力通过一种不光彩的手段走进文坛，结果把自己弄得很廉价。他拼命写作，希望获得成功，但是进展不大。即使他非常努力，也并没有使他有所进步。

巴尔扎克之所以不能取得成功，主要是因为他缺乏方向，而并非缺乏能力。相反，他的能力都要喷薄而出了。他具备一个征服者所具有的果敢的意志。他很少有消沉的时候，他坚信自己的智力、学识，以及勤奋等各个方面都优于他人。可是，大概由于那些年他父母对他过于严厉，让他不懂得相信自己，以至于他不知道怎么去施展才华。正如他自己所说："我的勇气都还在沉睡，还没有表现出来。"直到而立之年，他都不曾从一个艺术家的立场出发，去放手去施展才华，也不曾以一个正常男子的观念，去追求与女人。这看起来令人费解，晚年风流成性且狂放不羁的巴尔扎克，年轻的时候却那么害羞！

但是，害羞并不是因为意志薄弱。只有一个内心平衡的人，才能充满自信。但是如果人不知道该把自己的能力用在哪个方向，他就会时而自大，时而自卑，并且摇摆不定。巴尔扎克年轻的时候之所以不敢跟女人打交道，是因为他这种纠结的思维。巴尔扎克在这方面成熟得也比较晚，他把所有的心思都放在了追求理想上。难以想象这个矮矮胖胖、厚嘴唇的年轻人，后来会变得如此风流倜傥、精力充沛。对他来说，女人不需要有多么美或者多性感。他想喜欢谁，就会去喜欢谁；他想要获得什么，就会无所顾忌地去争取。他会准备向任何一个女人发动攻势。只要这个女人能够帮他独立自主，摆脱他父母的控制。管她漂不漂亮，聪明不聪明。像他的作品署的是假名一样，他的第一次求爱也使用的是假名。二十二岁时，这个理想主义者曾给妹妹写过一封信：

> 替我留神一下，你是否能帮我介绍一个有钱的寡妇？……并且在她面前介绍介绍我，告诉她我是一个出类拔萃的年轻人，仪表不俗，潮气蓬勃，简直是做丈夫的不二人选。

跟自己写的那些书一样，巴尔扎克那时在婚姻上简直也没什么要求。因为他也认为自己是个毫无价值的人。这时候从没有人鼓励过他，他也就认识不到自己的人生价值。如果有一个出版商或批评家赞许过他，如果一个女人曾给过他温暖，他就不会这么害羞了。然而名誉跟他无缘，女人也不理睬他，于是他只好尽最大努力去争取金钱，然后通过金钱获得自由。

也不怪女人们不喜欢他。一位夫人曾描述巴尔扎克为"一个极丑的年轻人"。即使是巴尔扎克的男性朋友，看到他都觉得很恶心，缺落的牙齿，一开口就唾沫星子四射，还有那又油又乱的头发，脸上总是胡子拉碴。他捡他父亲的旧衣服穿，可是当老裁缝试图给他把大粗脖子和宽阔的肩膀改出来之后，腰身和下摆就不够了。巴尔扎克深知自己的矮胖和不协调，假如学着那些浪荡公子们扭扭捏捏地走路，或者进舞池跳舞，一定会闹笑话。正是在人群中的自卑感，让他再次回到他的孤独和工作中去了。每当有漂亮的女士接近他时，他那双神采奕奕的眼睛就怯懦了。比他蠢得多的人都能用动听的言语取悦别人，然而巴尔扎克空有才识和丰富的情感，他竟害羞得说不出一句话，这样的优势又有什么用呢？他深知他的才识比起那些英俊得体的年轻人强得多，虽然他们比他更善于取悦人。带着对恋爱极大的渴望，他准备用他将来的杰作、他的智慧、他的学识，去征服女人。这种方法可以帮助他，学会怎样用温柔的表情和目光去接近一个女人，同时敏锐地感知她们的内心。然而连一点渺茫的希望都没有，虽然只要有了这一丝希望，他伟大的想象力就能照亮整个世界。现在的他对女人的吸引力就像他的名字对出版商一样没存在感。巴尔扎克在《驴皮记》里曾写过他早年在这方面的绝望：

> 我的灵魂在它努力却受到伤害之后，就把自己藏起来了。……我真是讨厌死我自己的害羞和笨拙了，我自知丑陋，所以我自惭形秽。然而就在我绝望的那一刹那间，一个声音在向我呼叫："勇敢一点，加油！"那突然出现的闪光照耀了我的孤独，展示了我的力量。虽然我从自己的作品中看到了希望，但是我仍然像一个小孩子那样不敢相信。我相信我将来一定会成就一番大事业，但是我还是能感觉到自己的不足。

> ……

> 我遇到的那些同龄人中，很多神气极了，他们自信地昂着头，趾高气扬地走路；泰然自若地和女人们交往，丝毫不拘束。这些人让我深深地受到了刺激，还有他们的夸夸其谈。在他们的谈话中，他们每个人都有一大堆风流韵事，而

且他们看来对此还毫不在乎。在他们眼中，无论一个女人多么贞洁，只要耍耍手段就能弄到手。一句温柔奉承的话，一个小动作，一个眼神就能把她们征服。然而对我来说，在那时候，想要赢得一位迷人的女士的欢心，简直比我在文学的道路上努力攀登、获得荣誉还要难。

……

在那时，我在偷偷地暗恋着好多女人。为了她们我甘愿赴汤蹈火，粉身碎骨在所不辞。可是她们都不属于我。在社交场合中，我跟那些口若悬河、满嘴甜言蜜语的家伙简直不能比，我真是太嫩了。我既不知道如何表现自己的沉默，也不知道怎样跟人东拉西扯。于是我不得不把心中的激情隐藏起来。然而我的灵魂中的确充满了任何一个女人都会渴求的浪漫的情调。这种真正的浪漫情调，是那些蠢货们所不具备的。但是所有的女人都是如此残忍地对待我……唉，认为自己为爱而生，并且注定会使女人得到满足的人，却从来没有一个女人！哪怕是那些丑女人和老女人呢！就像那些怀才不遇的人一样，一直遇不到一个识货的人。我太失望了，有时候都觉得活着没意思。

甚至连一些像其他年轻人那样小的尝试都没有，虽然那可能给他找到一个梦中情人。在父母身边的时候，父母死死地盯着他，到了巴黎之后，虽然自由了，但是太穷了，每个月那点钱连请一顿最次的饭都请不起。

……

但是，阻力越大动力越强。一段时期里，巴尔扎克像修道士一样把对女人和恋爱的欲望压抑下去了。这种能力是在他工作时的专注里形成的。从他的小说里可以看出，因为他的生活条件实在有限，他就用一种替代的方式来宣泄自己的欲望，他用笔下甜蜜的恋爱及温柔的女主角来麻醉自己。然而这种方式却在他的心底埋下了更强烈的欲望的种子。这方式是欲望的恶性循环。巴尔扎克蒙昧的时代已经过去，他再也不能忍受孤独。他要过正常人的生活，他要恋爱，要被人爱。而当巴尔扎克下定决心要得到他所想要的东西时，他能够创造出一个世界。

当激情被压抑到极限时它就要爆发。在维尔巴黎西他父母的眼皮底下，决定巴尔扎克命运的经历开始了。他们家有一户邻居，是一对名叫德·贝尔尼的夫妇，他们在巴黎的房子与巴尔扎克家相邻，另外在维尔巴黎西还有一栋别墅。这使他们结成了巴尔扎克家引以为荣的友谊。德·贝尔尼·嘉伯瑞耶尔先生出生于名门望族，他的父亲身份高贵，而他自己还做过皇家法律顾问。他的太太比他年轻很多，虽然不是贵族出身，但她是个很容易相处的人。她的父亲安耐尔·周寨佛·菲利浦曾经是安他涅特·玛利王后面前的红人。娶了王后的一位侍女德·拉波尔德·玛格瑞特。安耐尔三十岁时就病逝了，那位侍女又嫁给了保王党中的德·艺尔瑞耶骑士。曾经有一次在危急时刻骑士从监狱里救出了王后，这证明了他的忠心。

德·贝尔尼宽阔的别墅中是愉悦和谐的家庭生活，他们有七个漂亮的孩子。两家的关系非常密切，巴尔扎克一家对他们非常友好。同时，巴尔扎克夫人与德·贝尔尼夫人年龄性格相仿，两人也成了密友。当巴尔扎克回到家里的时候，父母便也安排他做点事，他的父母认为他可以在闲余时间给他的弟弟亨利补习功课，就当交伙食费了。德·贝尔尼·亚历山大和亨利差不多大，因而他也利用这个机会来补习功课。他当然愿意以这种借口摆脱父母的管束，所以总是待在气氛融洽的德·贝尔尼家中。

没过多长时间，老巴尔扎克夫妇俩注意到巴尔扎克发生变化了。在没课的日子里，巴尔扎克也总是到德·贝尔尼家里去，并且在那儿一待就是整个下午。还有，他比以前注意打扮自己了，对人的态度也温和起来了，不像从前那样态度冷淡。很明显，他肯定是谈恋爱了，而且恋爱对象不用问就知道是谁。德·贝尔尼有一个长得很漂亮的女儿，巴尔扎克曾这样描述她："她是一位令人销魂的女人，一朵异国的鲜花。"他父母这下满意了，这真是好事，这个儿子这次终于做了一件让人高兴的聪明事儿。德·贝尔尼家族无论在财富上还是社会地位上，都十分优越，比巴尔扎克家强多了，如果跟这样一个家族联姻，巴尔扎克会得到一个很好的发展，而且这比写小说什么的强多了。他们暗中鼓励巴尔扎克去交往。而老巴尔扎克夫人已经开始算计，这个儿媳妇嫁过来一定会带一大笔嫁妆。她梦想着这对年轻人的结合。

说起来巴尔扎克的母亲也挺可怜的。虽然她由衷地关心儿子的发展，可是她最大的问题在于根本不了解自己的儿子。所以这一次，她又搞错了。巴尔扎克恋上的并非那位美丽的少女，而是那位叫作德·贝尔尼·罗尔的妇女。这位生过九个孩子的四十五岁的女人，竟然仍能使这位年轻人爆发出炙热的爱情，这是多么难以理解啊。现在无法考证德·贝尔尼夫人年轻时是否美丽。但有一点是毋庸置疑的，四十五岁年纪的她是对任何的年轻人都没有吸引力了。虽然她忧郁的神情可能有点魅力，但她的身材却已走形了，而且她母性的光辉应该早就盖过她的性感动人了。

但是，巴尔扎克从小到大一直期盼得到的，就是这种母爱。他一直在苦苦寻找，而竟在这种情况下得到了。他要的就是这样一个能保护他的天使般的女人，引导他释放身体中的能量。一个既爱他又理解他的人来缓解他的紧张；既能鼓励他，又能善意地指出他的缺点；尽力了解他的思想，而且并不嘲笑他丰富多彩的梦想。此时的他迫不及待地想要有一个能够理解他内心情感的人。这个跟他母亲差不多大的女人，在听他倾诉时，让他感觉到了信任；当他谈到他那些听起来不切实际的计划时，她透着聪慧的眼睛闪烁着温柔的光。就是这个女人，她用她的温柔与和善，把他性格的扭曲矫正过来。在她温柔的调教之下，巴尔扎克找到了心底中埋藏已久的信心。在他的《费米安尼夫人》一书中，描写过她给他带来的幸福：

> 遇到这样一个女人绝对是福气。她温和的声音，使她的举止和外貌都充满魅力。一个女人，她的言谈举止都是那么得体。即使她嘲笑你批评你，你也感觉不到什么恶意；遇到问题的时候她从不大吵大闹，而是充满耐心，处理得恰到好处。她总是微笑着，高雅而不做作。有时她焦虑但绝不暴躁。她从不招人烦，而且你发现她周围的一切都和她一样有魅力。在她们家待着，你就会感到愉快，哪怕仅仅是呼吸空气，都觉得舒服亲切。这个女人真是太平易近人了，她一点都不矫情；她从来都不故意显示自己，只有在真的有所感触时才流露出情感……她既温柔又有活力，表达感情时也自然真实。你将会为如此可爱的天性而着迷，即使她做错了事，你也会觉得她就是对的。

巴尔扎克走进了一种新奇的体验。跟这个家庭的交往，竟然给了年轻的巴尔扎克一个去体验当代社会的机会，他原本就对民众们及其和整个社会的关系很感兴趣。这位德·贝尔尼·罗尔的洗礼仪式曾经是由国王和王后来主持的。她继承了路易十六的姓氏路易斯，以及安德涅特·玛利王后的姓氏安德涅特。她听她的继父德·艺尔瑞那骑士讲过曾经冒死深入大牢里搭救王后的故事，并且帮助已经被判死刑的王后传递信件的事儿。大概德·贝尔尼夫人曾把王后写的这封信拿给巴尔扎克看过。这封遗书写得十分感人，里面赞扬了骑士的勇敢与忠诚！这是一些多么有纪念意义的故事啊！那些精彩的描述唤起了他的想象力，他的创作欲望也被唤醒了。巴尔扎克曾经都是过的什么日子：上学时备受摧残与折磨，住在莱斯底居耶尔街阁楼上过着饥寒交迫的生活；在家里被父母管束着，每天听到的都是父母关于生活琐事的各种抱怨与算计，父母满脑子都是钱。而在德·贝尔尼夫人身边，他听到的是温柔的声音，讲述的则是关于君主政体的灭亡和大革命时期的故事。而且眼前这个人，尽力满足着他的好奇心。在这样的对话中，他的想象力起飞了，他的心胸越来越开阔，在温柔的感化之下，他第一次体会到了生命之广阔。

故事的开始其实很老套，就跟每位名人遇到他的初恋情形差不多，她只是想给这位暴躁幼稚的年轻人一点意见。她并没有其他的意思，她只是想将自己的经验告诉给他。但是，这种类似师生之间的关系，却极容易不知不觉地变质。用不着有意去做什么，友情就变成了爱情，恭敬也变为倾慕，还有那种朋友间亲密的交际也变得暧昧了。

德·贝尔尼夫人开始也认为那不过是这个乳臭未干的孩子对她的阅历和社会地位的崇拜，其实并不是这么回事儿。她万万没有想到，当他在她面前变得越来越有自信的同时，心中那被长期压抑但从未熄灭的情欲之火已经被点燃。人们也想不到，这样的年龄，对于想象力丰富的巴尔扎克来说一点都不是问题，这位已经做了母亲做了奶奶的女人，在巴尔扎克眼中她就是一个可爱的少女。他对爱情强烈的渴望造成了这个情感奇迹：

> 当我第一次见到你时，我全身的感官都感到兴奋，而且我的想象也开始沸腾。我确定，你就是我所要寻找的人……虽然我也说不清我到底要哪类人。但是，爱情的感觉已经占领了我的整个思维。我只觉得你是最完美无缺的女人，这让我奋不顾身。

仰慕之情最后变成了情欲，而巴尔扎克一旦深陷其中，将再也不会有什么力量能够阻挡他了。

德·贝尔尼夫人着实被巴尔扎克吓到了。其实在年轻的时候，她也不是什么保守的女人。在婚后，她和不止一个人发生过暧昧的关系。在他们那个小城，甚至有种传言说，她最小的那俩孩子根本不是她那个又老又瞎的丈夫亲生的。因而，那绝不是一个贞洁女子被这位年轻人炽烈的热情所震撼。她很清楚地知道，自己已经 45 岁了，孩子们都已经长大成人，自己若跟一个比自己女儿还年轻的男人交往，被自己的孩子知道了是多么荒唐。既然知道这样的恋爱是不会成功的，那又何必要陷入其中呢？德·贝尔尼夫人曾经悄悄写信给巴尔扎克，试图跟巴尔扎克说清楚俩人只是朋友，她特别强调了两人年龄的悬殊。巴尔扎克急了，他知道德·贝尔尼夫人并不像他的那本《老小姐》里的悲剧女主角那样羞怯，害怕承受不住社会上对这对"母子恋"的舆论压力，他下定决心征服这个女人：

> 上帝啊，如果我是个跟你一样到了 45 岁还依旧可爱的

女人，我将会和你有截然不同的选择！一个年华逝去的女人，到了此时竟然会拒绝那么美好的爱情，太不可思议了！

实际上德·贝尔尼夫人也已经爱上了这位热情似火的年轻人，才会故意给他设置这么多考验。很长一段时间里，她都用尽全力拒绝着巴尔扎克的猛烈追求。不过，这可是巴尔扎克第一次恋爱，他可不会轻易放弃，一定要全力以赴。为了树立自信心，他需要获得一些成效来鼓励自己。而对一个意志薄弱而且婚姻失败的女人来说，她的心早已被他点燃，因此想要抗拒巴尔扎克那种能征服世界的意志，已经不可能了。一个闷热的八月，事情就那么发生了。夜深人静的时候，通往德·贝尔尼房子花园的后门轻轻打开了。一只颤抖的手悄悄地牵着情人进门了。在那儿度过了让人意想不到的一夜，那一夜的欢乐幸福，他一生中再也不会有第二次。

纸是包不住火的，不久小城里就议论纷纷了。德·贝尔尼家里则变得紧张起来。三个未出嫁的年轻女儿很不高兴。她们竭尽全力不让巴尔扎克进门。其实，被这件事的影响最深的是巴尔扎克夫人。在决定他儿子心智发育的那些年，她对这个儿子根本不放在心上，并且故意控制他对自己的爱，毁掉了他的自信心。可是如今，巴尔扎克夫人看到儿子从那个45岁的老女人身上同时得到了母爱和爱情，这个女人便产生了强烈的嫉妒。为了拆散这两个人，她便在1822年春天，强迫巴尔扎克离开家去妹妹家住一段时间。为了让他没机会逃跑，她亲自把巴尔扎克送上马车出发了。以前她从没有把儿子写的那些小说当回事，觉得那不过是拿来赚钱的。现在她却一反常态，想要他在文学上有所建树。她让他在把稿子送去出版以前，先让她审阅一遍。现在她再做什么努力也没什么用了，有了德·贝尔尼夫人做对比，他对她那种装模作样的关心表现得毫不在乎，而且也不像之前那样尊敬和害怕她了。

她觉得巴尔扎克已经不受他的管束了，她还想控制住他，可是她已经没有什么权力了。巴尔扎克第一次成功的恋爱，使他成了一个成年人。巴尔扎克找到了自信，而母亲的权力却消失了，那种权力毁了儿子的青春。当她向女儿抱怨他时，她也只能说一下她自己的无能。不过一切都太迟了，巴尔扎克就像一个大病初愈的人一样，从不幸的命运中逃脱出来，并且把自己从他父母的掌控中解放出来，他对自己充满了信心。他早就把自己所有的心思都转到德·贝尔尼夫人家里了，他的母亲无论是请求斥责还是歇斯底里的吼叫，还有外人的议论纷纷，都已经不能阻止他对这个女人的爱恋。他的母亲要发狂了："奥诺雷丝毫不觉得一天到她家里去两趟是不检点的行为。他根本没有认识到事情的局势。我真恨不得离开这个地方！他现在除了这件事儿什么都顾不上了。可是这个傻孩子不知道，他要是一直想着这件事，早晚他要厌烦的。"

他母亲现在只能盼着，他的儿子不久就会对这份爱情产生厌倦，放弃那个老女人。然而，她还是不了解他，这份爱情可没有那么不堪，还帮他从这份爱情中找到了真正的自我。他身上的人性被唤醒了，我们伟大的作家逐渐地获得了真正的精神上的自由。在德·贝尔尼·罗尔的帮助下，巴尔扎克真正地寻找到了自我。后来他说过：

> 她像我的母亲、朋友、爱人、导师。是她让我成了一个真正的作家，给了我所需要的理解，她引导我的兴趣，像小

姑娘一样逗我开心。她让人感到放松和舒服，没有她就没有现在的我。

他从她的身上得到了女人的一切：

当我快要窒息的时候，她用她的鼓励和牺牲精神，将我救赎……她建立了我的自尊，这种自尊保护我与世上的邪恶事物对抗。我活得好好的，这都是她的功劳，她就是我的所有。

这份伟大的爱情，维持了十年之久，从 1822 年持续到 1833 年，并且渐渐降温成了友情。这十年间巴尔扎克对她的感情升华了。后来他写了很多关于德·贝尔尼·罗尔的作品，这些作品里都是对她的赞美和感恩。她唤醒了他身上的人性，还有作为艺术家的灵感和才能。他从她那里得到了勇气、自由，以及安全感。甚至在《幽谷百合》中，完美的主角德·莫尔梭夫人，他觉得跟德·贝尔尼·罗尔还差得很远，书中只是描写了她的一些不太重要的优点。并且他很自责地说，他永远都不能把她的美好准确地刻画出来。但是，这次跟德贝尔尼·罗尔的情感纠葛，他认为是他一生中最重要的幸福。他的这种感情还是用不朽的文字给记载下来了：

再没有什么东西能比得上一个女人为了完成一个男人的初恋而生出的最后的爱情。

与德·贝尔尼夫人结识成了巴尔扎克一生中具有决定意义的

转折点。她激发了这个男人隐藏的自我，并且使这个艺术家获得了自由，而且此后他所爱的女人都以她为标准。后来，巴尔扎克遇到的每个女人都要给他这种母爱的抚慰，因为这曾经给他非常大的幸福。他所要找的女人，首先不能耽误他的工作，并且他工作结束之后，她能够让他放松与快乐。他所需要的女人必须理解他。因此能符合这些条件的女人，就是那些年纪比他大、经历比他多，还得让他尊敬的女人。那些有过生活的阅历，早已经对爱情和生活失望的女人，成了他作品的主角，也是他生活中追求的女主角。她们对生活已经不再抱有什么希望，所以她们得到他的爱恋和追求，并且成为他的伴侣，来为这位大作家服务时，她们便会认为这是一种恩赐。外貌的美丽从来都吸引不了巴尔扎克，无论是性感的娼妓，还是所谓的才女，抑或是那些青春少女，都诱惑不了他。他强调自己"对少女是深恶痛绝的"，因为她们要的太多，而付出的太少。他曾说："四十岁的女人愿意为你付出一切，二十岁的女人只想索取。"在爱情的道路上，他总无意识地渴望那种无所不包的恋爱。这样的爱情，曾经在他的面前出现过，这个女人是他的一切，她是他的母亲、姐妹、朋友、师长，也是情妇。

第五节　商业的冒险

巴尔扎克的第一个梦想实现了。他得到了爱他的女人的帮助，他由此收获了自信，他已经掌控了自己的精神世界。这时，巴尔扎克如果能够掌控自己的物质世界，他就可以开始真正地去做事业了。

在二十五岁之前，巴尔扎克一直都用自己的写作一点点积累物质财富。1824年冬末，他突然决定从事新的事业。在他的人生中，那是不祥的一天。带着自己最新写的小说，巴尔扎克来到了圣安德烈·德沙尔广场30号一个出版商康乃尔·雨尔板的店铺。他没有在那里受到挫折，相反，康乃尔深知德·圣沃盘·奥雷斯写小说肯定不会拖时间。而且他作品里的那些暴力色情，以及异域风情的东西，都能让读者满意。康乃尔先生毫不犹豫地就接下了巴尔扎克的书稿。

可很不幸，接下来他们俩聊天的时候，出版家把自己的一个商业计划告诉了巴尔扎克。他想出了绝妙的发财方法，去印刷一些能当作圣诞节礼物的书籍，以及特供资产阶级家庭需要的书籍。虽然法兰西的古典作品一直以来都很受欢迎，不过知名作家写这些写得太多了，所以不一定有好销路。比如，莫里哀或拉·方登的全集现存版本，这样的书放在人们家里太占地方了。那么，何不把所有古典作家的作品全集以单行本出版，通过缩印，把莫里哀或拉·方登的全集包装在一本书，再添上精美的插图，这类书必定很畅销。这个计划他已经筹划许久，就缺一大笔资金了！

巴尔扎克是个理想主义者，这个计划自然让他很兴奋。他马上提议，自己也要加入这个伟大的计划。其实，他并不需要冒着巨大的风险搞商业投机。只要他辛勤工作，他自己的小说生意是相当不错的。他每个月只需用一支笔和几本稿纸，就能有一笔相当可观的收入，一年大概能有几千法郎。但他成功的爱情使他希望过上一种更高层次的生活。作为一位贵妇人的情夫，继续租住一间小破屋，简直太有失身份了。他早已不再满足于靠写小说辛苦挣钱，这有点儿丢人而且没有什么意义。为什么不冒险试一下，没准儿就发一大笔财呢？为什么不花点钱投资在这大好机会上呢？他本可以继续此前的工作，写一些匿名出版的作品，毕竟好多伟大的作家都干过低贱的工作，比如给小报投稿、帮人校对书稿之类的。其实在他看来，只要能挣到钱，用什么方法都不丢脸，只能说明这个人有能力。但如果一个人工作得很辛苦，却只能换来很少的钱，那这个人就很愚蠢。现在，赚大钱的机会来了，挣到了钱他就可以有机会集中力量，创作一部署上自己名字，且真正为世界承认的艺术作品了。

巴尔扎克没有仔细思考这件事，他已经被幻想冲昏了头脑，根本不考虑这件事的风险。投资事业让他感到刺激过瘾，这种刺激就像写作时感受到的一样。为了争取文学上的成功，他不会拒绝发财的机会。无论是书籍图画还是铁路股票，还有房地产、建筑、木材五金，所有生意他都可以去做。他唯一的目标就是让自己的能力发挥出来，至于用什么手段就无所谓了。他只想拥有掌控权。直到他三十岁时，他都没想好自己是想当个新闻记者还是政府官员，或者是画家还是诗人。要是得到什么机会，巴尔扎克没准就能成为生意人、投资人或银行家。他最终走上文学之路，不过是凑巧罢了。如果在某一年，他可以选择成为一个金融家或是《人间喜剧》的作者，那么，他会成为金融家还是文学泰斗，还真说不好。

每当有一个新计划，不论是商业方面还是文学方面的，他都会兴奋起来。他看待任何事情，总带着奇妙的幻想；他讲故事时，也总是极尽夸张；他算数时，总是含含糊糊。在每次的商业投资中，他总能像写小说一样，把没发生的事情都想象出来，仿佛看到了大量的财富。康奈尔先生不过跟他说了把古典书籍印成单行本的计划，他就开始幻想了。仿佛已经把那些精美的图书拿在手里，第一册、第二册，甚至整套丛书都已经印出来了；他仿佛看见众多读者在各地的书店里排队购买，在房子里读着；他看到康奈尔先生的柜台上堆满了订货单；脚夫们每天都将大量包裹送往四面八方；他看见成千上万的法郎塞满了钱柜，自己住在一栋讲究的别墅里，门口停着豪华的自用马车；他看见家里名贵的家具，沙发上盖着昂贵的锦缎，窗户上挂着华丽的窗帘，墙上是出自名家之手的油画。他立马对康奈尔先生许诺，他愿意无条件地出两三千法郎。此外，他还愿意给这两本全集写两篇序言，这还是第一次向法国人民介绍这两本书。总之这两套书将会成为世上最精美的书籍，最伟大的事业。

当巴尔扎克离开书店时，他觉得自己已经成为百万富翁了。康奈尔先生在计划一次小小的投资，而巴尔扎克却以为可以发大财。

这次神奇的经历，完全可以作为巴尔扎克小说创作的题材。他最初并没有想到自己会深陷其中。一开始，他出的钱不过是一千五百或两千法郎，那也只是他胡乱写本小说能挣到的数字。但凡是跟巴尔扎克有关的事情，都不会那么简单。当他写第一部小说《私人生活的场景》时，他并未意识到他正在开始写自己的鸿篇巨制《人间喜剧》；当他向康奈尔先生的计划投了一小笔钱时，他丝毫没有意识到自己要为此负担金融风险。

1825年4月中旬，他们签订了第一份合同。此时巴尔扎克只是这个投资团体的一员。他们凑了七八千法郎出版单行本《拉·方登全集》。这个团队一共四个人：除了巴尔扎克，还有一位大夫，一位退休公务员，以及书商康奈尔先生。这四个人到底是如何凑到一块的，如今已无人知晓。他们都不是很有钱的人，每人出一千五百法郎左右，指望着这一千五百法郎能赚回一笔钱。很不幸，这几个人的合作并没有持续多久，他们第一次开会就差点儿打起来。5月1号，另外几个人就把投的钱都撤回了，只留下我们的理想主义者巴尔扎克独自承担风险。巴尔扎克肩上的担子比之前重多了。

现在得由他出将近九千法郎承担这项还没开始计划的费用。这对他来说数目的确不小，他要去从哪儿弄这笔钱呢？是去说服他的父母借给他，还是抽时间迅速完成两三部小说呢？这两种方法都不大靠谱。最后还是德·贝尔尼夫人，给了他三张支票。这位被巴尔扎克征服的女人再次帮助了他。

可巴尔扎克的想法总是异于常人。按常理，他应该先等等看第一本书的销路如何，然后再决定是否应该出版第二本。但他的理智战胜不了想象力，他要开拓大的格局。这位曾经为一分钱精打细算的年轻人，要放开手脚投资了。于是《莫里哀全集》紧随着《拉·方登全集》出版了。他觉得两本书应该比一本书更容易卖。他什么都不管不顾，甩开膀子干起来了。

巴尔扎克说服他家里的一位朋友——德·阿宋威耶，出五千法郎帮他出版《莫里哀全集》。在一分钱都没赚到的情况下，巴尔扎克已经把从别人那儿借来的一万四千法郎投资到自己的冒险中去了。他太着急且缺乏经验，以致狡猾的商人把劣质的旧纸卖给他。书中插图的制作也很糟糕。整本书字印得非常小，读起来非常吃力。而巴尔扎克匆忙完成的两篇序言，也并未给这两本粗劣的书增加什么吸引力。

从商业的角度来看，这次投资一定会失败。巴尔扎克为了能多赚钱，把每本书的售价定为二十法郎，这样的价格显然卖不出去。头批一千册，并没有开个好头，它们被搁置在印刷厂里；不管是书贩，还是读者，都不想要他的书。直到年底，一共也就卖了不到 20 本。但是印刷、装订、造纸的人都需要钱。为了挽回损失，巴尔扎克把书价降了又降，还是无人问津。最后他不得不把所有的存货全部甩卖出去，结果又被骗了一次。忙忙碌碌折腾了一年的时间，他不仅没有像梦想中那样赚一大笔钱，还背上了一万五千法郎的巨债。

如果放在其他人身上，经历这样严重的失败，他就会自认倒霉。但巴尔扎克却不甘心，他还要与命运抗争。就像后来，当他的某部作品被大家批评时，他就要以写一部震惊世界的小说来挽回。当他被债主逼迫，法官也在等着他时，他就取笑他们寻开心，还把负债当成一种荣耀。26岁了，没有做出什么成就，也没有什么名气可以在债权人面前保证自己的信誉。那时，他还没有成为文坛巨擘，还禁不起这种挫折。

大概是由于他不愿意向父母承认失败，他的父母一直都不看好他。而且他不愿意向德·贝尔尼·罗尔认错，不愿说自己第一次投资就失败了。于是他就把赌注又翻了一番。他所能想到的把钱赚回来的办法就是投入更多的钱。从第一次的失败中，巴尔扎克找到了一些问题，他认为不能只做出版商，因为利润会被那些印刷厂都赚走。无论是写作或出版都不赚钱，而印刷才是真正赚钱的买卖。只有把这些事全包了，也就是自己写书，自己印刷，自己出版，这样才能有机会赚到最多的钱。他决定包揽图书出版的整个业务链，希望能够挽回在前一次投资中的损失。于是巴尔扎克又开始了在生意上的第二次征程，这次他要开一家印刷厂。

办这样的企业，不是拍拍脑门就能做到的，而目前巴尔扎克什么条件都不具备。首先，他对印刷技术一点都不懂。其次，他没有印刷厂商必须拥有的营业执照。再次，他没有厂房也没有机器。最后，他没有钱也没有经验十足的帮手。后来，巴尔扎克找到了一个能帮他忙的人，名叫巴比耶尔·安德烈。于是，巴尔扎克请他负责印刷厂的技术指导工作。通过德·贝尔尼先生帮忙，他又办来了营业执照。我们可以想见温柔的德·贝尔尼夫人看着她的丈夫帮自己的情人写信，向人介绍和夸奖这位年轻人，替他争取营业资格证。于是巴尔扎克·奥诺雷就得到了一张可以从事印刷业的官方执照。

有了营业执照，再盘一家挂牌出售的印刷厂就很容易了。他们的工厂坐落在塞纳河左岸，隐藏在一条黑暗狭窄的巷子里。工厂占据了一栋旧房子的最底层，旁边的邻居还是两位名人。印刷厂之前的老板早就想把厂子卖掉，因为实在是不赚钱，现在遇到了巴尔扎克，肯出好价钱买工厂，他还真是幸运。

四个条件已经满足三个。就差最困难的第四个了。一开始巴尔扎克就需要筹备五六万法郎，工厂和专利权需要三万法郎；他的技术顾问巴比耶尔大概是看出这位老板不怎么靠谱，所以一定要一万两千法郎做保证金，还要有一笔作为流动资金，这个厂子又破又旧，装修费恐怕要一大笔。原来就欠着别人一万五千法郎，现在又要借五六万法郎，看起来真是困难。这个时候，出现了他意想不到的投资人。他的父母对于有诱惑性的投资很愿意参与，他们手头有二十万法郎的活动资金，这可是一笔不少的钱能让他用。也不知道为什么，他们这次对儿子的冒险行为一点都不反对。也许是认为印刷工厂比坐在家里写书靠谱。奥诺雷的乐观主义精神，也能帮助他说服自己的父母。家里同意借给他一千五百法郎，并由他父母作保，找家里一位朋友借了三万法郎，缺少的款项又是由甘愿自我牺牲的德·贝尔尼夫人来出了。1826 年 6 月 4 日，巴尔扎克宣布他以一个印刷商的身份开始做生意了。

　　本人，巴黎一家印刷馆的老板，通告大家即日起私人住宅及营业地点搬到圣·日耳曼镇，玛勒街十七号。

又一出悲剧拉开了大幕。

这个印刷厂在《幻灭》和《绕线猫店》这两部作品里曾经多次出现过。玛勒街是圣·日耳曼前街与拉居码头之间一条曲折狭窄的街。整条街透不过一丝阳光。箱子里的房子都保留着那种古老而高大的街门，一直能通到院子中间。这些大门，都曾经历过许多的历史，十七世纪的贵族们曾在这里过着繁华的生活。然而，两个世纪过去了，所有事情都不一样了。那些贵族们，早已搬到了那些阳光充足且舒适的房子里去了。这条破烂老旧的巷子迎来了新的主人，那些地位低下的小生意人来此开店。年久失修，被各种垃圾包围，巷子显得十分荒凉。

巴尔扎克在这里开设的印刷厂，并没有因为这里曾经与贵族有关而有什么不同。这个房子面积很大，并且又向前延伸了很多，它的前部已经伸到街上来了。为了省钱，这所房子建得很粗糙。屋里有个铁质的螺旋楼梯通到二楼，这里就是巴尔扎克的私人空间了：一间会客厅，一间厨房，一间屋子兼做书房和客房，还带着一间小卧室。

这个地方是巴尔扎克第一个真正的家。他兴高采烈地精心布置屋子。他把蓝色的花棉布挂在墙上；书架上摆着装帧精美的书籍，还摆上各种各样的小摆件儿。他所做的这一切，都是为了讨他爱人的欢心。在他最困难的日子里，她每天都去看他，给了他莫大的安慰。

巴尔扎克非常爱护这个印刷厂，他对那里的工作也非常严肃认真。他每天穿着破旧的衣服，跟他的二十四个工人一起，在散发着油墨味和纸味的厂房里，拼命从早到晚地工作。在他看来，每一件小事都很重要，因此他事事身体力行，他那肥胖的身体在拥挤的厂房里走来走去，不是督促工人要卖力点儿，就是往自己那间小办公室里跑。在办公室里，他跟那些客户们讨价还价。那些在印刷厂里来来往往的人，恐怕没有人能够想到，他们面前这位邋里邋遢、能言善辩、矮胖而勤奋的年轻人，竟然是，或者说将要成为最伟大的作家。

那些日子里，巴尔扎克把以前那些高傲的宏图壮志都抛诸脑后，全身心地投入了印刷事业。他早就忘了不久前要把法国古典作家的全集普及寻常百姓家的梦想。满脑子全是如何扩展业务，怎样搞好印刷厂。那时候他什么都印。他这间印刷厂里印刷的第一部作品，是一本叫《长生药粉》的计划书。第二本是由一位不甘寂寞的律师出资印制的一名女杀人犯的申诉状。第三本是一本卖假药的小广告。然后就是一大堆乱七八糟的东西，譬如名著的简易版本、商业计划书、各种广告、说明书、诗歌，以及一些娱乐消遣的小册子。他的印刷厂只印了一本他自己写的书，也是那种随意拼凑起来的读本，大概是因为缺钱胡乱写的。

他的事业一直挫折不断，当他看到有人送来刊印的一本名叫《如何偿还债务及应付债主》书籍样稿时，心情一定很复杂。他从来就弄不明白那些债务的事情。他的才干用在不一样的事业上就显示出不同的效果。他那种在艺术世界里需要的乐观主义精神和丰富想象力，在商业世界里往往让他负债累累。他开张后的第一次筹钱就失败了，他把积压的 2500 本《拉·方登全集》和《莫里哀全集》，以特别低的价钱甩卖给书贩子，一共卖了两万两千法郎，平均每本不到九法郎。这跟他最初预想的二十法郎差太多了。但当时他实在太缺钱了，就急忙签订了合同。但他根本没想到后来事情还会恶化，书贩子根本没有付给他两万两千法郎的现款，而是给了他两张共计两万七千法郎的欠条。巴尔扎克只看到多了五千块的好处，根本没想到这钱有没有可能要到手，于是他轻而易举地上当了。巴尔扎克去要债的时候，两家书商都破产了。像他那样急需用钱，根本等不到两家办完清产手续，所以只能用别的东西抵押。他就把他们卖不出去的一些存书接手了。

这些书都是一些不出名作家的作品，都是些堆在库房里发黄的东西。这段经历真是一部良好的喜剧题材。他用德·贝尔尼夫人的钱出了两本书，因为卖不出去，低价出售，但又没拿到钱，反而换了一批书继续压在手里卖不出去。他简直是在用一堆废纸换取另一堆废纸。他的经历就像德国童话《幸运的汉斯》的故事一样，用自己的工钱买了一头牛，用牛换了一只羊，又用羊换了一只鹅，又用鹅换了一块磨刀石，最后磨刀石落到水里去了，他最后什么都没有了。

那些存货又开始堆积在巴尔扎克的印刷厂里。不幸的是，他的工人们希望得到实实在在的工资而不是这些文学作品。供货的纸商们很快就听到了风声，他们不再接受巴尔扎克的支票了，他们认为那毫无价值，而且希望把之前的账目都结清。巴尔扎克的玻璃门办公室已经保护不了他，印刷厂里很少见到他的身影了。他四处奔走，希望说服那些供货商延长还款期限，同时希望在银行、朋友或者亲戚那里筹点钱。那几个月里巴尔扎克尽力坚持着，但同时他感到了莫大的耻辱。这令人无法忘记的情景，他曾在《毕骆都·恺撒》里描写过。

他拼尽全力支撑着，可是到最后，他不得不放弃了。1827年的夏天，他什么都没有了，连打发工人的一点点钱都没有了。巴尔扎克干印刷业比干出版或是卖小说更失败。他面前现在只有两条路：公开宣布破产，或是私人清算。

但巴尔扎克选择了第三条路。就像拿破仑一样，不甘心承认失败，还想着在滑铁卢一试身手。巴尔扎克并没有因为过去的失败清醒过来，他又想通过扩大生意的方法翻身。在出版生意失败的时候，他扩展出了一家印刷厂，在印刷厂倒闭的时候，他又想开一个铅字铸造厂。这次生意让人惋惜的一点还和以前一样，这其实是一桩不错的生意。它的老板巴尔扎克既是幻想家又是现实主义者，他跟律师和商人一样聪明。他做过的生意，比如把古典作品印成单行本还有开印刷厂，都是有道理的。后来也有很多人这么做，并且成功了。他关于铅字铸造厂的计划是最有希望的。他知道一种新的印刷方法，据说这种方法比普通的方法更高效，因为它省去了许多工序。巴尔扎克立刻被迷住了，他十分有远见地认为在这个工业化即将到来的时代，任何一种使工艺简化、廉价的发明都很有前途。他认为中世纪最大的利润将因为这项发明出现。就像他的小说中展示的那样，他对新的发明从不缺少兴趣。在一部以巴尔扎克自己印刷事业为原型的小说《幻灭》中，主人公就是因为造纸方面的一种新技术而发财；《绝对的追求》中，人们都希望用技术革新来提高效率。可以说，歌德之后的作家，也就只有巴尔扎克对科学进步如此关注了。而且他很有先见之明，他知道随着读者的增加会有一种先进的机器代替手工的印刷排版方法。不过，现在这个新发明一定会带来收获。巴尔扎克带着那种乐观主义精神，还有尚未解决的破产事件逼迫，抓住了这个好机会。

1827年9月18日，就在巴尔扎克的印刷厂濒临倒闭时，一个新的事业诞生了。巴尔扎克带着巴比耶尔，还有从另一个破产的铅字铸造厂雇来的劳容开始了新的事业。12月，他们的事业运转起来。装置设备方面由劳容负责，巴比耶尔负责管理，而巴尔扎克只负责这个新方法的广告事宜，这比之前在小作坊里要轻松多了。巴尔扎克准备了一本宣传册，凡是他店里的新字形都包含其中，还配上了精美的插画以吸引出版商和印刷厂老板。就在此时，巴比耶尔宣布他要撤股了，事业还没开始就要失败吗？就在这生死关头，又是德·贝尔尼夫人出手援救。她说服了丈夫由她掌管财产，并出资买下了巴比耶尔的股份，才救下了巴尔扎克的事业。不算前面赔的钱，她又拿出了九千法郎。

不过一切已经来不及了，巴尔扎克设计的华美宣传册还没发出去呢。一些有潜力的客户就借着巴比耶尔的退出开始讨债了，他们认为巴比耶尔是唯一可靠的股东。客户要求清账，投资人要求还款，工人要求发工资。没有人相信巴尔扎克做出的关于企业美好未来的保证。没有人愿意接受他们的支票，无论是以谁的名义开出来。1828 年 4 月 6 日，这个本可以存在 12 年的事业宣布因为债务危机而破产。巴尔扎克又破产了，第三次破产了。

这下是瞒不住父母了，他必须马上向他们汇报现在的情况，否则他们只能在报纸上知道这个噩耗了。这个坏消息像晴天霹雳一般在这个家中炸开。一开始他的母亲还试图将这个消息瞒着她那已经八十二岁高龄的丈夫，可是问题一直存在，他们到底是彻底放弃这个不肖子呢，还是做一次牺牲挽回他的声誉呢？

在巴尔扎克还在读书的时候，老夫人曾经一分零用钱都不给他，甚至当看到巴尔扎克的房间挂着一个小铜像时都骂他奢侈。所以要想让她心甘情愿地拿出存款帮忙似乎不太可能。但是，巴尔扎克夫人也很关心家族的声誉，害怕听到那些闲言碎语。一想到巴尔扎克这个姓氏将会以破产者的身份出现在报纸上，她在亲戚朋友面前会抬不起头。她便不得不决定再牺牲一些钱财来解决这件丢人的事。

她请来一位叫德·赛地洛先生的表亲来处理最后的清账工作。巴尔扎克把好几个商号的账目和欠款都弄混了，这让德·赛地洛先生花了几乎一年时间才把账目理清，让债权人们满意。他干得最明智的一件事就是把巴尔扎克从清账的工作中请出去，他那幻想家的性格和夸张的思维，对这件细致的工作没有什么好处。他的印刷厂让他负债十万法郎，而巴比耶尔则以六万七千法郎把它买走，这就意味着巴尔扎克家族净赔四五万法郎。而德·贝尔尼夫人为她的情夫损失了四万五千法郎，于是她接手了那个远不能抵上债务的铅字铸造厂，并把它交给了儿子亚历山大去经营。时至此时，所有曾经对巴尔扎克的商业才能抱有希望的人都感到失望了。也许是命运开的玩笑吧，在巴尔扎克离开之后，那两处生意竟然都开始正常运转起来了，当然是在别人正确的经营之下。巴尔扎克不得不回到他的想象力所能生产出丰厚成果的文学世界中去了。

当德·赛地洛先生把所有的事情都处理完之后，能给巴尔扎克剩下的就是一张"资产负债表"了。从物质的角度来看，巴尔扎克是很彻底地失败了。他29岁了，可是还完全不能自立，他19岁时虽然也是一无所有，但没有负债，可到了29岁，却欠了父母和德·贝尔尼夫人近十万法郎的债务。他辛辛苦苦地工作了十年时间都白费了。他也蒙受了各种耻辱，用假名写过好多文章，然后寻找买主。除了应付那些出版商，就是伏案工作。他做生意三年里欠下的债务竟然伴随他的一生，一直没有还完，这让他一生被其所困。而早年间希望自由自在投身于写作的梦想，也永远做不到了。

而在"资产负债表"的另一面，巴尔扎克收获了一笔无形的资产。他做商人得不到的东西却通过当作家得到了。这笔欠款是一笔无法计量的资产。三年来的辛苦，三年来的压力，给这位浪漫主义者上了深深的一课。教他去认识这真实的世界和日常的生活。这日常生活中的任何一幕正如他后来所说，都像一出莎士比亚的悲剧那样动人或像拿破仑战争那样精彩。他深刻体会到金钱的巨大魔力；他也知道进行账目往来时的斗争；还有生意场上的那些明争暗斗。这些斗争耗费的心血就跟那些著名作家写出不朽的名著所费的心血一样。和工人们一起劳动，跟债主们斗智斗勇，还跟客户们讨价还价，巴尔扎克比他同时代的著名作家们拥有更深刻的关于社会形态和社会矛盾的理解。雨果、拉马丁、穆塞·德·阿尔弗勒这些人都还在追求一些生活的浪漫主义气息。巴尔扎克学会了观察生活，学会去描绘那些金钱斗争中的残酷、人性中的丑陋以及人们心底的力量。

由于有了现实主义精神和对生活的质疑精神，这位年轻的理想主义者的想象力更加丰富了。此后，多么波澜壮阔的情景都不再能打动他，多么浪漫的迷雾都不能欺骗他了，因为他已经看到社会生活的本质。他注意到那些困住负债人的陷阱，还知道怎么去应付。知道怎么发财，怎么赔本，知道人们怎么打官司，还知道人们怎么在社会上混，知道处理金钱，知道怎么欺人怎么自欺。正如他后来说的，正因为他年轻的时候曾用尽各种方法谋生，所以学会了观察这世上的因果，以至于能够准确地描绘他所处的那个时代。《幻灭》《驴皮记》《朗贝尔·路易》和《毕骆都·恺撒》中描绘的那些中产阶级商业社会的生活，如果没有他那些年经历过的绝望，肯定写不出来。只有他的想象力与现实相融合，巴尔扎克小说才会以完美的现实与想象结合的方式呈现，只有他在现实生活中经历过失败，他的艺术才能精湛，才能创作出属于他自己的文学世界。

第六节　伟业的开端

一般来讲，巴尔扎克的投资事业完全失败了之后，他可能应该一蹶不振了。然而，当他的理想大厦倏然倒塌之后，他的脑子里竟然只剩下一件事：他可以做任何想做的事了！他也许是从他父亲的血统中继承了顽强的生命力，他并没有因为这次失败而受到任何影响。他不想为了损失的钱财而悲伤。不管怎么说，损失的钱并不是自己的，而他身上所背的债务，如同脑海中幻想得到的钱一样，都显得很虚幻。这些挫折在他的乐观主义精神面前简直不算什么，一件能使软弱者被压垮的事，对巴尔扎克来说都不值一提。在他一生的每一个阶段里，他的勇气总是能够克服那些不幸。

但是为了保险起见，他还是决定去躲躲风头。为了不让那些债主们登门讨债，他一个人搬了出去。不过他还是得留在巴黎，一方面是因为他得在这儿挣钱，另一方面是为了不离开德·贝尔尼夫人，因此他必须经常搬家，还不能把地址报备给警察。

他的第一个藏身之所是德·拉杜摄·亨利的家里，这是他新近结交的朋友。拉杜摄对巴黎新闻界的情况非常熟悉，而且对这个年轻人十分关心。他善于取人之长补其之短，虽然不善于创作但是对同情、理解和批评方面有着十分敏锐的才思。他在成功时也平易近人，失败时就陷入沉默中。他自己虽没有什么当天才的特质，但能够辨识出天才的慧眼，还能在不幸时给予帮助。是他挽救了陈匿埃·安德利的诗，使之流传后世，也是他启发了戴斯包尔德·瓦勒莫尔·玛赛琳的法国抒情诗的创作，他们曾是情人关系。他又对一个快三十岁的连一本能显示出天才的作品都没出版过的破产商人展现了自己的友谊和厚待。而且从来没有一个人像他这样鼓励过巴尔扎克，让他在文学上再努力一次。这些足以证明他是多么有先见之明啊！

巴尔扎克并没有在拉杜摄家待多久。为了按照他自己那种不分白天黑夜不停歇的节奏去工作，他必须要与世隔绝，需要一间自己的小屋。为了给他尽可能提供一个安静的环境，德·苏维尔家赞同了他以他们的名义去租房子。因为如果他租房时暴露了身份，那么他会被要债的打扰了。1828 年 3 月起，巴尔扎克以"苏维尔先生"的名义，租住到卡西尼街的一所小房子里，并且在这里一待就是九年，就是在这里，巴尔扎克凭借着富有创造性的想象力塑造了无数的角色。

从地理位置来讲，卡西尼街是个很便利的地方，这里是一条近郊的街道，居住着一些小市民，没有人认识他，根本不用担心在这会暴露他的身份。

虽然那里离巴黎市区很远，但它依然属于巴黎。这个地方你说不清哪里是大街，哪里是广场，也分不清这里到底是城里还是乡下，充满荒凉气息。

巴尔扎克到了傍晚就可以从他的小楼上下来。其他时间，他就可以藏在自己的城堡里，免受不速之客的打扰。只有两个好朋友知道他的住处，一位是住在楼下的画家波尔志·奥古斯都，另一位是德·贝尔尼夫人，这大概也是她帮忙挑选的房子。这所房子跟她们家就在一条街上，而且，院子里有一个狭窄的楼梯，直通到巴尔扎克房间的门口。这样，她就可以经常来，也不用担心被人发现。

这个房子的费用只比莱斯底居耶尔街的多一点，可是他有了起居室、书房和卧室三个房间，甚至一间小浴室，一年才三百多法郎。可是巴尔扎克总是把省钱的事弄成费钱的。在他刚住进来的时候，他就想要下大功夫来装饰它了。他一点金钱观都没有，还在辛苦地赚钱的时候就开始享受奢侈品了。就像音乐家华格纳每搬一次家，第一步就是把屋里装饰上天鹅绒的窗帘，把家具都铺上锦缎，在地上铺上地毯，那样他就可以有作曲的环境了。在巴尔扎克辛勤工作的孤独生活中，他需要这样一个装饰华丽的环境。实际上这样的环境对于真正趣味高尚的人来说过于繁复了。他喜欢把房间装饰得特别琐碎，就像在他的小说里他用大量琐碎的事构建了人物的生活情境一样。现在，他还没有钱购买值钱的东西，比如铜器、马车之类。他对这些东西无比沉迷。现在，他只能使用价格很低的奢侈品。他流连于那些古董店和古玩铺，买了好多没有用的摆设。在马勒街，他居然在债主们的眼皮底下偷偷搬出了几件家具和一些小玩物。他的父母甚至他的朋友拉杜摄，都不能理解他竟然像女人一样，对这些玩物有这么大的兴趣。有人批评他：

　　你的眼神一直离不开那些地毯、精致的柜子、装订精美的书，以及没用的时钟上面。为了一只不会向你放射光明的七星灯，你竟然找遍了整个巴黎，但实际上，你口袋里根本连几分钱都没有。

　　也许当时的生存状况，巴尔扎克需要这样的物质膨胀来平衡内心的丰富，他书房里一点装饰都没有，里面仅有一张小桌子，一只必不可少的烛台，因为他一般都在晚上工作，还有一个放满纸张与稿件的橱子，书房简陋得跟禅房一样。而客厅必须是迷人的，尤其是卧室、浴室一定要气氛香艳。当他走出那黑暗的工作室时，要感到温暖，性感；精美的家居是他的最爱。他要有一些超脱于尘世之外的东西，这样，他就不会从梦想中醒过来。

然而，巴尔扎克要从哪里弄到钱去买这些充满梦幻的东西呢？他当时没有任何经济来源，还欠着六万法郎的债务，一年里就要付出六千法郎的利息。在莱斯底居耶尔街居住的时候，他为了省下水费，自己从六条街以外的广场挑水，尽管这样还是勉强度日。现在他欠着那么多债务，买生活必需品都成问题怎么还能买那么多奢侈品呢？他小说里的主角，德·马尔赛，拉斯迪额，以及梅尔加特，用他们的经历告知了我们真相。他们一再分辩说如果没有欠债或者只有很少的债务，人们就可以俭省；可是如果欠了许多的债，人们就没有俭省的必要了。当巴尔扎克每个月只有一百法郎的时候，他每花一分钱都得犹豫半天。可是现在他欠了一笔相当于天文数字的债务，那么在他的债务里再加上几百或者几千法郎那就无所谓了。他和他书中的主角们都认为，如果一个人一旦出了名，或者娶了一位阔太太，或者在证券交易所里走一次运，那任何事就都好说了。可是如果继续这样下去的话，那么多出来的债务实在没什么影响。

但是巴尔扎克注定是一位成功人士，他真正的奋斗才刚刚开始，而且这成功绝对不是用金钱能够衡量的。这次的胜利将是决定性的。在他书房的壁炉架上有一座拿破仑的石膏雕像，这是他单调的书房里唯一的装饰。巴尔扎克觉得拿破仑的凝视对他是一种挑战。他在一张纸上写上"拿破仑用剑没有完成的事业，我将用我的笔完成！"这张纸被贴在了雕像的底部，摆在那里，当作对自己的一种持久勉励，直到他也攀登到拿破仑的高度。这位伟人在用剑杀出一个帝国之前，也是在一个顶层的阁楼上等待着时机。巴尔扎克坐在桌旁，他把笔当成唯一的武器，把稿纸当成弹药，决定去征服世界。

现在巴尔扎克认清了自己的能力，知道自己要做什么了。过去十年的艰苦奋斗使他认清了自己的能量。他发现，决定成功的主要因素是坚毅勇敢的性格。只要不再犹豫不决，而在一个方向上坚持不懈，那就可以创造奇迹。他对商业上的失败领悟得太迟了。他并没有全身心地去经营自己的事业，并没有用商人的热忱去认真对待每一分钱和每一份合同。在他的经商过程中，他没有好好运用自己的智慧，反而分心去读书写作。如果他再次去从事文学写作，那么他必须全心全意地投入其中。而且现在的情形也有利于他的写作。他之前的写作生涯为他练就了成熟的文笔；他丰富的经历为他提供了丰富的素材；他曾经为那么多人效劳，做过那么多工作。现在他年近三十，应该出师了，如果他可以全身心地投入写作，那么他就可以做自己的主人了。

现在，巴尔扎克决定要以自己的真实姓名来写作了。之前他用假名写作，无论别人怎么评价他的作品，好像都是说给德·圣·沃盘先生和维耶尔惹莱先生听的，他自己不用负什么责任。然而，他一旦靠自己的名字在文坛上争得一席之地的时候，他就不能满足于自己是一个靠写流行小说吃饭的水平了。1828 年，巴尔扎克决定要以真面目立于名作家之列，并且要跟那些最成功的作家们一较高下。他不仅要与他们并肩而立，还要超越他们，他给自己一本新书写的序言，就是以挑战者的口吻呈现的。

在巴尔扎克最初尝试的那次韵体悲剧诗的创作之后，这还是他第一次全身心地投入写作中。

巴尔扎克早早地开始为小说挑选素材，他有一部反映法国大革命时期叛乱的草稿——《少年》。还有一些打算放在西班牙故事里的情节。可是现在出于文学的责任感让他知道自己早期的那些历史小说很多是虚构的，但是他如果选择一些反映同时代的作品又不能充分表现他塑造的那些人物。他必须去看到当时的环境才行。他从前的那些反映中世纪题材的作品，一般人发现不了其中的毛病，但是战争发生的时间离他们的时代很近。还有好多直接参与者还活在世上。巴尔扎克带着寻根究底的精神去开始工作了。他去当地的图书馆去翻阅相关资料，仔细地阅读和记录那些回忆录、军事报告等。他发现正是那些看起来无足轻重的小事才能够使小说真实生动。没有真实就没有艺术，那些角色只有在与他们相关的环境中才能焕发生机，必须把他们的生存环境表现出来。这时，现实主义者巴尔扎克，便随着他的第一部作品登上了历史舞台。

巴尔扎克花了三个月时间去研读各种资料，还研究地图，尽可能地去真实还原当时各路兵马的活动历程。可是书本上的资料再生动形象，也代替不了那些亲历者的观察。巴尔扎克很快发现，要想使德·维尔纳尔小姐的旅途见闻生动精彩，他就必须沿着女主角的旅程走一趟。他只有把想象中的景象都亲自观察一遍，才能够描绘出它们真实的色彩。

凑巧的是，巴尔扎克家有一位老朋友叫作德·彭迈惹尔男爵，他曾经参加过反抗朱安党人的农民军。退役后住在当时军事活动的发生地福杰尔。就算为这次旅程而再次借债或者再写点匿名小说，巴尔扎克也要抓住这次机会。他急切地向德·彭迈惹尔男爵表示想去他的家里小住。大概是因为男爵住在偏远的小村里烦闷寂寞，也或许因为他像每个老兵一样乐于向别人讲述自己的光辉历程，他回信说愿意让巴尔扎克来访。

巴尔扎克的行李很寒酸，这时候他还没有被虚荣所笼罩，不能像后来那样，从一百三十多件衬衣里挑选最考究的那一件，然后乘着私人马车，由跟班陪着去旅行。此时他是一个穿着朴素的年轻人，坐在公共马车便宜的座位上。不过由于经济原因，这次旅程的后半段他要步行完成。当他蓬头垢面地敲开德·彭迈惹尔男爵的家门时，简直像一个乞丐。不过这种印象很快被消除了，他的自我介绍还没有完成，别人就看出了他的精神。巴尔扎克高兴的是，今后的一段时间里吃住都有保障了。

初次见面时，巴尔扎克身上那种蓬勃的生命力给德·彭迈惹尔夫人留下了深刻的印象。德·彭迈惹尔家生活条件很不错，以至于他回到巴黎之后的好几个星期，他新长的肥肉和好气色都没消失。他在那里一住就是两个月，而不是原定的两个星期。他全神贯注地倾听着德·彭迈惹尔男爵的讲述，做着笔记，进行创作。

他忘记了巴黎，他的朋友也被他忘记，甚至忘记了德·贝尔尼夫人，忘了他曾经答应过她要把日记寄给她。全神贯注的状态是他成功的必备条件。他专注于他的创作，以至于几个星期之后他就可以把小说的一部分寄给巴黎的拉杜摄了。拉杜摄预言巴尔扎克有成为大作家的希望。他这种希望最初可能是非常单纯诚恳的，但是后来却带上了不良的目的。他决定在这本一定会成功的小说上投资。他向巴尔扎克出一千法郎买这本书的版权，他知道巴尔扎克无力拒绝。虽然从前他随便写点什么就能够赚一两千法郎，但现在的情况下，他没有选择的余地。买卖谈成了，往往这个时候朋友交情就没有了。拉杜摄发现他打错了算盘。以往巴尔扎克总能按时交稿，一天都不耽误。可这次他不得不经常催促他，这让他很不高兴。巴尔扎克每次非得等到自己完全满意的时候才会交稿。不止如此，等稿子交上来排版结束的时候，巴尔扎克却又大改了一遍，以至于又得重新排版。拉杜摄生气极了，巴尔扎克反复的修改浪费了他大量的时间和金钱。可是巴尔扎克却一点也不着急，他作为文学家的责任感已经确立起来了，他要为自己的名字负责，要让作品流芳百世。在巴尔扎克的一生中，从来没有对什么事这样认真过。

1829年3月中旬，康奈尔出版社出版了巴尔扎克·奥诺雷的《最后一个舒昂党人》（《1800年的不列颠》）四卷。这本书想象中那么成功，也是有一定道理的。

整本书的布局显示出了大作家的手笔，而且他用纯熟的艺术手法把军事战争的场景描绘得十分生动；雨洛司令和间谍高乃丹这两个人物，是能够找到原型的。由于他对政治背景的洞察力，他准确地描绘了那个时代的特征。在许多作品中被模糊虚化了的人物福赤，也被他勾勒出来。福赤是拿破仑有力的敌手，也是巴尔扎克的一位偶像。这本书只有情节能够看出从前流行小说的影子，写得很不深刻。尽管巴尔扎克和拉杜摄费了很大的功夫去宣传这部小说，但是还是没有引起人们的关注，文学批评家们还指出了它风格上的粗陋。

巴尔扎克后来也不得不承认，早年不负责任的写作影响了他的写作风格。读者对这部作品也不怎么感兴趣，努力了一年只卖了444本。那位朋友对这位作家太有信心，所以只能亏钱了。

不过一次偶然的机会使巴尔扎克补偿了这次的不太成功。在他还在写《最后一个舒昂党人》的时候，一位叫作勒瓦瑟尔的出版商找到了巴尔扎克，提醒他说在一年前曾付给他两百法郎预定了一本叫作《商人手册》的书，巴尔扎克把这件事早就忘得一干二净了。可是勒瓦瑟尔要求巴尔扎克必须履行合同。巴尔扎克可不想停下自己进行了一半的创作去写什么《商人手册》。于是他想了个办法，他有一本《婚姻法典》的旧稿，这本书曾经以《结婚生理学》的名字在他自己的印刷厂排印过，如果勒瓦瑟尔愿意，他就把这本书改改来偿还欠他的债。大概勒瓦瑟尔也知道他是不可能从这位一穷二白的作家手里拿回那两百法郎了，所以他答应了这个提议。

巴尔扎克开始了这项工作，但是在他写完之后，这部作品已经和以前完全不一样了。他最近读了拉伯莱的作品，所以他这次的写作中带有了一种热情洋溢的风格，跟以往的冷峻完全不同。而且德·贝尔尼夫人和新结识的德·葛朗台公爵夫人，给了他很多好玩的素材。这本为了还债而写的作品竟然成了一部散发着光芒，并带给人无穷乐趣的作品。这本书中大胆的观点及幽默的风格引起了广泛的讨论。正面和负面的评价都有，这保证了这本书的成功。这本书成了当时一切聚会的谈资，那些迷恋巴尔扎克的贵妇们，被这本书弄得又笑又气，她们给巴尔扎克写信，有的恭维，有的批评，反正这本书火起来了。

巴尔扎克还没有成名，还没有在文坛开辟出战场，但是有一件事他做到了，他引起了人们的注意。人们邀请他出席各种活动，为此他还特制了合适的服装。他被德·葛朗台公爵夫人引见给瑞卡米耶夫人。这位夫人的派对是巴黎文学界交流中心。他在另一个派对上认识了已经成名其他作家，雨果、拉马丁还有查宁·儒尔。只需再刻苦一点，他人生中的第二个愿望就可以达成。到时候他就既被人爱恋，又出名了。事情已经露出一线曙光了。巴尔扎克的多才多艺被巴黎的人们所熟知。人们知道他既能够正经地写一部历史小说，也能够写出流行小说。此时，他已经被鲜花和掌声包围了。人们根本想不到巴尔扎克创作风格如此多样，想不到他有这么大的潜力。

当巴尔扎克开始有点名气之后，在 1830 年和 1831 年两年时间里他写了数量惊人的作品，包括短篇小说、长篇小说、报刊文学，评论、小品文还有历史小说。如果把他这两年的作品统计一下，大概平均一年出版75本书，一天写16页，还不算匿名作品和他修改稿件的时间。各种期刊和报纸争相报道他的名字，他还向各种各样的刊物上投稿。有时候他写房屋装饰方面的指南，或者营养烹饪方面的书；有时候写拿破仑的事迹；有时候写社会评论文章。还写一些哲学著作。或者写一篇文章对食品杂货商们提提意见，研究研究人，又研究研究社会现象，什么银行家、投机家、打架斗殴的人都是他的研究对象，还写了关于香槟酒、雪茄烟的书。

在巴黎这个广阔的世界里，像巴尔扎克这样的人才可以说不算少。不过令人奇怪的是，在他写的那些乱七八糟的作品中，竟然有能够经久流传的作品，虽然这些作品也只是在一个小范围内流传，并且都是只花一夜就完成了。《沙漠中的情爱》和《刽子手与侯爵》这些小说让人们认识了这位默默无闻的作家，他在短篇小说方面竟然这么有天分。他在写作的道路上前进着，并且逐渐强大起来。他用写实手法，写出了《女人研究》《三十岁的女人》和《家庭中的和平》这类作品，并且创造出了一种忧郁的中年女人的典型形象。这些女人由于婚姻不幸而失去了梦想，加上丈夫的冷漠而忧郁不已。在我们现在看来，这些小说难免过于伤感了，甚至带有一种病态美，而且也不是非常具有现实性。然而在当时它们却十分受欢迎，无数的女人在这些书里找到了共鸣，她们都认为巴尔扎克理解她们，而且能够救赎她们。他宽恕了她们因为爱情而犯的错误，而且大胆地提出三四十岁的女人同样有资格再去恋爱，而且她们成熟沉稳，更应该去恋爱。她们把他当作辩护人，为她们的过错加以辩护。

1830 年 4 月问世的《世人生活的场景》，在法国、意大利、波兰、俄罗斯被人们追捧着。他用他创造的口号"三十岁的女人"宣告着青春不再的女人们的恋爱权利。那些女性读者们，喜欢把自己想象成小说中的人物。还有一些比她们严厉得多的批评家们，也不能不为这位初入文坛的青年作家感到惊奇。他同时代的知名作家们的作品，都没有比得上他的《红色旅店》那样简明有力。在他的才华的广度惊异了众人之后，他的《无名的杰作》则又显示了其深度。人们看到他那种对完美的急迫的追求从没有过如此狂热，以至于达到了一种悲剧的高潮。他每个方面的能力都是他内在才华的反映。他的才华正是从他的广博、丰富中表现出来的。只有看到他全部的成就，才能够看出他全部的力量。

写《驴皮记》的时候，巴尔扎克第一次表现出了他艺术真正的思想特征。他在这部作品里点出他的写作宗旨是把小说作为社会的一个反映，它所反照的是社会上的众生相和种种的不平等，比如贫穷和富有，俭省和浪费，巴黎孤寂的顶楼和嘈杂热闹的派对，金钱的能力和无能等。批评家、观察家们发现现实精神已经出现在这个浪漫主义者身上。

《驴皮记》里所具有的浪漫特征表现在把东方童话移到当时的巴黎，还有福多尔伯爵夫人和保琳这两个对比鲜明的人物。前者是物质重于恋爱的女人，后者却是不顾一切而恋爱的女孩。然而震撼了同时代人们的形象，巴纳加里亚身上和关于他学生时代的自传性的描写都是现实主义的反映。

小说中那些人们的生活场景，不仅仅是简单的人物再现，更主要的是角色典型性格的现实主义的概括。经过十年的探索，巴尔扎克终于发现了自己真正热爱的事业，他要成为这个时代的审判者。他要揭露、批评和诊断这个世界的不正常的现象。假如他巨大的工作能力被最先发现的话，那么他第二个重要的发现就是他工作的目的。当巴尔扎克发现了自己人生的目的，他也就找到了他自身所在。回首过去，他的巨大能量被埋藏在他的心里，这些力量是无法抵挡的，它们最终会让他遗世独立，超越同时代人。跟歌德一样，在他的《少年维特之烦恼》和《柏尔里卿根骑士》大获成功之后，他还是没有勇气承认他是为文学而生的天才。

相同的情况，《驴皮记》也成功了，他依旧是不相信他真正的事业和命运就是文学。其实，巴尔扎克跟其他的天才一样，在任何方面都能崭露头角。他可能成为第二个拿破仑，变成世界上最大的画作商人，或者是一个商界奇才。所以他早年始终不相信自己生来就是一个作家。他从不认为写作是他的天职，也不认为非要写作不可。他认为写作只是他的若干选择的一种，是他得到财富和名誉甚至控制世界的手段。

巴尔扎克的才华在文学上找到出路，这可以说是命运使然。他的作品已经传遍世界各地。连歌德都曾对这个天才表达了诧异。各种刊物报纸的编辑，都计划高薪聘用他，可是他还是没有信心。他曾写道："一张邮票和坐一次公共马车，这些对我都是可怕的花费。而且我在家里不出门，为的是不弄坏我的衣服。"现在，虽然他接到许多的约稿单，但他仍旧觉得文学只不过是他的一种手段而已。直到 1832 年，他还给他母亲写信："早晚我是会发财的，不管是当作家、政治家，或者进军新闻界，也许会娶个有钱的太太，再不然就是一笔大买卖。"某个时期里他脑子里充满了从政的念头。

1830 年的七月革命政权被中产阶级掌握了，这使得有为的青年有了许多施展才能机会。那段时间，法兰西议院中的一位下议员就像拿破仑时代的二十五岁到三十岁的陆军上校那样的速度升迁。巴尔扎克差点弃文从政了。他投身于氛围热烈的政治圈中，并准备参加康伯瑞和福瑞尔的竞选。他希望权力在他的手上，生活在政治中心。如果那些选民对他感兴趣的话，他可能真的要从政了。他也许会成为法兰西的一位政治领导人，而绝不做文学家。值得庆幸的是，没有人投他的票，他的政治理想没有了希望。但危险依然存在，"女人和财富"依旧是他追寻的目标。可是要想真正取得巨大的成就，是需要同样大的环境压力来刺激他的，可是他并不知道这一点。

巴尔扎克时刻准备着隐退，只要他找到一位腰缠万贯的寡妇，就算他已经成名了他也希望过那种安逸的无忧无虑的生活。他曾经向他的朋友卡罗·卓尔玛坦言，自己情愿置身于家庭的欢乐之中。还告诉她自己想去乡村过退隐山林的生活。在那里，他在高兴时就会以一个"业余作家"的身份偶尔写几本书。但他的才华比梦想重要得多，他要做更重要的事。于是，他无法坐在内阁大臣的位子上浪费他的才华，他也没能在商场上突然暴富，并且让他找不到那些有钱的寡妇。他在书桌旁发挥出的能量要比在政坛、商界或是王室大得多，在那里，他能征服全世界。在他刚刚成名的时候就预感自己将要担负巨大的压力。所以他从没有放弃反抗和逃避，他一直渴望奇迹的出现，希望奇迹能从束缚中把他解救出来。他继续梦想着一次大转折，一位有钱的太太。

但是巴尔扎克逃避不了命运，他就是为了写作而生的。因此，他内心中所蕴含的无尽的力量，必须用来构建一个文学世界，这将是个前所未有并且无边无际的世界。他刚开始倾心于写作的时候就发觉，如果要让他或读者理解他所创造的那个世界，他就必须把内心里的五彩缤纷有条理地表达出来。既然他选择了文学，那么他就不能胡乱写，而是要把它们变成一个一切世情和意象的大的组织。当他完成这些小说中的第一部时，他写道："我作品的整个大背景开始展现出来了。"

他产生了一个完美的计划：使各个角色在不同的书中重复出现，这样就可以避免写出一堆毫无关联的小说，而是创造出一部比较完善的当代史，它包含了所有的阶级、职业，观念、情绪和社会活动等。他在《哲学小说》里请人写了一篇宣告革新的序文。于是一部当代社会历史即将展开，而第一卷是："一大组壁画中的第一幅。我们这个时代的社会与文化开始被作者一一展现出来。在作者的眼中，这个时代已经堕落了。他在巨大的调色板上开始调色，开始为我们勾勒那些性格各异的人物，乞讨的人、劳作的人、生活的人、政治人员，即使要描绘教士甚至国王，他也是绝不犹豫，信手拈来。"

巴尔扎克三十岁了，现在他还不知道自己的工作多么伟大。他在创作《人间喜剧》的时候，他还没有意识到他在创作一部多么伟大的作品。当他成为真正的文学家时，这个伟大的图景已经呈现在他的脑海里了。不过，以往二十年来的痛苦与心酸的经历，对于这样一幅鸿篇巨制来讲，素材量还是有些不够。

第二章 在时代中写作

第一节 而立之年

1831 年，巴尔扎克三十岁，他的第一部作品公开发表，这时，他将永远变成"德·巴尔扎克·奥诺雷"了。之前那个辛苦而曲折的阶段算是结束了。不管是作为一个艺术家，还是一个人本身的特质来讲，他即将结束他之前的成长阶段，之后都不会发生什么变化了。他已经找到了生命的方向，这个有丰富创造力的作家把自己的工作也已经安排妥当，并能勇敢地投入事业之中。在他生命结束之前，他的工作就不会停止。当他投身于事业的第一秒钟时，这个事业就是伟大无比的，只有死神才会束缚他的意志。巴尔扎克在写作中的耐性在近代文坛里是绝无仅有的。他像一棵参天大树从土地里吸收养分，挺立在那儿显示着自己庞大的力量，枝杈伸向天空，稳固地扎根，生机勃勃地生长、开花、结下累累的硕果。

虽然他的创作突飞猛进，但变化却极其微小。假如对比下他五十岁和三十岁的形象，只会发现一些很小的变化！白发变多了一点，多了黑眼圈，脸色略显苍白，但是外形几乎和以前是一样的。三十岁时，他的外形特征已经确定了。曾经那个"矮小、瘦弱、苍白的年轻人"与拿破仑年轻时很像，竟复原为小时候"圆形面孔的胖孩子"了。当他在写字台前坐下时，他所有的紧张、犹豫、急躁、懒散等脾气就消失了，变得心胸开阔、从容自信。

他在阿尔泰斯的角色中描绘了自己的形象："在阿尔泰斯的眼睛里，一度闪烁着高贵野性的火焰，当成功来临时，疲惫已占据了他的全身。庄严的思想在他的眉宇间已渐渐消退，曾经瘦弱的身体已经肥胖起来。他的脸上闪着金色的光芒；而年轻时的他，曾被贫穷染上苍白的颜色，但却展现出一种不服输的精神。"

大多数艺术家的相貌和人们想象的不一样。巴尔扎克给人的第一印象不像艺术家。他脸上松弛的肌肉，油性的皮肤，稀疏的胡须，那心宽体胖的样子很容易让人误以为他是一个好吃懒做的人。只有当人们看到他结实得像运动员一样能连续工作十二小时或十四小时却不疲倦的双肩、脖颈、胸膛的时候，他身上巨大的力量才可能被发现。他的身体如铜铸的一般。就像他的作品一样，这巨大的能量就蕴藏在雄厚伟大之中，蕴藏在他无法形容的顽强生命力中。所以，要想从巴尔扎克的外表试图去发现他惊人的天才，都是不可能的。雕刻家德·安志尔·大卫打算表现他天才的形象，加高了他的上额，形成隆起，就好像这位作家的思想，要冲破阻挡，喷涌而出一样。而画家布朗志则用一袭白僧袍来遮掩他的大肚皮，想要让他看起来风度翩翩。罗丹则给了他一个刚刚惊醒的神态。为了让其天才被人们看到，或者要看起来与众不同，这三位艺术家，都感觉到这张缺乏特征的脸有必要强化一下。而巴尔扎克在书中描写自己的形象时，也是这样想的，他说自己："头发又粗又硬，鼻子像狮子一样，额头上有一条深沟，把突起的额头分成两部分。"

人们不得不承认，巴尔扎克看上去和众人没有什么区别，他的长相真是太普通了，甚至有点丑。在法兰西，最高的成就有两种表现形式：一种是贵族化的、升华了的，另一种则真正的是从平民中来。巴尔扎克的类型是天然的，既不属于贵族也不属于平民。假如他穿上一条蓝围裙，到法国一个小地方的酒馆里面一站，再做一个斟酒的动作，他面部的神情和一位正在与客人聊天的老板差不多。或者把他当作一个种庄稼的人、一个挑水夫、一个税吏、一个水手，看上去也很合适。衬衫等随便的衣服是最适合他的。如果他想装扮成一个贵族，好好梳梳头，再带个单腿眼镜装样子，模仿那些有钱人时，他看上去就特别假。就像他的作品一样，花哨的写作技巧方面并不能展现他的能力，本色才是他能力的最大体现。当他创作关于哲学或感伤类题材时，他总把握不住精髓，同样地，他身体的主要特征就是他真实的生命力。

他的这些特征并不是一张肖像就能表现出来的，应该从一连串的活动中抽取。如果我们想从他的肖像画中去想象他内心的丰富，那和我们从他作品中的某一页去推想他天才般的精神一样靠不住。简单地看一眼巴尔扎克是看不出什么来的。他给人的第一印象很糟糕，体形矮胖，爬楼梯很费力，走进房间时已经累得喘不上气来了，衣服扣子胡乱扣着，鞋带也不系，坐在圈椅上，压得圈椅咯吱响。这个蓬头垢面的粗鲁人，竟是我们的巴尔扎克，我们情绪的鼓动者，我们权利的维护者！那些吃惊的贵妇人们怎么也想不明白。而在场的作家们，则开心地瞥着镜子满足于他们没他那般俗气，而比他聪明。许多人在扇子后面偷笑，同时那些绅士们则冲着这位危险的同行互相交换着恶意的目光。

但是，一旦巴尔扎克开口说话，他最初的样貌就消失了，因为他的语言像一股光芒，充满无限的魅力。什么样的话题他都能谈论。宣讲哲学或政见，他口中那些玄妙、半真半假的传奇或典故就吸引住所有的眼光。这些时候他漆黑的眼睛里就会散发出金色的光芒，他风趣而且平易近人。他的友善和亲和力，没有人可以相比。

他肉体的活力同他的作品对读者的吸引力一样。他做什么事都夸张得过分。他的笑声似乎可以把墙上的画都震得颤抖；他说话的时候就像政治家在演讲；外出的时候，每半个小时就给车夫一笔小费，就是想让车夫快点赶路；当他算钱的时候永远算不清楚；他工作的时候，不眠不休，连续 12 个小时都在写作。他吃东西的时候，就像其他作家描述的那样：

> 颤抖着的嘴唇，快乐的光芒在他的眼里闪着，由于快活的期待而在抽搐着的双手，看着那一堆鲜美的梨或桃……他那种浮夸的、像酒鬼一样的神气真是伟大；领带和衬衫的竖领被他解开了；手里拿着一把水果刀，他边喝边笑，一面把刀切入了多汁的梨肉里……

巴尔扎克天生大气，脾气很好，这种脾气是只有伟人们才具有，而且不会动摇。虽然他知道那些同行们嘲笑他的笨重，并在他背后议论他、恶意诽谤他，但他充满善意地对待他们，他把自己的作品给他们看，并把他们写进他《人间喜剧》中。他豁达乐观，从不与人结仇。在他的作品中，从不会说某人的坏话。但他难为他的出版商们，并使他们妥协的时候，并非是为了向他们多要一些稿费，而是出于一种逗他们玩的目的，并且只是表明自己有绝对的掌控权。当他说谎时，并非想要骗人，只是因为他太幽默而且想象力太丰富。当他知道人们嘲笑他的某些举动时，他就会表现得更加夸张。他向他的朋友讲了一个夸张的故事，他敏锐的眼睛早就看出他的朋友根本不信他说的，可是故事第二天一早便传遍了整个巴黎。当他知道有人将要以他为笑柄时，他会先讽刺自己了。人们根本伤害不了他什么。他觉得自己由外到内都比他们强，于是便随他们去了。

巴尔扎克的自信心，并非来自自己的名誉和成就，而是来源于他的身体和智慧。从文学上看，在出版了《驴皮记》《高老头》等十几部不朽杰作之后，他对自己依然没有信心。但在他的一生中，他那充分的自信是与生俱来的，而不是每天反省自己或他人的评判得来的。他曾给德·葛朗台公爵夫人的信上说：

> 在我的身体里，充满了各种各样的对比和矛盾。就像别人说的，我既浮躁又勤奋、既顽固又轻浮、既粗鲁又高尚、既聒噪又沉默寡言、既放纵又自持、既软弱又坚强、既奢侈又勤俭、既懒惰又积极向上、既忠诚又善变……不管怎么说我，我都不会吃惊。相信我只是环境的产物而已。

无论别人怎样看待他、赞美他、嘲笑他，他总是昂着头快乐、勇敢、坦然地往前走，随时准备接受命运的任何打击。任何事他都不会去计较，他的虚荣心也许显得幼稚，但他绝不小气，他有着醉汉般的悠然自得。

像巴尔扎克这样天生大方的性格，听起来是有点夸张。不过虽然他在所有的地方都挥霍浪费，但是他花在与人交往上的时间却是很少的。他曾说过，一天中只有一个小时可以做点别的，在他的生活中是没有闲工夫去搞社交的。所以和他关系亲密的朋友很少，大概只有不到十个人，而且这些人除了一个最重要的之外，其余的在他30岁的时候就都已经认识了。直到晚年，他的友谊圈子也没有什么扩展，就像他的处世经验和艺术发展也没有什么变化一样。因为他需要吸收的东西都已经吸收了，所以他没有时间去交朋友。他只有时间写作，也只有他自己创造出来的那些人对他来说才是真实可感的。

在他狭小但稳定的生活圈子里，大多数是女人。他来来往往的信件里有十分之九是写给女人的。对她们，他可以充分地倾吐内心过剩的感情，他可以以自白的方式来抒发自己。在她们面前，他可以毫无保留地呈现自己，甚至是一个不熟悉的女人，他都可以突然爆发情感。他几乎从来不给男人写信表达内心的感受，他从来没有向他同时代的伟大的作家们，比如雨果或司汤达之类，倾诉过他内心的矛盾或者对艺术的看法。他习惯于控制整个谈话，控制不住地去吹牛，容不得别人插嘴，所以他对那些同行们的谈话没有一点兴趣。他不需要激励与刺激，恰恰相反，他需要放松内心的紧张感，所以他总给女人们写信。这是因为他潜意识里要寻找一个理解他的女性的愿望过于强烈。对写作的厌倦，生活的迫害，高额的债务，他生命中遭遇的坎坷和困顿如激流一般，使他强烈地渴望着一个女人，一个可以成为他母亲、姐妹、情人、夫人的女性，就像在他成长年代里出现的德·贝尔尼夫人一样。并不是出于猎艳的心理让他不断地去寻找，他这样做是出于一种对平静的需要。人们不要被他那色情的、热闹的《笑林》给骗了，他绝不是一个滥情的人。他所要的是一个能够给他安逸和满足的女人，就像他自己说的"梦想得到一个女人和一笔财产"。像他那样充满想象力和智慧的人，是不需要在心理和情感上由于幼稚的冒险而获得亢奋的。他总是有意或无意地寻找那种能满足他的两个极端需求的女人：一面必须让他不再为了赚钱而工作，还不能影响他的工作；一面满足他肉体的欲望，还能在金钱上给他满足。如果可能的话，她应该是出身于贵族，以便满足他那天真的虚荣心。

他一生的梦想就是这样，可是这个梦想一直都没有得到满足。他所找到的对象，都是不完美的，有时满足这一方面，有时是另一方面。即使是他与德·贝尔尼夫人的第一次恋爱，也被他判定为不完美的，就像他自己曾经说过的，老天太残忍了，让两个人的年龄差了那么多。在他23岁的时候，她是他的人生导师，在他最困难的时候帮助了他，而且热恋着他。但是，经过了时间的洗礼，他们的年龄差距就很显眼了，虽然在他最需要她的时候没想到这一点。30岁的巴尔扎克虽然还像以前一样，把所有女人都能够当成梦中情人，但是做一个53岁女人的情夫，还是有点丢人了。但是女人一旦恋爱，想要主动做出这种让步是很难的。不过他们关系中的情欲因素，还是慢慢地消散了。

在他们这种关系结束之前，巴尔扎克就已经另筑爱巢，并且从新的地方得到了满足。德·贝尔尼夫人或许会很伤心，因为巴尔扎克的这位新朋友也和她一样上了年纪，而且魅力不再，并非妩媚妖娆。这位德·葛朗台公爵夫人是雨诺将军的遗孀，巴尔扎克第一次与她相遇是在1829年的凡尔赛。当时，波旁王朝抛弃了她，过去的荣耀已经弃她而去了，在社交场所她丝毫不能引起别人的注意，并且陷入巨额债务之中。多年以来，她只能靠爆料和挖掘一些历史和王室的丑闻来赚钱，她把那些"作品"一卷一卷地卖给出版商。不管怎么样，她认为把巴尔扎克从德·贝尔尼夫人如母亲一般的裙带下抢过来并不困难。因为她抓住了他天性中两个最大的弱点，研究历史的渴望和那天真的虚荣心。贵族头衔和高贵的姓氏像有魔力一般能够控制他。做一位公爵夫人的朋友，甚至情人，在她的床第间做一位继承人，哪怕不是皇帝的继承人，也是一位将军的继承人了。这种优越感能把他从德·贝尔尼夫人的怀抱中给拉出来。在巴尔扎克眼中，德·贝尔尼夫人的出身并不高贵，她的母亲不过是王室的一个侍女罢了。

在巴尔扎克内心中永远存在的这种鄙俗的虚荣心，将他置于了一个危险的境地，虽然他的这次冒险在一开始并没有显出不祥的征兆。对于这位想象力能够照亮天空的"当代历史家"来说，能够和一位知道很多历史秘密的女人同床共枕，这将会给他带来巨大的好处。德·葛朗台公爵夫人竟然曾经在母亲家里遇到过年轻时的拿破仑。她还曾站在杜伊勒里王宫新受封的皇子公主们的前列，并且看见了王宫幕后发生的一切。他写的关于拿破仑的小说如《一桩可怕的事》或《查伯尔上校》是来源于一些秘密文件，那么这些东西是因为和她相识才得到的。在他们的关系中，真正的恋爱成分并不多，更多的是性欲和智慧方面的相互利用。

这场恋爱并没有持续多长时间，但是他们的友谊却保持了下来。他们都背负着重债，急于享受生活带来的一些美好，所以，不久就被新的爱情转移了注意力。他们短暂的爱情冷静下来之后，却以志同道合的精神继续交往，并且在相当长的一段时间里互相帮助。她把他介绍给其他的贵族夫人们，他帮她把书稿交给出版商们，并且在写作上帮助她。渐渐地，她从他的生命中消失了。而在若干年以后，当人们发现她死在巴黎一处贫困的阁楼里的时候，他以一种惊叹的语气描写她，但是人们可以从他的文字中看出，她已经完全在他的心里消失了，他们两人的交往虽然热烈，但不过是转瞬即逝的偶然而已。

当他和德·葛朗台公爵夫人的恋爱尚在初期的时候，另一个女人卡罗·珠尔玛进入了他的生命里。他们虽然有过分离，但是形成了最高贵、最圣洁、最有意义而且最持久的友谊。卡罗·珠尔玛和巴尔扎克的妹妹年龄相当，1816年她嫁给一个名叫卡罗的炮兵上尉。卡罗是一个正直勇敢的军官，但他并没有在战场上得到充分的发挥，以此获得属于他的功绩。在拿破仑战争时期，他的同伴们或在战场上杀出了璀璨的前途，或在内阁里战斗到高位。可是卡罗却作为战争犯，在英国的监狱里消磨了几个月时间。最后他被交换回国，此时一切都晚了。作为一个没有背景的军官，在有利的时机里没有机会使用权术或者取得战功，那么就没有什么机会得到重用了。所以他一直处于权力边缘的地位，他曾经做过小省份的驻屯军，后来又被派到国营的火药厂里工作。于是，他和妻子就一直生活在偏远的小乡镇里过着默默无闻的生活。卡罗·珠尔玛并不是特别美，甚至有一点腿疾，她对自己丈夫忠厚的性格十分尊敬，同时对他不幸的命运有着深深的怜悯。命运过早折断了他的翅膀，使他意志消沉。但是这并不代表卡罗·珠尔玛有多么爱自己的丈夫。她料理着家务，同时由于她的聪明睿智，她在有限的社交圈子里有了一个虽说寒微但忠诚的朋友圈。在这里面还有一位派瑞阿拉上尉，他后来和巴尔扎克十分亲近，并且给巴尔扎克提供了许多关于军队生活的详细素材，使得他在军队方面的创作能够顺利进行。

珠尔玛在巴尔扎克的妹妹家和他见面，这对两个人来说都是好事。珠尔玛能够正确地看待人性，这种见识远远超过了圈子中任何一个人，甚至超过了当时许多知名的文学家和批评家。她遇到了巴尔扎克这样一个人，他的文学天才和璀璨的人性光辉一下子就被她发现了。这对于珠尔玛来说是一次心灵上绝好的体验。

对巴尔扎克来说这也是一件好事，当他疲于写作或者被债主们追债的时候，他就可以到珠尔玛的家里去。就像一个港湾一样，在那里他可以得到充分的安慰，而且不用去应付各式各样的人的眼光和评价。她特地在家里为他预备好一间安静的屋子以供他写作。晚上有一些好朋友在等着他，他可以无拘无束地同他们相处，这是一种轻松而温馨的气氛。在她的家里他可以随心所欲，而不必客气。因为他知道在紧张的工作之后还有一个永远欢迎他的避难所，所以当他每次要旅行到卡罗夫妇驻扎的地方，他就十分期盼着这次旅行了。

没过多长时间，巴尔扎克就发现了这个普通的妇人的闪光点，她的兰心蕙质，她的专一和诚恳。一种深厚的、纯洁的友谊在他们之间建立起来了。以巴尔扎克的人品，如果发出肉体方面的引诱，珠尔玛不可能无动于衷，但是他克制住了自己。他知道没有其他的女人再像她那样可以为巴尔扎克做那么多事，她可以完全奋不顾身，不动声色地为他扫清前进途中的障碍。她有一次写信给他："我是命中注定为你而生的女人。"他回信道："我需要一个像你一样的女人，一个不自私的女人。"他也向她坦白："傍晚时刻跟你在一起相处一会儿，对于我来说，要比在那些美女们的怀抱中整晚欢乐更有意义！"

卡罗·珠尔玛是个很有自知之明的女人，她清楚自己并没有性感的魅力去吸引那个她高高仰视的男人。同时，像她这样的人，也是不可能去欺骗和抛弃那个视她若珍宝的丈夫的。于是她开始对巴尔扎克友情相待，那是一种圣洁的友谊，完全剥离了自私和虚荣。由于她不能像德·贝尔尼夫人那样既做他的爱人又做他的导师，所以她就把两者分开，成为他困难时期完美的助手，做他的眼睛和拐杖，她说："上帝啊！为什么我们没有出生在同一个城市？我将会以爱情的方式给你一切你想要的东西，那样我就可以搬到你家去住……那该是多么美好的事啊！"

但是，上天并没有把这个精神和肉体两方面共同生活的方式赐予他们。于是她找到了另一种方式："我会把你当儿子一样疼爱。"她要把为他着想、照顾他、忠告他当成终生的事业来完成。就像所有女人不知如何与生活得像孩子一样的天才交流，她最终选择了这样一张方式：以母爱的方式去爱这个天才。

事实上，无论是在做人还是在做艺术家方面，卡罗·珠尔玛这个不知名的女人，对于巴尔扎克来说都是最真诚最合适的助手。1833 年，巴尔扎克的作品曾一度造成轰动，但是世人还没有真正地发现他的才华，于是她就用真诚而自信的语气写信给他："你是这个时代排名第一的作家，在我看来，没有人能够跟你相提并论，其他人在你面前都黯然失色了。""我会毫不犹豫地加入歌颂你的队伍之中。"这些话都是真实的。

她天生的对人性的感知与认识，让她为巴尔扎克的初露锋芒而提心吊胆。因为她知道巴尔扎克的心底是纯真的、和善的，她知道他把真实的自己隐藏在一切奢华表面的背后。所以她为他感到担忧，当他在派对上获得奉承和尊敬，从出版商人那里赚到金钱时，危险也会随之出现。她为想让他把最高的潜力表现出来而焦虑："我发疯似的想看到你变得完美无缺。"而那种完美无缺并不是"在派对上获得的成功，那会毁了你。你真正的名声必须超越其上，那种未来的名望，就像我冠以你的姓名，和你并肩站立一样重要"。

她把他的艺术良心作为自己的责任。因为她虽然认识到了他的伟大与高尚，但也看到了潜在的危险，看到他在那幼稚的虚荣心的驱使下向现实低头。她冒着失去一生中最珍视的这段友谊的危险，以极为诚恳的态度告诉他，她对他的担忧并不少于对他的赞许。虽然她的批评态度与那些公主贵妇们对这位时髦作家的阿谀奉承的态度截然相反。

站在历史研究的角度，我们再也找不到比她的判断和批评更有见地的人了，甚至于在一个世纪之后，这位普通妇女的评判都比职业的批评家们更令人诚服。她看重《查柏尔上校》《朗贝尔·路易》《毕骆都·恺撒》和《欧也妮·葛朗台》这些作品，但对于过分浮夸的《三十岁的女人》，就十分厌恶；她公正地评价《乡下医生》是过于说理了；还有《塞拉菲达》怪诞的假神秘主义也让她厌恶。她的脑子十分清醒，能够察觉到在他成功的道路上隐藏的一切危险。当他想要从政的时候，她提醒他：你的作品比当政府高官重要得多。当他倾向于保皇党时，她劝诫他：这种利益的争斗是属于那些政治家们的，不要和他们搅在一起，否则你会玷污了自己之前的声誉。她高调地宣布，自己将永远保持对那些被剥削的穷人的爱护，他们隐忍、善良。因为她认为自己就是人民大众的一员。以社会阶级论，虽然她属于贵族，但是她永远保持了对那些因受迫害而受苦的人的同情。

当她看到他匆忙暴躁地完成作品，而影响了作品的质量时，她警告他："你这种像被刀架在脖子上一样逼出来的作品，你以为那真是文学吗？如果你连把作品写到纸上的时间都没有，你怎么会创造出真正完美的作品呢？为什么这样匆忙，难道就是为了写东西挣钱做个暴发户，而不是做个真正的天才？能够描写朗贝尔·路易的人，你真的不需要去追求那些浮华的东西！奥诺雷，看到你这么浪费自己的才华，真令我忧伤。我认为，你固然能买车、买马、买进口垂幔，可你不该给某些人有机会对你说：'无论什么时候，你都能用钱买动这个人！'"

　　她爱护他的才华，同时担心他的弱点。当他疯狂地写作时，当他流连于各式派对时，当他为了打动"上流社会"而使自己陷入过度的浪费时，当他因为浪费而负债累累时，她都在用忧虑的目光看着他。她有着完全正确的先见之明，她恳求他不要过早地消耗自己！她以法兰西民族特有的自由追求，希望看到这个伟大的作家自由而不受干扰，超出一切的毁誉，舆论和金钱的束缚。当她看到他一次次向金钱、权贵屈服时，她感到深深的失望："一个奴隶——那就是你的命运，你有着十个人的生命力，但是你的贪婪耗尽了你自己，你即将成为唐塔拉斯，最终什么也得不到！"这个评论真是有预见性！

　　那个时候，巴尔扎克被包围在公主们和公爵夫人们的甜言蜜语中。但是他也欣然接受了她那些强硬的甚至过激的谴责，而且多次感谢她的诚恳。巴尔扎克这一点让人很佩服，他远远不只是有那点幼稚的虚荣心，他要聪明得多。他写信道："你是我的警钟，我很荣幸能认识你，是你给了我勇气。"他感激她帮助他"激浊扬清，每次见面都能从她身上有所收获。"

　　巴尔扎克知道她对他的警告没有任何不良动机，没有嫉妒，不含骄傲，只是因为对他的艺术天才真挚的关心。所以他在自己的生命中给她安排了一个特殊的地位："我对你的感情，没有什么能够比拟。"即使在后来他把自己的全部感情倾注于另外一个女人德·韩斯迦夫人时，也不能动摇"你在我心中永远不变的特殊地位"。

　　但是，他还是对他这位老朋友逐渐沉默起来了，可能是因为不想自己的秘密被完全窥破的羞耻。他在德·韩斯迦夫人和其他女人面前时，他把他自己传奇化了，包括他的工作，甚至债务。但是他知道他不能对珠尔马撒一句谎，因为都会被识破。所以在同她谈话时，他的顾虑越来越多了。很多年过去了，他都没有到她为他专设的安静小屋去，直到有一次她付出巨大的代价而来到巴黎。他却因为专心写作而没有拆她的信，让她等待一个永远得不到的回答。但是过了16年之后，那时他即将走到人生尽头了，把德·韩斯迦夫人娶过门的那一年，他曾经停下来去审视自己以往的生活，承认珠尔玛是他认识的所有女人中最诚恳、最重要的那个。他拿起笔向她写道："我从未停止过怀念你、爱你，甚至未停止过和你的谈话。"

巴尔扎克这个永远的浮夸者，唯独在一件事上不会浮夸，那就是他把与卡罗·珠尔玛的关系放置于其他一切人之上，并且把它视为最纯洁的友谊。他一切的关系除了德·韩斯迦夫人，都带有一些偶然性，也就是说他不怎么在乎。在他所认识的所有高贵的女人中，当他对戴丝波儿得·瓦勒摩儿·玛西琳钟情时，他耍了很多手腕，他把自己最伟大的作品呈给她看，爬上百级台阶到王宫中她的顶楼上去拜访她，对他的体重来说，这就是巨大的付出了。当他与被他称为"乔治兄弟"的桑德·乔治交往时，他却显示出一种诚恳的友谊，在那时候，他可是个例外。因为他的自尊心阻止了他，使他没有成为她的第十四或十五名情夫。当时巴黎半个文坛都游玩在她床第之间，而他幸好没有沾到这样的光荣。其他的，还有几个不知名的人物和他有过关系，比如一个不知为何人的"玛利"和他有过一段恋情，可能还给他生过一个孩子；还有另一位"路易丝"，我们都不知道她姓什么。在同女人们亲密接触的时候，平时那个放荡不羁的巴尔扎克却保持了一种巧妙的谨慎。

他和男人的交往就更少了。他的那些亲密交往的朋友几乎都是不出名的平民。如果说他需要女人是为了在她们那里得到安慰，而他与男人们交往则是为了能够得到帮助。像贝多芬、歌德他们那些献身于某种伟大事业的人一样，他有创造性的头脑，所以并不需要选择那些有智慧，在艺术创造上能与之竞争并能刺激他的人来做朋友。他喜欢那些可以在他工作之余随时去打扰的人，并且可以随时帮他的忙。他寻求的是那种亲人般的朋友关系。比如德·马尔冈先生，他一点都不出名，我们只知道在他的别墅里有一间舒适的屋子，是在巴尔扎克想离开巴黎时专供他写作的。巴尔扎克真正的朋友并非拉马丁、雨果、肖邦他们那类的人，虽然他们都认识。他真正的朋友是一个铁器批发商，一个小画家，一个医生和一个裁缝。达伯兰跟他在莱斯底居耶尔街的时候就成为他的好朋友。波尔瑞·奥古斯都是他在卡西尼街的老邻居。拿克加尔大夫一生都在照料他的健康，并且还在他紧急的时候给他借钱，对他的小说给予一些专业意见。小裁缝布伊松，在他成名之前就很尊敬他，不仅允许他无限期地欠他的债，还供给他钱花。当巴尔扎克没地方躲债的时候，他就为他提供一个避难所。不过把钱借给巴尔扎克这样有感激之心的人，是不亏的。不论这笔债有多大的数目，他都可以从《人间喜剧》中的两行文字得到偿还，"一套布伊松所制的衣服能让任何人在派对上成为王家角色"。这样一来，布伊松就成了炙手可热的裁缝师傅。大人物们自有一种对人好的方式，他们把不朽的名誉赐予他们的债主。

当巴尔扎克开始他伟大的创作时，这个朋友圈就已经形成了。在他30岁的时候，他成长吸收的阶段已经结束了，他不再需要吸收新的知识，结交新的朋友了。他已经准备好了一切，他的才华和热情是属于以后的工作了。为了开花结果，他像一棵大树一样把周围的一切都吸收到自己这儿来了。巴尔扎克有上百个认识的人，可是今后他不会再把谁放到他亲密的圈子里了，除了德·韩斯迦夫人，她是他生命的中心人物和焦点。

第二节　疯狂与放纵

对于一个艺术家来说，突然的成功是一个危险的信号。1828年，巴尔扎克还是一个穷困潦倒的人，他生意破产，负债累累，只能靠卖文章来糊口。他承认自己在那一时期是个穷鬼，当时很少出门，因为担心磨破衣服。三年之后，他成了欧洲最知名的作家之一，报纸杂志争相索要他的稿件。他被出版商们捧着，被赞美的读者来信覆盖。一夜之间，他曾经的梦想竟然实现，他炫目的声誉张着翅膀在全世界遨游。就算是个头脑清醒的人也会被这突然的巨大成功所陶醉，况且巴尔扎克还不是头脑清醒的人。他在贫穷饥饿的环境中生活了太长时间。他曾经带着嫉妒和羡慕看着属于别人的成功、财富、女人和运气。以他那种乐于享受的天性，他急于利用他所造成的轰动来享受一下人世间的快乐是可以理解的。他要充分感受他的荣誉，触摸它、品尝它、体会它、感知它。他要感受谄媚的人们的那些亲热与芬芳。世界终于欣赏到了他的才能，他便要极力去展现，去释放，甚至裸露出来。他已经疲于挫折和耻辱，疲于穷困和奴役。他要屈服于名誉，屈服于金钱、奢侈和浪费。他知道世界这个大舞台终于轮到他登台了，他要成为一个优秀的社交演员。

显而易见，巴尔扎克是一个当作家的天才，但却缺乏扮演社会名流的才能。一个人就算有超高的智慧和丰富的经验，也不能克服在某个方面的没天分。无论他把自己的缺点看得多么清楚，也没有办法把它们去除掉。诊断和治疗从不是一回事。所以我们一再地看到绝顶聪明的巴尔扎克不可控制地成为别人的笑柄。他虽然意识到了自己的虚荣心是多么幼稚，但也不能克服。这位创作了一个时期最伟大作品的人，这位在国王和王子面前仍能泰然自若的人，竟然得了一种想做贵族的病。一位公爵夫人的来信，对他来说比歌德的赞美还要重要。他很可能宁愿住在一所高贵的宫殿中，有着自己的马车、仆人和华美的长廊，却不想名留青史。为了得到一份国王签署的贵族凭证，他可能会出卖灵魂。他的父亲既然能从贫穷的农民变成小资产阶级，那么他为什么不能变成贵族呢？那个惊天动地的伟大时代刚刚过去，怎么能说它已经结束了呢？如果那些雨诺、穆拉、纳伊，那些手艺人、车夫们可以因为上场杀敌而成为公爵；如果那些出纳员、投资商、企业家们可以成为官员，那么他怎么就不能成为贵族呢？

这种往上爬的精神，在六十年前曾经激励着他的父亲从拉·奴该瑞的草屋中走出来，去广阔的巴黎寻找机会。现在则激励着他的儿子往高处走去。显得荒唐的是，他把一个排外性很强的贵族圈当成了自己的目的地，却不把在文学上取得造诣当作追求。这样的心理状态十分怪异，这样的想法也不能被理解。为了进入更高的社会阶层，他得受尽贵族们的侮辱，以及旁人的嘲讽；为了生活得奢侈，他不停地靠辛苦劳作来赚钱；为了显得高雅，他把自己打扮得不伦不类。他已经不知不觉地成了自己作品中讽刺的对象了：在某个领域是天才，可是当进入另一个不熟悉的领域时却是个白痴了。

巴尔扎克混迹于贵族圈，那么他也得把自己装扮成符合圈里氛围的角色。首先，他不能再以巴尔扎克氏的身份出现了，在圣日耳曼这样的地方，这听起来太小资产阶级了。如今的身份地位，他必须加上贵族的头衔，所以从《驴皮记》开始他的作品都用"德·巴尔扎克·奥诺雷"的名字出版了。如果有人敢于怀疑他的这个名字，那么他就要倒霉了。巴尔扎克会告诉那个人，他自己是德·昂特拉格侯爵的后人，他使用"德·巴尔扎克"这个姓氏还是出于谦虚呢。为了增加这种说法的可信度，他把德·昂特拉格家族的徽章刻在他的剑上还有马车上。第二步，他要改变自己的生活方式。他认为只有他的生活方式和他的名望相称，人们才会相信他是大作家德·巴尔扎克·奥诺雷。在这个虚荣的世界里，一个人要想得到很多，只有他表现出自己拥有很多才行。如果其他作家或者贵族能拥有一幢别墅，能享有一辆马车，或者两匹马，那么德·巴尔扎克·奥诺雷应该驾一辆双轮马车，后面带着一个穿制服的跟班，就是无可厚非的。那样人们才会不把他看成是二流作家。他在卡西尼街租了一所房子的二层楼，又置办了华丽的家具。他的穿着甚至比任何一个贵族子弟都要阔绰。他特意为自己的蓝礼服安上了雕花的金扣子，布伊松又赊给他真丝和绸缎的衬衣。然后他把头上抹上厚厚的油，把一只小眼镜拿在手里做样子。这位新兴的大作家就这样跨入巴黎的那些派对中，以这样的姿态来增加名望。

可是巴尔扎克试图跻身于巴黎社交界的努力结果很失败，并且他的作家的声望也受到了损害。他想把自己塑造成一个贵族子弟的努力全盘失败了。他这段时间里所出入的派对，并非是圣日耳曼的贵族派对，也不是大公使馆的。只是盖·戴尔梵夫人母女和瑞卡米耶夫人的"文艺客厅"，这些太太们想用培养贵族文学的方式来和不跟外界交往的官场贵族们竞争。可是就算在这种低级的圈子里，巴尔扎克这种附庸风雅也是令人难以接受的。他的外貌本身就毁灭了他扮成贵族的希望。无论是布伊松的手艺，还是金扣子、好布料都不能遮盖他的平民气质。他大声地说话，不容别人插嘴；他像个大炮弹似的突然闯进屋子。他的行为在贵族们看来真是过分粗鲁了，以至于他都不能用一种故意的节制来约束住自己。二十年之后，德·韩斯迦夫人真是有充分的理由来抱怨他，他吃东西的时候，刀叉都伸进嘴里；他的聒噪把希望赞美他的人的脑子都震乱了；他那带有回声的大笑，他那把别人的话都淹没了的雄辩不得不让她慨叹。

只关注外表的闲人，才能有耐性和时间永远保持着美丽的外表，这其实也是一门艺术。但人们很容易看出巴尔扎克是为了某件事而特意匆忙地准备。他其实只是把自己从工作中拽出来一个多小时而已。人们看到他衣裤不协调的颜色搭配失望了；他的指甲肮脏不堪，那么金眼镜拿在手里也丝毫不起作用；他的鞋带松散地耷拉在他的丝袜上；当他热的时候，油脂就会从头发上流下来滴到衣领上……巴尔扎克在修饰自己的风采时，越来越倾向于奢侈而不是慎重。他身上那些贵重的东西看起来就像一堆廉价货。他还在奢侈上加上夸张的成分。他的装饰所带来的影响就像他自己在作品里讽刺过的那样，常常使他的女粉丝们在扇子后面偷笑。

巴尔扎克越感到自己附庸风雅的失败，就越想做得夸张一点。如果不能赢得声誉，那么也要造成轰动。如果他不能用赏心悦目的效果而引人注意，那么就用他的放荡不羁来获得名誉吧。如果他成了别人的笑柄，那么他就要给别人嘲笑他的理由。当他第一次的努力失败之后，他就发明了一种荒谬的方式，就像他自己说的，这种方式会让他比他的小说还出名。他买了一个像杠子一样粗的手杖，上面镶着蓝宝石，这东西花了他七百法郎，虽然他一直没付钱。他还散布了一个关于他手杖的谣言，他说他在手杖的柄上放了一张神秘情妇的照片，这个情妇是身份高贵的贵族，而且一丝不挂。当他走进意大利剧院的包厢时，所有的观众都紧紧地盯着他手里的手杖看。德·吉拉尔丹夫人还因此写了一本《德·巴尔扎克先生的手杖》。不过贵妇们一直都没有从失望中走出来，而且没有一个女人再把这个曾经高唱她们的赞美诗的浪漫主义者选为代言人。巴黎社会中的名流们，也是他所倾慕的人物那拉斯迪额和马尔赛的原型，也觉得没有必要再去担心这个新来的愚蠢的家伙带给他们的竞争威胁了。

　　巴尔扎克在文坛上与同行们的相处也不算成功。那些作家们以厌恶的态度看待这位新出现在他们鲤鱼池中的肥梭子鱼。他们中许多人仍然把他成名之前不能明说的过去记在心里。如果不是巴尔扎克以前多产时代的拙劣作品，他们也能接受他为其中一员。但是巴尔扎克却十分明确地拒绝了和他们亲近。虽然他天生对人大方而且热情，但是对文坛里的这些同行们，他却故意用一种傲慢的态度来对待。他对他们无礼又粗暴。他进屋的时候还戴着帽子，并且拒绝在文坛上和他们相提并论。他没有让他的同行们满足自己的虚荣心，他夸大自己所能得到的稿费得罪了他们，同时在讲话的时候又得罪了记者们。很少有他这种艺术家，不在乎新闻记者可以左右舆论的能力。他让别人觉得他不需要他们的帮助，就像他用浮夸的装束来造成自己在社交上的特立独行一样，他真诚而又鲁莽地宣称不能以别人的标准来看待他。可能他是一种发自内心的玩笑，也许他带着游戏人间的心情，也许他是在不经意间这么做的，可是，人们都认为他的行为是种挑衅。

　　巴尔扎克的弱点实在太明显了，足以让那些有备而来的人们抓到他的小辫子。此时，报纸上都用嘲讽的态度对他起哄。这位当时最伟大的作家竟然成为嘲笑短文和讽刺文最好的猎物了。蔑视社会却又离不开社会的人，却被社会狠狠地教训了一顿，再也没有比这个更残酷的了。但是巴尔扎克自己倒是没有受到什么影响。他精力太旺盛了，再加上自我的优越感，他根本不会受这些小刺激的影响。他对那些油头粉面的家伙和刻薄的女学究们回以嘲笑。即使在盛怒之下，他也是狂热而且富有创造力的。他并不会以争论的形式来回击那些新闻记者和文坛小人对他的诋毁，而是把这些文坛丑恶行径描绘在他的《幻灭》里。

另一方面，巴尔扎克真正的朋友，看到他这样一个天才，竟然因为自己的虚荣心而被人侮辱，感到深深的痛苦。卡罗·珠尔玛在她遥远的乡镇里，却比他看得更加透彻，巴尔扎克希望在巴黎的交际场、贵族圈获得的荣耀，不过都是昙花一现。她恳求他不要再得不偿失地做小丑了。她诚挚地劝诫他："奥诺雷，你现在已是知名的大作家了，而且你命中注定要做更高的事业。小小的名誉对于你来说是无所谓的。你应该给自己树立一个更高的目标！我鼓起了很大的勇气跟你说：'你不要再虚荣下去，这么愚蠢地糟蹋你那不同寻常的智慧了！放弃这种虚荣的生活吧！'"

但是，在早期的陶醉过渡到对自己有清醒的认识这个过程中，巴尔扎克必须得经历一些痛苦的经验教训。他的人生规律就是：一个人不能成为两个领域的天才。命运并不希望他在会被人们很快遗忘的世界里昂首阔步，却希望他用他的笔来书写世界，让这个世界不朽。

当时的人们对巴尔扎克的描述有好玩的，有蔑视的，有带着恶意的，甚至有恶毒的。但是他们所有人的看法都是从当时的舆论和社会的误解得来的。从史料中，我们可以看到这样一个巴尔扎克：穿着带金扣子的蓝外衣，挂着带蓝宝石的大手杖；穿着拖鞋；带着马车夫和跟班，坐着双轮马车；在马路上徘徊，寻找素材；爱好收集古董，经常到古玩店铺搜集；他是出版商和排字工人的噩梦。但是另一方面又是爱吹牛爱愚弄人的家伙；他换女人比换衬衫还勤；是一顿饭能吃三十六个牡蛎、一只鸡和一块肉排的饭桶；是说起话来动辄赚好几百万法郎却四处躲债的巴尔扎克。

这些流传下来的巴尔扎克的事迹，并不十分准确，很多是夸张了的。同时代的人们记录下了他无数的逸闻趣事，但没有留下一部关于他的精确的传记。不过这也可以理解。我们可以清楚地看到，当时的人们眼中的巴尔扎克是一个怪物，而不是我们所看到的天才。从某种意义上来讲，当时人们的判断是正确的。他就是以怪人的模样出现在人群里，就"怪人"这个词的意义来说，完全是可以形容巴尔扎克的。因为他一旦离开了他的写字台，他的工作，他就从自己的正常轨道里出来了。人们是不熟悉真正的巴尔扎克的，因为他们并不在他创作的孤独中认识他，只是在他放纵的极短的时间里认识他。当他出门来到人们中间的时候，他就像囚犯每天固定放风一样，像幽灵在午夜钟声敲响的时候必须回到他的黑暗中一样。巴尔扎克必须在他逃出压力、精神放松的小憩之后，回到他的工作中去。当时没有一个嘲笑他的人知道巴尔扎克的工作是多么的伟大，并且是严格而且有规律的。真正的巴尔扎克在二十年的时间里，完成了无数的短篇小说、戏剧和散文，还写了七十四部顶级的小说。这七十四部顶级小说构成了一个它们自己的世界，里面有不同的街道、景物和人。

这些才是应该用来评价巴尔扎克的唯一标准。只有从巴尔扎克的作品中才能够认清他的真正面目。一个被同时代的人当成是疯子的怪人，却有着很高的智慧。当人们因为他的奢侈放纵而嘲笑他时，却没有人知道他辛苦的劳作，没有人知道他固执坚忍的隐士性格。那些谨小慎微的人们，因为他夸张的行为嘲笑他，并且跟他对比觉得自己是正常人。就是这样一个不正常的人，生产出了其他作家难以比拟的优秀作品。他的生物钟和别人是相反的，他过的是黑白颠倒的日子。只有在他自己的世界里，他才展现出自己真实的一面。而能看到真正的巴尔扎克的，只有他那间工作的屋子。他同时代的人没有一个能写他的传记，他的传记包含在他的作品里。

让我们从巴尔扎克的工作中抽出一天来看看他的生活。

晚上八点钟，普通市民已经结束了他们一天的工作，迎来下班时间，离开他们的工作岗位。他们和家人朋友或独自享用了晚餐，开始走上街头放松娱乐。或者去街上散散步或者去喝喝咖啡，还有的人在镜子前化好妆，准备去看戏或者参加派对。此时的巴尔扎克在连续伏案工作十六个小时以后，独自一人在他黑暗的小屋里睡觉，什么都不知道。

九点钟，剧场里的戏已经拉开帷幕，舞厅里光影交错挤满了各种身影，赌场里的金币叮当作响，隐秘的情侣们缩在偏僻街头的阴影里……巴尔扎克还在睡觉。

十点钟，四处的灯光开始熄灭，老人们要准备上床休息了，偶尔有马车在石子路上走过，喧嚣的城市渐渐安静下来……巴尔扎克在睡觉。

十一点钟，戏园子的大幕正落下，从舞会上出来的人们正在回家，饭店也关门谢客，当醉汉们渐渐消失在偏僻的街里的时候，马路安静下来……巴尔扎克还在睡觉。

十二点钟，午夜来临，巴黎睡着了，百万双眼睛都闭上了，灯光都熄灭了。当别人都休息的时候，巴尔扎克就要开始工作了；当别人都在做梦的时候，巴尔扎克清醒了；当别人的白天结束的时候，他的白天开始了。没有一个人能来打扰他，没有访客来拜访他，没有信件来扰乱他，没有债主来敲门，没有排字工人来要稿。一个大段的时间摆在他的眼前，八到十个小时的清净，这段时间里他要从事那漫无边际的工作了。就像要把冷脆的矿石熔成纯钢的熔炉不能有丝毫的冷却一样，巴尔扎克此时紧绷的神经丝毫也不能松弛下来：我的思想必须如水自源泉滴下一样，从我的眉宇间滴下，这个过程是毫不自觉的。

他认识到了自己工作的规律："我的工作不可能中途中断或者中途外出，我从没有只工作一两个小时。"只有在晚上，时间是大段大段的，那种持续的工作才有可能。为了得到这样的时间，他就把夜晚换到白天，白天换成夜晚。

他的仆人会按时轻轻敲门叫醒他，巴尔扎克起身穿上他的袍子。他多年的经验证明，这件袍子对他工作是最有利的。冬天是羊毛做的，夏天是薄布做的，又长又白，宽敞到动作完全自如，领口敞开，温暖而不闷。他之所以选择这件袍子可能还有一个原因，它像一件僧袍，穿上它后就能提醒自己是在从事伟大的事业，必须抛弃外面世界的诱惑。衣服上上松松地系着一条编织的带子，后来变成一条金带子，带子上还挂着一把裁纸刀和一把剪子充当十字架。巴尔扎克在屋里来回走上几圈，把睡眠从脑子里彻底赶走，并且使精神兴奋起来，他就算准备好了。

仆人在银烛台里点上六支蜡烛，把所有窗帘都拉上，好像这是一种仪式，宣告与外界的隔绝。巴尔扎克不要用天色变化来计算时间，他不要去看天亮了没有，不要知道巴黎又迎来了一个黎明。他周围一切有形的东西，墙壁、书架、门窗和门窗外的世界，都暗淡了。只有他脑子里的一切在活动，人们在说话和生活，他正在创造一个世界，一个永恒的世界。

巴尔扎克坐在他的桌子旁，这个地方就像他所说："我像炼丹家投他的金子一样把生命投入这里。"那是一张很朴素的小长方桌，他爱它胜过他生命中一切最珍贵的东西。这张桌子对巴尔扎克来说，比他镶着蓝宝石的手杖，他一次次买回来的装饰品，他装潢华美的书房，甚至他所获得的声誉都更有意义。他每次搬家都带着它，从破产的灾难中营救它，就像士兵从战乱中拖出一个伙伴似的。它是他欢乐与忧愁的知己，是他真实生命的唯一见证人，它曾看见过他所有的困窘，知道他所有的计划，曾偷听了他的思想。当他的笔在纸上疾驰，他的臂膀几乎粗暴地压着它。没有一个人对巴尔扎克了解这么多，也没有一个女人曾和他度过这么多热情洋溢的夜晚。巴尔扎克在这张桌子旁边生活工作到死。

最后再检查一次，保证所有东西都准备妥当了。和迷信的人一样，巴尔扎克对自己的工作方式要求极为严格。他像士兵爱护盔甲一样爱护他的办公用具。在他每次投入战斗之前，他必须保证它们都被准备在手边了。他的左手边放着整齐的白纸，这些纸都是经过精心挑选的，有固定的形状和尺寸，带着一种浅蓝色，以防止眼睛疲劳或晕眩，而且它们必须是非常光滑的，这样他的笔就可以在上面毫无阻力地划过。他的笔也是需要精心准备，他只用大鸦的翎管。他的墨水池是从他学生时代就开始用的，而不是仰慕者送的孔雀石这样的贵重物品，旁边放着两瓶墨水。他绝不会忽略任何一个准备工作，这些准备工作能保证他的工作顺利进行。他的右手边放着一个小记事本，他随时会在上面写一些后面章节要用的思想。除此之外再没有其他的了。文籍、论著、研究资料等一概不需要，巴尔扎克在写作之前就胸有成竹了。

坐在椅子上，往后一靠，卷起袖子，然后他开始用半开玩笑的话来鼓励自己，就像车夫在鼓励他的马拉车一样。他必须得完成这一整套的准备工作才可以干活儿。

巴尔扎克文思泉涌笔尖不停，没有停顿也不犹豫。一旦他的想象力被点燃，它就不停地燃烧起来。它像一团森林之火，从这棵树跳到另一棵树，过程中越烧越旺，越烧越热。虽然他的笔已经飞快地在写，但是还是不能追赶上他的思想。为了不使思想迟缓下来，他越写越省略。他不能使心中的文思有一点中断，所以他的笔一直在纸上停不下来，直到手指的痉挛强迫他松开手指，或者他累得头晕眼花，字迹在他眼前乱飞起来。

外面静悄悄的，屋里只有笔从纸上划过的摩擦声，或者把草稿放到写好的一叠上面的声音。外面的天已经开始亮了，可是巴尔扎克根本不会发现。他的白天只是烛光照亮的那一小片地方而已。除了他自己的世界，无论是时间还是空间，他都顾不上了。

然而这架机器也有抛锚的时候，一个人的意志力再怎么强大，也不可能无限度地去消耗有限的体力。往往在连续不断五六个小时的写作之后，巴尔扎克必须要休息一下了。这时候他的眼睛不由自主地流出泪水，手指开始抽筋，脊背酸疼，太阳穴开始跳动，他的神经已经紧张不起来了。如果换成别人，到这时候可能对自己的工作已经满足了，可以结束当夜的工作了。可是巴尔扎克却不会放弃，即使这匹马踩着刺马针而摔倒在地，也要站起来跑完全程。如果犯懒不肯继续工作，那么就要使用鞭子了。于是巴尔扎克从椅子上站起来，走到放咖啡壶的桌子旁。

咖啡是使机器重新运转的黑机油。对巴尔扎克来说，咖啡比吃饭睡觉都重要。他厌恶烟卷，因为那并不能刺激他，不能使他达到工作时需要的兴奋程度。吸烟对身体是有害的，它损害人的脑子，使人变得低能。他毫无保留地赞美咖啡："咖啡推动一切运转起来。人脑子里的思想像军队的队列一样有序前行；回忆像领导军队的旗帜翻涌而来；轻骑兵排好了队伍在疾驰；逻辑像炮队带着它的炮弹轰隆隆赶来；清晰的思维像狙击手一样加入战斗。角色们都来到岗位上，稿纸上铺满墨水，战斗已经打响，并在一种流满黑色液体的情形下结束，就像一片真的战场包围在火药放出的黑烟里。"

没有咖啡他就不能工作，或者说不能像他这样工作。除了纸笔之外，巴尔扎克都会随身携带他煮咖啡的那一套用具。这东西的重要性不亚于他的小桌子或者白袍子。他不许任何人来帮他准备咖啡，因为没有人会把这种刺激性的毒药弄得那么浓黑。就像他只用某一种纸，某一种笔，同样他也只按照某种特殊的方法来煮咖啡。他的一位朋友曾经记载过："这种咖啡包含三种不同的豆类——布尔崩、马尔丁尼克和摩沙。布尔崩是在蒙特布朗街买的，他到老奥得莱特街去买马尔丁尼克，到圣日耳曼镇的大学街买摩沙。在他采购这些东西时我经常陪他去，这种行程每一次都要半天的时间，要穿过整个巴黎。不过对巴尔扎克热爱的咖啡来讲，这点麻烦是值得的。"

咖啡是他的兴奋剂，但是和所有的药品一样，要想保持效力就必须不断地加重剂量，所以他像是吃下了越来越多置人死地的药，使自己的神经也越来越紧张。他曾经谈到自己的某部作品是在成了河的黑咖啡的帮助下才得以完成的。1845 年，在持续对咖啡依赖了二十年之后，他承认他不停地求助于这种刺激使他现在已经中毒了，而且它的作用已经越来越小了。同时他的胃感到了巨大的痛苦。如果统计家们算出的他那五万杯咖啡加快了《人间喜剧》的写作进程，那么它们也加速了他那原本强健的心脏的早衰。拿克加尔大夫，这位他终生的朋友和医生，曾说过"一种长期夜晚工作，滥用咖啡来和人类正常的睡眠抗争，造成的心脏病"是他真正的死因。

终于，钟声敲响了八下，门口响起轻轻的敲门声。他的仆人奥古斯都为他送上一盘简单的早餐，巴尔扎克从坐了一夜的桌前站起来。奥古斯都把窗帘拉开，阳光照射进来。这意味着一个短暂的休息时间到来，巴尔扎克走到窗前，眺望一眼他所要征服的城市。此时他才想起还有另一个世界，另一个巴黎，一个刚刚醒来要开始运转的巴黎，他的工作到此时正式结束。店铺正在开门叫卖；孩子们走在上学的路上欢声笑语；马车咕噜噜地走在街上；办公室里，人们刚刚到达自己的办公桌旁。

因为还有更多的工作在等着他，巴尔扎克要先洗一个热水澡，以便放松身体，从精疲力竭的状态中恢复过来。他经常在澡盆里消磨一个小时，拿破仑也爱这么做。因为那里是他可以纵情冥想而不被干扰的唯一地方，不必把所想的马上写下来，沉醉在思想的梦境中而不必付出劳动。可是往往当他刚刚穿上衣服的时候，敲门声就响起来了。信差从各处的印刷所里赶来，像拿破仑的骑兵一样把命令传到各个执行它们的地方。刚刚赶来的这个人是来索要一份正在写的小说的稿件，就是昨晚刚刚写成的墨迹未干的那份。巴尔扎克的所有作品一写出来就要马上排版。这种情形有两个原因，首先，他所有的小说还没有写的时候就卖出去了，所以出版商们都像债主似的等着他的稿子；还有一个原因，巴尔扎克在工作的时候就像做梦一样，他根本不知道自己写的是什么，就算他眼光再敏锐也难以从他那混乱的稿子里理出头绪，所以只有当它们被排好版了，他才能去校对它们。巴尔扎克就像司令一样，检阅着如士兵队伍一般的文字。检阅完毕之后，他才能分辨出是否打赢了仗，需不需要重新排兵布阵。

从印刷厂、报馆、出版商们那里来的信差们已经把他两天前写的一天前送排的样稿和更早之前的二校三校的样稿都送回来了，整叠的新的样稿，常常有四五沓墨迹未干的稿件堆在他的书桌上，等待他处理。

九点钟，短暂的休息时间结束了。换一种工作方式对他来说也是一种休息了。但是对于巴尔扎克来说校对样稿并不是一件轻松的事。这不仅包括对排字工人的失误和风格内容方面的小修改，还可能包括整个原稿的重写与改造。

事实上，他总是会把第一次排印出来的稿件当成初稿那样修改。他用敏锐的艺术责任感一次次地审视那些初具规模的文字，然后再逐句地修改，这是异常耗费精力和热情的。他对于工作上的每一个细节都十分苛刻和严厉。关于排印样板，他定了一套规矩：印刷的纸张必须足够宽大，这样印出来的文本就像扑克牌一样整齐，上下左右四边有很大的空白以供修改。还有他要求所有的稿样必须印在白色的好纸上，而不是常用的廉价黄纸，这样每个字都能清晰地显现出来。

改稿子的时候又要坐在他的小桌子前了，他先快速浏览一遍，接着用笔一戳，这是感到不满意了。前两天写过的东西都要不得，毛病太多了，必须进行彻底的改动，让它更加简明清楚。他像一个士兵攻击敌人的方阵一样，开始向那块文字进攻了。此时往往墨水四溅笔画和戳点横穿整个纸面，他把他的笔当作佩刀了。一挥就把一个句子从文中抽出抛向右边，把一个单词刺中掷于左边，整段文字被抽出又填一段进去。给排字工人看的那些常用的修改符号是不够用了，巴尔扎克就自创了许多符号。不一会儿整张纸就被写满了，现在修改的部分比原有的都多。在他后来写的文字上也加了许多符号，以引起工人们的注意。整张干净的纸上都爬满了蜘蛛网，于是他就把纸翻过来在背面继续改。不过这还是不够，当纸上再也放不下任何文字还有令排字工人讨厌的线条时，巴尔扎克的剪子就派上用场了。不要的部分被他直接用剪子剪开，然后把用新纸写好的新的章节粘上去。整个文本都被肢解与重组了。就这样，一大堆混乱的文本、线条、符号、墨点变得比原稿更加难懂的情况下，送回印刷厂了。

在印刷厂里，人们围拢在一起分析那些潦草的字迹。最有经验的排字工人也无法破解那些东西。虽然给他们双倍的工资，他们也不愿意接巴尔扎克稿子的改版工作。一个人必须要花几个月的功夫才能学会读懂他那些象形文字一样的东西。但是即使到了那种时候，还得安排一个特别的校对人来重新校对工人们那些无端的猜测。

然而，工人们的工作还是没什么作用。当巴尔扎克第二次收到印好的样书，他又会和以前一样花大力气去修改它们。他再次把辛苦铸成的大厦拆毁，把每一页都从上写到下，直到它们和前面一样难以看懂。这样的事情要不断重复六七次，不过在后来，他不用整个把它们拆开，而逐渐地变成改改句子，改几个词。他的许多作品，都被改了十五六次之多。这些工作还并不能反映出他的生产能力。二十年来，他写了七十四部小说，还有短篇、小品文，并且在这些作品最后出版之后，他还一次又一次地重写了它们。

无论是出版商的恳求还是钱财上的困难，都不能阻止巴尔扎克这费钱又费劲的行为。很多次他浪费了稿费的一半，甚至是全部稿费被拿去付修改和重印的费用。因为这关系到艺术的完美无瑕，所以没有人能够说服他让步。有一次，一位报纸的主编没有等到巴尔扎克最后的校改就把稿子给印发了，这让巴尔扎克十分生气，并导致他和那位主编永远断绝了往来。对外界社会他显得轻浮、随意，但是作为一个艺术家，他却彰显了艺术之心灵，坚守着所有作家所不能比的不屈的斗争。因为只有他自己知道在那间与世隔绝的房间里，为了使自己的工作十全十美，他花费了多大的精力和牺牲。所以，他把那些样稿当作唯一的见证人一样珍爱它们。它们是他的光荣，这份光荣是因为他努力工作不知疲倦，而不是他的创造力。所以他把每一部作品每一次的样稿都编在一起，再加上原稿，订成一大册。如果某部作品出版后有二百多页，那么这个稿本将有两千页。像拿破仑把王子公爵们的头衔徽章赐给他的元帅和部下一样，巴尔扎克在自己《人家喜剧》的王国里，把这些册子当作珍贵的礼物，送给他的朋友们："我把这些册子送给爱我的人。它们是我无休止的劳作和忍耐的见证人，在这令人害怕的篇幅上，我花费了无数个夜晚。"

大部分册子送给了德·韩斯迦夫人，而巴尔扎克的妹妹，德·葛丝特丽夫人和桂都邦尼·维斯岗地·爱米里伯爵夫人，也有幸得到馈赠。这为数不多的光荣地被选出来的几个人，深深地了解这绝无仅有的文献价值。拿克加尔大夫为例，他有幸收到《幽谷百合》的稿本，他觉得这是作为他对巴尔扎克多年来的友谊和医药方面馈赠的酬劳。他回信道："这是真正震撼人心的纪念品，并且应该让那些相信艺术是美好的人都看到。那些读者们认为这些精神产品在生产和被阅读时同样毫不费力，这些东西对他们多有好处啊。我希望在王多姆广场建立我的图书馆，那样一来，那些钦佩你的才能的人就可以知道你工作的时候是何等的严禁和有毅力。"

除了贝多芬的手册，流传于世的任何文献中，都没有比这些册子更能够准确地反映艺术家的奋斗精神了。巴尔扎克的才华，完成作品所耗费的精力，在这些册子里比任何的肖像或传说都更值得研究。只有知道了这些，人们才能知道真正的巴尔扎克。

校稿的工作被他戏称为"制作文艺大餐"，这个工作占去了他整个上午。然后他从那一堆纸中走出来，吃一顿简单的午餐来补充能量，通常是一个鸡蛋，一两块火腿面包或者一块肉饼。巴尔扎克最喜欢过舒适的生活，喜欢家乡原味油腻的蔬菜、腌肉、脆鲱鱼，以及多汁的红肉，而且他也十分迷恋家乡的那些红酒、白酒。但是，他深知美食会让他变得迟缓疲倦，他是没有这个时间的。甚至他连休息的时间都没有，饭后他马上就挪到桌旁再次开始校稿、记备忘录、写一两篇稿子或者写信。

下午五点钟，他总算把笔搁下了。一下午他没有见一个人，也没有看报纸，现在他总算可以休息一会儿了。奥古斯都正在准备晚餐，这时间他可以去见一位出版商或朋友，不过大多数时候都是他自己待着。他可能会想想晚上要做的工作。他几乎不到街上去，大概因为他太累了。到了八点钟，当别人开始夜生活的时候，他上床睡觉了。他睡着得很快，睡得很沉，而且不做梦。和他做的任何事情一样，他的睡眠也有着极大的强度。他已经完成的工作并不能减轻明天或后天的负担，甚至他生命的最后一刻。午夜，他的仆人进来点上蜡烛，这时巴尔扎克睡醒了，又要开始工作了。

就这样，巴尔扎克能连续工作几个星期，甚至几个月。他手边的工作没有做完之前他是十分厌烦被打扰的。就这样一本接着一本地写，就好像一行行整齐的针脚排布在一件大织物上，那是他倾注一生心血要完成的工作，也是他为自己编织的寿衣。他曾失望地感叹："永远都是那样的，一本书接着一本书，一夜连着一夜，我要建造的大厦实在是太高太大了。"

他时常会被这种失去生趣的恐惧包围，并且为自己打造了一套沉重的锁链："我在一个月里所要做的事，是别人一年都做不完的。"但是工作对他来说已经欲罢不能了："在工作的时候我就忘了这些痛苦，工作能把我普度。"

虽然他的工作是种类繁多的，但是这毫不影响他的持续性："在我不写的时候我就做计划，在我不写也不计划时我就改样稿。这些事就是我生命的组成部分。"

巴尔扎克的脚上始终绕着一条锁链，当他刚要逃走的时候，链子就把他拉回来。如果他去旅行，他依然得写作。跟工作比起来，谈恋爱或许都显得不那么重要。当他要去拜访德·葛丝特丽夫人或德·韩斯迦夫人之前，他的内心会躁动发狂的想念，但他还是会克制，并在信中预先通知他的情妇，她只有在下午五点之后才能见到他。在男欢女爱、七情六欲的面前，他也是必须要工作十二到十五个小时还会去享受。在巴尔扎克眼中，工作的分量重于恋爱，《人间喜剧》的分量重于真实的世界。

如果我们计算一下巴尔扎克这二十年来的作品，再算一下他的私事和经营的生意，那么我们将会感到震撼。无论是伏尔泰还是歌德，他们都有两三个亦步亦趋的秘书，甚至连圣提·柏夫也有人专门帮忙做修改工作。但是，巴尔扎克所有的工作、贸易和一切的书信，都是亲力亲为。除了他生命垂危时那动人的绝笔，那时他的手已经不能再提笔了，只能由他太太代笔，然后自己加上一句："我不能再读书写字了。"此外，他书籍的每一页，他书信的每一行都是他亲自书写的。他在签订合同，处理和他有关的诉讼时，没有一个秘书、代理人或者顾问。他亲自向商贩们采购订货，后来还照顾德·韩斯迦夫人的财政和她家里的事物。他以病态的方式消耗着自己的精力，而他自己也承认这种消耗肯定会有不好的影响："我经常头痛欲裂，而我似乎注定要死在头脑的损坏上。"

当他过分紧张的工作之后，允许自己休息的时候，他总是像有崩溃的危险一样："我一天睡十八个小时，而剩下的六个小时，我什么也不做。"在非人的工作状态结束之后，他休息的方式也是不正常的。哪怕是去娱乐消遣，也是用这种方式。当他从那个洞穴中走出来时，他的头脑处于一种不正常的兴奋之中。在他连续地在极安静的环境里孤独了几个星期之后，好像闷得太久就要忍不住大声笑，大声说话，不停地高谈阔论一样，所以他总是滔滔不绝地跟别人谈话。当他走进商店的时候，他仍然处在自己曾幻想出来的百万富翁的状态里面，于是他花起钱来毫不在乎。在简朴了好几个星期之后，他肆无忌惮地暴饮暴食。在他外出去旅行的时候，他总想让马车跑得更快些。他所有的行为都带着他小说里那种夸张丰富的特点，还有他生机勃勃的欢快的本能。他就像过去那些豪放不羁的水手一样，几个月没见过陆地，没喝过酒，没同女人谈过话，一旦他们的船乘风破浪到达港口，他们就会把一大袋金币摔到桌上，疯狂地享受生活。他还可以跟一匹关在马厩里很长时间的赛马相比，一旦呼吸到自由的空气，它就像流星一样冲出去了。这就是巴尔扎克，这就是他在自己严苛的生活中暂时休息下来的情景。

但是戈兹兰、魏兰特他们那些新闻界专门搬弄是非的家伙，却开始耍起小聪明，他们像小人国里的侏儒嘲笑那个巨人一样。他们记录了一些小故事，那些小故事记录了巴尔扎克奢侈的行为和虚荣心，并且把这些东西专门写进他们的作品里，于是每一个蠢材都觉得自己比伟大的巴尔扎克还聪明。但是他们没有一个人了解巴尔扎克工作的情景。假如他精心计算每一法郎，还把它们做有效的投资；假如他在全权掌控了他创造的世界之后，出现在真实生活里还能遵照秩序；假如他把自己的天才用在外交手腕上的话，那才是不正常的呢。那些小聪明不过是他伟岸的身躯之后投下的小小阴影罢了，和他同时代的人根本就不了解他。因为巴尔扎克就像不属于这个世界的幽灵一样，在钟声把他召回之前，他是没有多少时间呼吸自由空气的。接着他就会回到他那孤寂的所在，那是他自己所创造的世界，那才是属于他的唯一的世界。

第三节　爱情的打击

什么是生活？对于巴尔扎克来说，生活就是工作。他对自己魔鬼般的毅力和创造力暗自感到开心，因为这些可以使他靠自己的力量生产出最丰硕的果实。他日夜投身于工作中，并且骄傲地宣称："我的工作就是我的全部。"

但是，最强大的意念也无法控制一个人的天性，人性会去反抗那种为了事业而压抑情欲的生活方式，反抗无效只能靠幻想得到满足。巴尔扎克总是有一种强烈的感觉，并且这种感觉随着年龄的增长越来越常见。他总是感觉自己的黄金岁月已经过去，最高的艺术创造也比不上生活本身。他告诉卡罗·珠尔玛："我尽力想把我的生活集中在我的脑海中。"但他就是做不到这一点。而且他还是一个享乐主义者，他为自己那远离尘世的单调生活感到痛苦。他需要一个比只对着苍白的纸张抒发情感更强烈的表达方式。这个能创造人物的作家，曾经描写了那么多谈恋爱的女人的作家，他也需要一个被他爱也爱着他的女人。

这样的女人怎么样才能找到呢？他的工作束住了他的脚步，他没有时间去寻找一个合适的妻子或者情妇。他不能悠闲自在地四处寻觅，于是他多次拜托他的妹妹和卡罗·珠尔玛，希望能帮他找一个可以把他从压力和欲望的痛苦中解放出来的妻子。

突然的成名给他带来一个神奇的变化。当他失望至极觉得自己永远也找不到一个他所心仪的女人的时候，女人们却开始主动来找他了。女人们往往会追随理解她们内心的作家，而在巴尔扎克的作品中他经常把女人写成苦闷的不被理解的牺牲品。于是他作品中表现的对女人的偏爱，对她们的体贴，对被抛弃和衰老女人的同情触动了她们。巴尔扎克不仅仅触动了巴黎的女人，很多的书信从法兰西偏远的省份，甚至德意志、俄罗斯、波兰，飞到巴尔扎克桌上。

巴尔扎克平时很少给别人回信，那些希望和伟人讨论问题的人往往要失望。但是他对于收到女性读者的信是非常快乐和兴奋的。这些信件在他那充满幻想的头脑里，极有可能包含着一篇小说。他也会向那些女人们倾吐他不肯跟知心朋友说的心事。

1831 年 11 月 5 日，当时正好住在朋友马尔冈在沙妻的家里的巴尔扎克，收到了一封信，这封信引起了他极大的兴趣。他从信笺、笔迹和说话的口气判断出写信的一定是位贵妇，甚至是最高级的贵妇，虽然她只署了英文的假名。他的想象力开始飞舞了。她一定是一位年轻美丽但有着不幸遭遇的女人，而且她一定是一位伯爵夫人，或侯爵夫人，或公爵夫人。

可能因为好奇心在作祟，巴尔扎克开始坐立不安了。他立刻写了一封六页长的信来回复这位不知名的夫人。他既不知道她的年龄，也不了解她的背景，一开始他只是想去辩解一下关于她读了《婚姻生理学》之后的小意见。但是巴尔扎克控制不住自己的感情。一旦他敞开心扉，那就是疯狂的倾诉。他说他只想跟一个寡妇结婚，他用多情而痴心的语气描绘了他的理想对象。说出了他将来"最秘密的计划"，说他要用《驴皮记》作为他的文学大厦的基石，他"很骄傲有此企图，虽然计划会失败"。

这封信充满了亲密的自白，而不是礼貌的回复，也没有关于文学问题的讨论，收信人收到这封信一定会感到惊讶。她也是非常迅速地给他回了信，可惜他们之间建立起亲密联系的信件现在已经流传下来的不多了。这位神秘的女人从社会上流传的闲话和报纸上的报道已经对巴尔扎克有所了解了，但是他对她却是一点都不了解。他的好奇心已经到了极限了，他几乎控制不住自己的耐心了。他想知道她到底是不是一个年轻漂亮的女郎，是不是一个渴望安慰的可怜人，她仅仅是一个有才气受过很多教育的有钱人的女儿，还真的是一个贵族夫人。

结果证明巴尔扎克的想象力本能地胜利了。那个神秘的女人确实是一个侯爵夫人，而且后来继承了公爵夫人的头衔。侯爵夫人和他以前的情人德·葛朗台公爵夫人不一样，以前那位是由窃国的拿破仑而得到的贵族头衔。而她是圣日耳曼镇可以找到的最纯正的贵族血统。侯爵夫人德·葛丝特丽·玛丽·亨利爱特的父亲是德·麦利公爵，从前的法兰西元帅，十七世纪时就有了他贵族的头衔。她的母亲曾经是德·费兹·詹姆士公爵夫人，斯图亚特王室的人。她的丈夫德·葛丝特丽侯爵是著名的德·葛丝特丽元帅的孙子，另一个公爵夫人的儿子。巴尔扎克简直要兴奋死了，因为这样一个出身高贵的夫人在贵族里很难找到。她的年龄也完全符合他的要求。那时她 35 岁，正好是他笔下那种"三十岁的女人"。在其他方面，她也是巴尔扎克寻找的完美典型，因为她是一个不幸而多情的女人，她过去的故事丝毫不比《驴皮记》中描写的逊色，还曾经成为司汤达处女作《阿尔曼斯》的素材。

她的故事十分浪漫。当她 22 岁的时候，她是全法兰西贵族里最美丽的女郎，那时候她遇见了奥地利大臣梅特涅的公子，两个人很快坠入了爱河。这位公子长得不算勇猛健壮，但是外表和社交方面的能力却是数一数二。因为法兰西高等贵族还保留着十八世纪开明的传统，所以如果他们的爱情一直秘密进行的话，她的丈夫就会睁一只眼闭一只眼。但是他们两人却试图唤起人们的同情心，他们不想隐藏爱情，不做任何妥协。梅特涅·维克多王子放弃了自己的前程，德·葛丝特丽夫人离开了她的丈夫，他们将社会道德的批评抛诸脑后，只为爱情而私奔远走。他们两人一起在欧洲各国游历，在瑞士和意大利过着自由的旅居生活。后来还生了一个孩子，这是他们爱情的证明，奥地利皇帝封那个孩子为男爵。

但是好景不长，夫人去野外打猎的时候，不幸从马上坠下来摔伤了脊柱，此后她不得不经常躺在床上生活了。而且不久之后，她失去了自己最爱的情人的陪伴。1829 年 11 月，梅特涅·维克多得了痨病去世了。这个打击比她坠马受伤还要大。她不能再留在这充满回忆的地方了。她回到了巴黎，不过因为她曾经的行为，她并没有回到丈夫家，也没有恢复社会地位。她回了娘家，隐居在卡斯特兰宫殿，不同人往来，只和书本为伴。

能够和这样一个女人友好地保持通信就能让巴尔扎克激动不已，她每天都是他梦幻的对象。一个贵妇，一个三十多岁的女人，一个失去丈夫的少妇已经选择了他，选择了这个农夫的孙子，小资产阶级的儿子，对巴尔扎克来说这是多么光荣啊！雨果、仲马、穆塞这些名人们都娶了小资产阶级的女儿为妻，而找一些女作家、戏子为情妇，巴尔扎克要比他们强多少啊！如果有一天他可以去告诉别人他们的关系不只是朋友；如果在得到了一些小贵妇和暴发贵妇之后，他能够成为一个老法兰西正牌贵妇的情人甚至丈夫，成为梅特涅王子的继承人，这该是多么伟大的胜利啊！他焦急地等待着邀请，迫不及待地想去拜访这位贵妇人。

2月26日，这封信终于到来了，他立刻回信说自己接受这"仁慈的赐予"，不顾见面将要带来的损失。

他匆忙地回信，以至于完全忽视了桌子上另外一封还没开启的信，那封是从俄罗斯寄来的署名"无名女郎"的信。

此刻，即使没有见到德·葛丝特丽夫人，巴尔扎克已经就不可救药地爱上她了。即使见了面发现她是个愚蠢或者丑陋的女人，一个吵闹或做作的女人，这也不会影响他的感情，因为巴尔扎克的爱情是受精神控制的，他向往贵族生活，仰慕贵族夫人。他细心地装扮自己，穿上新衣服，坐上马车向卡斯特兰宫殿进发了，此时巴尔扎克早已决定要爱上这个女人，并且要让她爱上自己。就像他后来跟那位他没有拆人家信的"无名女郎"所发生的事一样，他已经把德·葛丝特丽侯爵夫人当成了理想对象，希望她成为他今后生活的女主角。

故事的开头跟他的想象很吻合，一个不太年轻，看起来还有点苍白疲倦，但别有风韵的少妇坐在华丽的客厅的沙发里。她是一个有故事的女人，她懂得恋爱的真谛，但如今却在孤独中自我疗伤。有意思的是，这位一向跟贵族打交道，并且有奥地利漂亮公子当情人的女人，看到这个膀大腰圆，穿什么衣服都没法有气质的平民之后，并没有讨厌他。她饶有兴味地看着他，静静地听他活泼的谈话，因为这是她见过的第一位作家，另一个世界的人。虽然她极其安静，但她感受到了他急切地想要接近她，而且他能够领悟她、同情她。两三个小时很快就过去了，虽然她努力保持对死去情人的忠心，但是这个怪人对她的敬仰也让她动心。对她来说这段友谊要开始了，对巴尔扎克来说却是疯狂的恋爱的开始。他给她写信："您对我如此亲切，和您一起共度了一段美好时光，我相信只有您常伴我身边，我才能幸福。"

他们的关系越走越近，之后的很长一段时间里，巴尔扎克每晚都乘马车来到卡斯特兰王宫，他们两人谈话到深夜。他陪她去看戏，把最新的作品念给她听，请她点评。他把《三十岁的女人》《查伯尔上校》和《噩耗》的稿本送给她。这个失去爱人的孤独女人渐渐在这份交流知识的友谊里得到安慰，但是巴尔扎克想要的远远不只是友谊。

巴尔扎克的追求渐渐变得猛烈了。他坦白地告诉她，她是他理想的对象，他越来越急切地想得到她的屈服和保证。德·葛丝特丽夫人觉得被这个她所崇拜的天才爱慕是份荣耀，所以她并没有冷酷地拒绝他的追求。有时候甚至故意去挑逗他。巴尔扎克后来在一篇报复性的小说《兰齐公爵夫人》中写道："这个女人不但客气地接待我，而且用尽妖媚的艺术。她要让我开心，她尽最大的努力来麻醉我，鼓励我。她尽力来强制一个安静怯懦的情人去向她告白。"

但是，每当两人看似很亲密的时候，她就坚决地挡住他想进一步发展的步伐。也许她想保持对往日情人的忠诚；也许她觉得自己的残疾是个障碍；也许她确实忌惮于他粗陋的外表；也许她担心他的虚荣心会让他四处吹嘘两人的关系。她只给予他一些小的满足，但顽强地拒绝以身相许。巴尔扎克有生以来第一次觉得自己的意志力并不是什么事儿都能办成。每天前去拜访，坚持了几个月，还为保皇党写文章，不管他怎么努力，他都只是德·葛丝特丽夫人的朋友，而非情人。

就算再愚钝也能知道这样做不会有结果了。巴尔扎克的朋友们不知道发生了什么事，但是为他的改变感到吃惊。他们不安地看着他变成了花花公子，出入意大利剧院的包厢，拿着小望远镜往外窥视，他常常去瞧不起人的高级贵族家中做客。朋友们都觉得他这种奢侈而势利的生活有损他的声誉。而当巴尔扎克在极端造反派报纸上高谈阔论大出风头的时候，他们真的害怕了。巴尔扎克谄媚地同情封建特权，奉承那些保皇党们。他们深知他不是那种为了贪图利益而出卖自己的人，他们觉得他一定是被某只无形的手拉进了这个政治旋涡。巴尔扎克小心翼翼不想让德·贝尔尼夫人知道这件事。可是德·贝尔尼夫人却是第一个来提醒他的人。虽然她自己是贵族，并且倾向于保皇党，但是她却不希望巴尔扎克卷入其中，她极力劝阻，并措辞严厉对他说不要成为"这些人的奴隶"。以她在贵族生活的经验来看，她知道这些人并不是真正地尊敬这位作家，只是在利用和玩弄他罢了："他们在本质上都是无情的人，他们不会因为你改变他们的作风。"

卡罗·珠尔玛的反应更加直率无礼，德·柏利公爵夫人当时正尽力让自己的儿子查理十世的孙子继承王位，巴尔扎克就在大肆地颂扬她。珠尔玛告诫他不要成为这些宫廷人物的犬牙，不要因此损害了自己的声誉。冒着失去这段友谊的危险，她痛斥他："你竟然依附于那些顽固的贵族，你难道还不能从你的梦幻中醒过来吗？"因为对他才华的珍视，她痛恨这种重视贵族头衔而轻视真正声誉的行为。

这两位诚恳的朋友都不知道到底是美色还是金钱把他束缚在波旁王朝的脚下，成为一名奴隶，但是她们都感到了他对自己的不负责任，他放弃了独立自由。从2月到6月，差不多5个月的时间，他一直猛烈地追求着德·葛丝特丽侯爵夫人。6月初，他突然离开巴黎，去了住在沙妻的朋友马尔冈的家。是不是他追求的热情逐渐冷却了呢？是不是他发觉自己已经陷入深渊了呢？是不是他担心再尝试会破坏了他们现在柏拉图式的友谊呢？不是！虽然他已经察觉到自己没有希望了，但是他还在头脑发热中没有冷静下来，最后他只能向卡罗·珠尔玛坦白："我现在得去爱克斯，到去攻克山峰，跟在也许要愚弄我的某个人后面跑，那在你眼中一定是一个丑恶的妇人，但实际上，她的内心和外表同样如天使般美丽。她是一个正统的公爵夫人，非常有教养，非常可爱，多情又娇媚，还十分聪明，我以前从没见过这样的人。一个一遇到亲密的接触就从诱惑中抽身而去的女人；一个明明说爱我，却固执起来便把我拒之千里的女人。她就是这样的一个女人，让人心甘情愿地臣服在她的脚下，人们需要跪着跟她说话。如果能征服这样一个女人简直太幸福了！这就是我幻想里的一个女人！……值得嫉妒的女人！如果我可以跟你一起住在安古莲，在你的磨粉厂里，心灵可以平静又愉快，听风轮机的转动的美妙声音，吃一些美食，跟你和你的朋友们一块谈笑，而不是在这里浪费宝贵的时间去追求她，那就好了。"

不过，巴尔扎克这一次离开巴黎，并不是因为对德·葛丝特丽夫人的爱情结束了。这与浪漫的爱情一点关系都没有。像夏日的暴风雨一样按时爆发的经济危机又袭击了他。巴尔扎克跟点石成金的米达斯不一样，凡是他接触过的东西不但没有变成金子，而全部变成了债务。他搞投资，谈恋爱，甚至旅行都能带来经济危机。因为他从工作中耽误一分钟就意味着多一笔欠款。他在戏院和德·葛丝特丽夫人的客厅里消耗的夜晚等于他写作两部小说的时间。收入减少，花费大增，于是他的债务更严重了。他追求贵妇人的过程消耗了无数钱财，这让他的经济崩溃了。他每天驾车到夫人的皇宫所用的两匹马就花了九百法郎的草料费，还有置办衣物，雇用了三个仆人等阔绰的生活方式让他债台高筑。这次没有债主追着他了，来的直接就是法官。现在别无他路可走，只能回到工作中去。要想安心地写作就得有安静的环境，保持清醒的头脑，所以他只能逃走了。逃离巴黎，逃离爱情，逃离债务，逃到没有人能找到他的地方去。

动身前一天，他签订了两份合同，把要写的东西版权卖出了。预支了一千五百法郎，做这几个月的零花钱。但是他离开巴黎之前必须要偿还一笔一千四百法郎的债务，所以等他登上离开的车时，身上只剩下一百二十法郎了。好在是住在朋友家里，用不着花什么钱。他夜以继日地在屋里写作，只在吃饭的时候出来一小会儿。但是这样清净地躲在外地就顾不上巴黎家中乱七八糟的情况。他得想办法找个人帮他处理那些事情，减少他的花费，与债主们斗争，想来想去唯一能够担此重任的人就是他的母亲了。挣扎了那么多年要逃离她的掌控之后，他现在却只能主动去躲在她的翅膀底下。

这个傲慢的儿子的屈服让这个老妇人很有成就感，她十分乐意并且勇敢地重新担当了母亲的角色。她重整了他的财政，辞退了多余的仆人，打退了债主和抄家人的进攻，卖掉了奢侈的马车和马匹。她一点点地帮他理财，不过就算是她，也没有办法招架债主们的袭击。房租没有付清，房东就来扣押家具；只一家面包店就拿来七百法郎的账单，真的难以想象他一个人是怎么消费这么多面包的。每天还都有金融市场上到期的期货要回收。所以她只能给他的儿子写信，但是他的儿子早就把还没写完的书的版权都卖了，他也没办法再搞到一分钱了。他就是一天工作24小时，也没办法还清过去几个月所欠的债务。

很明显文学已经拯救不了他了。于是他又想起了老办法，那就是设法娶一个有钱的妻子，虽然这个时候他已经心有所属。那年年初当他还对德·葛丝特丽夫人不懈地追求的同时，他却又去追求一个叫德·杜鲁米利小姐的人，这位小姐刚刚因为继承遗产而变得富有，这件事和巴尔扎克的追求不仅仅是个巧合。不知道因为什么，他的追求被拒绝了，富有的小姐甚至侮辱了他。这让他决定还是去找一个有钱的寡妇，希望以此来平息混乱，提供物质上的供给，让他安心写作。他不但拜托了老母亲去物色，甚至去请求德·贝尔尼夫人给他寻觅，找一个可以拯救他的财政的有钱寡妇。

他们竟然真的找到了一个合适的人选，是一位男爵夫人，还是巴尔扎克狂热的崇拜者。他开始动脑筋了，男爵夫人在沙妻不远处有一处地产，到夏天这场战斗一定要胜利。巴尔扎克准备了丰富的辞令准备攻克这个堡垒。为了软化她的意志，巴尔扎克先送上了几部题有热烈献词的作品。当时她住在查尔西另外一栋别墅里，那些礼物可能会吸引她来到这位作家的身边。他每周都会停下工作去询问夫人到底来了没有。

可是男爵夫人那边迟迟没有什么动静，如果她看出了巴尔扎克急于跟她恋爱，是为了她的财产的话，那她更要慢慢地来了。巴尔扎克得到的只是每天从巴黎来的充满威胁的信件。他的一百二十法郎也所剩无几了，而且在朋友家里也不能再打扰太长的时间。如果在见到男爵夫人之前就离开，那么一切也就没有希望了。他再也想不出什么办法了："文学创作工作上有这么多的烦恼，生活中还有那么多的困难，只能结束生命了。"

当我们阅读巴尔扎克这一时期的信件时，我们会认为，当一个艺术家在精神上如此焦虑的时候，那么他也就难以生产出什么好的作品了。不过在巴尔扎克的身上，正常的逻辑行不通，奇迹往往会发生。真实的现实世界跟他的精神创作世界是互不相通的，一个能够在精神的世界里收放自如的艺术家，外面世界的风云变幻是影响不了他的。坐在小桌子前借着烛光去塑造人物命运的艺术家，跟那个被人追债、被人抄家的巴尔扎克一点都不一样。他一点也没有受到现实生活中的巴尔扎克那些情绪的影响。

最困苦的情况下他却变成了一个最优秀的作家。焦虑和忧愁都让他的精神更加集中。就像他自己说的："我最好的灵感都来自我最忧愁、最悲惨的时候。"

只有陷入绝境他才不得不全身心投入于工作；只有几乎活不下去的时候他才会发现自我，这种情况在这个不平静的夏天更加明显。他在现实生活中坚持给从不回信的德·葛丝特丽夫人写信，每个星期去询问德尔布律克男爵夫人三次，算计着不多的钱，设法拖延期票的日期，应付那些订了货的出版商们。另外，他却在写他的《朗贝尔·路易》，这是他作品里最有深度的一部，这本书他倾注了极大的希望，想要靠它超越同时代的其他作家们。这意味着他要改变以往的风格，不再做女性们追捧的浪漫主义作家。同时这本书也是他艺术良心的证明，而当时流行的是言情和世情小说，这本书肯定是卖不好的，所以也不会给他带来什么经济利益。当出版商和书商们正等着他写出一部受欢迎的流行小说时，他却写作着另一种纯理性的悲剧故事。他对于理性英雄的认识已经上升到了哲学的高度。

很少有人能够真正领会这样一部作品真实的价值，作品的最深刻的意义也没有被人理解。朗贝尔·路易这个形象展示的就是巴尔扎克年少时的生活状态。通过这样一部作品他要告诉人们，一个把力量都集中在另一个世界的天才适应不了世俗的生活，因为他的头脑过于丰富而带来的负担太沉重了。这种由于精神的热烈而生的悲剧，巴尔扎克不止一次在作品中提到过。此时，他理性地思考了这种悲剧的产生，这已经是个接近于病理学的问题了。这种天才和疯子之间神秘关系的论题，巴尔扎克早早地在那个时代就开始关注。

作品的开头，他描绘了朗贝尔·路易的肖像，用来展现自己天才的萌芽时代，他把自己很多想法说成朗贝尔·路易的作品《意志论》，这种思想主要是关于人的身体与心灵之间的关系。朗贝尔·路易跟巴尔扎克一样也在追寻奇迹，他因为太过于勤奋而损坏了自己的身体。巴尔扎克的《朗贝尔·路易》中的观点的重要性完全可以和歌德的《浮士德》相提并论，而且巴尔扎克或多或少也有和他比赛的意思。他们唯一的不同就是歌德花费了六十年的时间来写他的《浮士德》，而巴尔扎克要在六个星期之内把定稿交给出版商高士林。为了使这本书能够有一定的布局，好让他引出一个结论，他就在主人公不朽的身躯四周围绕了一个无聊的爱情故事。用这么仓促的方式完成哲学理论，使得读者在敬佩的同时难免带有一些遗憾，这本比任何作品都能显示作者才能的作品多少都有些缺点。从艺术的角度来讲，它的确是不完美的，即使后来他又进行了修改；但是从思想的角度来讲，这却代表了巴尔扎克下决心去关注一些问题的最高水平。

7月下旬他把书稿交给出版商，在沙妻六个月的时间他已经完成了他写作的目的，但是他的经济状况没有丝毫的改善。男爵夫人也始终没有到来，他不能再留在这里麻烦他的朋友了。而且巴尔扎克不好意思向朋友借钱。幸亏他还有其他能够藏身的地方。他知道一贫如洗的卡罗一家一定愿意收留他，并且在那儿他也就没有必要装富有来隐瞒他们。现在他连补鞋的钱都没有，这个曾经拥有一辆马车、两匹肥马的人，只能冒着烈日一路步行到杜尔，到了那才改乘公共马车。到了卡罗家，他一分钱都没了，于是立马向珠尔玛的丈夫借了30法郎。

曾经经历过无数次跌宕起伏的卡罗夫妇，听了巴尔扎克的境遇之后，十分同情。他们倾尽全力来帮助巴尔扎克。他找到了安静的房子供自己写作，找到了轻松愉快的氛围，找到了晚上同他聊天的朋友。和以前一样，跟这些朋友推心置腹的聊两个小时，比跟那些贵族待在一起要快乐多了。在这儿他写作也很顺利，短时间内他就完成了《弃妇》和《笑林》好几本书，还修改了《朗贝尔·路易》的稿件。如果没有每天早晨他的母亲从巴黎寄来那些催债的信件的话，一切都是美好的。巴尔扎克跟别人张口借了三十法郎就进行了很大的思想斗争，更别说想办法去弄几千几万法郎了。

巴尔扎克的人生低谷到来了，在刚刚成功的头两三年时间里，他曾经向他的母亲承诺会还清他欠的一切债务。他陶醉在成功里，他相信自己的能力，所以生活中毫不拿钱当回事。他相信自己可以依靠他的社会关系，找到一个有钱女人结婚然后一劳永逸。现在他又不得不回到家中去祈求帮助了。如此一个圣日耳曼镇的花花公子，著名作家，高级贵妇的"骑士"，却像个没人帮助的孩子一样向自己的母亲飞奔过去，请求她做担保借一万法郎来解燃眉之急。他的光荣他的事业都摇摇欲坠了。

但是奇迹也就在此刻出现了，他的母亲竟然能够说服一位老朋友德·兰诺瓦夫人借给这个回头的浪子一万法郎。不过我们能够想象得到，这就是个糖衣炮弹，肯定不是那么容易就能吃到的，他必须得低头接受母亲的要求。他答应放弃以往奢侈的生活方式，改变挥霍的习惯，培养简朴的习惯。

巴尔扎克总算得到了救援，但是当他有机会去过上正常人的生活时，他混乱的头脑和潜意识里需要外界环境的压迫本能就创造出新的麻烦。他只能在战场一般的环境里生存。他乐观的天性让他很快就忘记了苦难，而且没有着急催促的债务，对他来说就相当于不存在。如果他仔细地想想，就会发现自己的经济状况并没有改善，不过是把几十笔小的急债变成一笔大欠款了。但是对巴尔扎克来说，脖子上的扣已经松了，一旦可以喘息了，他就要尽情地呼吸。

当他焦头烂额地对付经济问题和写作时，他就不去想德·葛丝特丽夫人了，他觉得这场战役是输定了。但是当债务的压力刚刚放松下来时，他又想去进行一次冒险。夏天的时候，德·葛丝特丽夫人邀请了他好几次，请他到爱克斯去做客，还邀请他秋天时一起到意大利旅行。没有钱的时候他一直避免去想这个具有诱惑力的建议，但是现在，他的口袋里又有几个钱了，他对此毫无抵抗力。他觉得她这样邀请他、还一起去旅行并不是出于简单的目的，他不应该忽视其中的暗示意味。也许多情的侯爵夫人在巴黎不答应他的目的是怕人说闲话。高高在上的贵妇人是要在自然的美景中去释放情欲啊。如果拜伦可以在瑞士的湖岸上去寻找他的欢乐，为什么同为作家的他不行呢？

艺术家在充满幻想的同时往往也有谨慎的本能，他的心中也在斗争。那是三个虚荣的小人儿在打架：飞黄腾达的梦想，去征服一个具有诱惑力的女人的雄心，还有鄙弃那个拿他寻开心的女人的想法。他天天和珠尔玛讨论到底要不要到爱克斯去，因为珠尔玛是他可以推心置腹的人。毫无疑问，珠尔玛憎恨这个他爱着的女人，女人的天性让她劝巴尔扎克不要去找她的贵族情敌。她觉得虽然德·葛丝特丽夫人钦佩他的才华，但是她绝对不会让自己卷入和平民私通的麻烦里。但是当他看到巴尔扎克焦急地等待她的鼓励时，她便促使自己给他这个信心。她不愿意让他觉得她是出于嫉妒才不让他去，还是让他自己亲自去得到教训吧。她就按照他希望的那样说了，巴尔扎克正好顺水推舟。8月22日他动身去爱克斯。

巴尔扎克一生都非常迷信。他相信符咒，他总戴着一只带有神秘符号的戒指。在做什么重要决定之前，他都像中年妇女们一样去占卜。他相信灵感，秘密的暗示，冥冥中的警告。但是在这件事上他如果一开始就听从了内心的劝阻，那么他一定不会去了。因为事情的刚开始就不顺利。他在邮车换马下车的时候，马碰到了车杠，他那个胖身子摔到铁凳上摔断了腿。换了别人伤势那么严重一定会取消行程，赶紧治疗，但是这件事只是增强了他的决心。他急急忙忙地扎上绷带就躺在车板上赶路去了。最后到达爱克斯的时候，只能痛苦地拄着拐前行，用他最丑陋的状态去挽回爱情。

德·葛丝特丽夫人惶恐不安，替他找了一间依山傍水的小房子。这房间还有一个好处就是便宜，一天只要两法郎。他从没有这么清静舒适地工作过。德·葛丝特丽公爵夫人的考虑算得上周到谨慎了。他们两个人住的旅馆隔着几条街。这样他每天的拜访就仅限于普通的交往，却不能有更进一步的发展。

巴尔扎克答应了公爵夫人的要求，把午夜开始工作的习惯改成早晨六点开始工作，于是他每天白天傻傻地工作十二个小时，只能晚上才能去见她。早晨刚六点他就起床，一直坐在书桌前写作。每天花15苏请人把简单的牛奶和鸡蛋送到房间里，12小时的工作时间结束之后，他就会去找公爵夫人。不幸的是，她还是不接受他的追求。她对他是很体贴的，他的腿骨折还没好的时候，用马车带她去景区游玩，亲切地纵容着他的热烈追求。晚上聊天的时候，她会按他的方法准备浓烈的咖啡，在社交场所里给他介绍她的朋友。甚至让他叫自己的小名，这是她知心朋友的特权。他从巴黎买了一些礼物寄过来也不管用。有时候在她接受他某些暧昧行为的情况下好像是屈服了："她的所有表现和话语都像在谈恋爱一样，并且她让他感觉到她的奔放。"

湖畔游玩的时候，她让他得到一个突袭或深情的亲吻，但是当他要求她以身相许时，她又变得很疏远他了。夏天马上就要过去了，安西湖畔的树叶渐渐变黄飘落了，而我们的男女主人公也没有更进一步的关系。

湖边的游客越来越少了，游人们都要离开了。德·葛丝特丽夫人也要收拾行装了，不过她不是要回巴黎，而是跟她的舅舅去意大利旅行，她邀请巴尔扎克跟他们一起去。可是他犹豫起来了。他发觉了自己长期追求这个得不到的人而露出的窘态，他感到悲哀，写信给珠尔玛："你为什么要让我到这里来？"而且到意大利需要很多的钱，还会耽误很多写作时间。但是另一方面，这是个巨大的诱惑。读万卷书行万里路，旅行可以使艺术家的思想更加丰富。他要去游览罗马和拿波尔；他要和心爱的漂亮女人一起坐在公爵的车子里旅行。巴尔扎克再一次禁不住诱惑，不顾潜意识中不祥的预感，便于十月初和他们动身去意大利了。

旅行的第一站是日内瓦，不过这也是巴尔扎克的最后一站了。在这个城市，两个人发生了一些别人不太清楚的事情，大概巴尔扎克觉得这样下去不是办法就发出了最后通牒，而她更加傲慢地拒绝了，这伤害了他，伤害了他作为男子汉的尊严。他感到巨大的羞愧，立刻愤怒地冲出门，他决定要报复这个把他玩弄于股掌之上好几个月的女人。这时他可能就已经决定要在某部作品里对她进行讽刺，以报复她对他的愚弄。后来他就在《兰齐公爵夫人》把这件事昭告天下。为了不撕破脸，他们表面上还像朋友一样，巴尔扎克甚至在这部小说出版前傲慢地念给她听。虽然他对她的描述充满恶意，可是她好像根本就不在乎。后来她又找到了另一个作家当情夫。可我们的巴尔扎克坚决声称："我对自己说，我的生命不能再依附于任何一个女人，我必须勇敢地追随自己的命运，去一个比爱情更崇高的地方。"

就好像一个不听话的孩子在外面疯跑而终于磕到石头上，又立马回到母亲的怀里去寻找安慰和抚摸一样，巴尔扎克立刻从日内瓦到穆尔去找德·贝尔尼夫人了。他这样做，一方面是为了理一下最近混乱的生活，一方面是为了向德·贝尔尼夫人忏悔。他从一个愚弄他、不关心他、算计他、不肯接受他的女人身边回到这个为他牺牲一切的女人身边了。他比任何时候都能够感受到她一如既往的爱。这个他第一次爱上的女人，是唯一一个对他付出了母爱的朋友，他也比任何时候都要感激她，他把一生中最珍爱的作品《朗贝尔·路易》献给她，他在书的扉页上题着"献给我一生所选择的女人"。

第四节　发现自己

如果巴尔扎克写的是真实的话，那么，不得不承认他和德·葛丝特丽夫人的爱情确实是一个悲剧，而且，这段感情给他带来了太多难以恢复的伤害。他曾高喊："我讨厌德·葛丝特丽夫人！她使我的生命破碎了，却没有再补上一个完整的。"甚至在他的一封无名书信里写道："我们的关系因为德·葛丝特丽夫人的意思而停留在一个完全正常的关系里，这种关系是我受到的最大的打击。"

人们应该习惯他这种过分夸张的说话方式了，他的虚荣心和自尊心肯定是受到了严重的伤害。但是要知道他是个特别坚毅的人，任何女人的任何态度都不可能使他的生命破碎。他和德·葛丝特丽夫人的爱情其实并没以悲剧收场，只不过是一个小插曲罢了。巴尔扎克并没有他给无名人的信里写的那样悲伤，也没有像《兰奇公爵夫人》里的孟特利物将军那样抱着非她不可的强大信念，他并没有在受打击之后带着报仇的怒气。他还继续和她保持通信并且去看过她几次。书中狂风暴雨似的悲剧故事在现实生活中却平静地礼尚往来。可以负责任地说，巴尔扎克在他的小说中描绘他自己时从来没讲过真话。他的小说他最大的特点便是数量多，他希望从每一个经验中找到素材，所以人们也不能要求他不添枝加叶了。

试图了解巴尔扎克的人必须排除巴尔扎克自己留下的那些误导。人们不应该受到巴尔扎克想象力的误导，而去相信一个高级贵妇的拒绝就是他死亡的根本原因。这件事根本没有影响到他的生命，因为他从来没有比接下来几年更健康，更有力气，更勤奋的了。他的作品比他的信可信度要高。接下来三年内他的作品比别人花费毕生力气完成的都要多，这就足以证明他在当时的影响之大了。但就是这样，他还仅仅把这看成一个开始，一个他要成为"描写十九世纪风俗的历史学家"的引子。

他初步的成功让他感觉到他可以掌控自己的力量。他认为自己可以用笔去征服世界，就像拿破仑用刀剑一般。但是如果他只注意到了物质上的成功，如果他只想靠写作赚钱，那么他只需要写一些满足读者趣味的东西就行了。尤其是女人们将会继续忠诚于他。他会变成派对上的红人，巴黎女人的偶像，孤单女人的情人，那些没有雄心壮志的同事大仲马和苏埃·欧贞的竞争对手而已。可是他已经意识到了自己的力量，他的灵魂就有了更高级的目标。他渐渐地远离了读者的趣味，这冒着失去他们的危险。他要找到他能力到底有多大，他的才能从未像现在这样使他自己惊讶。

1833 年到 1836 年的作品可谓风格多样。人们很难相信《朗贝尔·路易》和《塞拉菲达》的作者也会写《笑林》，而且他是同时写这些作品的。他在校对他的哲学稿件的时候同时写下一篇"滑稽的故事"。他这也许是想试验一下自己的天才，看看自己到底能达到多高或多低。就像一个建筑师在完成一栋大厦之前要计算建筑物的压力和大小一样，巴尔扎克也在计算自己的力量，并为创作伟大的《人间喜剧》奠定了基础。

《笑林》是用拉伯来似的文风和他自己创造的古典法文写成的。那是纯故事性的，可以使他崇高的精神得到放松。《笑林》的完成不需要费任何的力气，这里面没有什么深刻的思想，他只要随心所欲地走笔就行了。显然，巴尔扎克很喜欢这种轻佻的做法。他将人性的光辉表现在情欲的自然流露中。他拿旧派的人物们寻开心，在他所有的作品中，这些作品最适合描写他自己的外形，派对上的窘相在这里都是快乐的泡沫。这是巴尔扎克放松时的作品，如果他没有那些生活的困难，能够呼吸更多自由的空气，我们就会有不止三十篇的幽默故事了，而可能是他所宣布的一百多篇。

这是他天才的最低表现，他给自己的礼物。但是他仍在寻找它的最高界限，他要证明自己的巨大成功，即使是使读者感动到落泪的才能也不能满足他。现在他了解自己了，就不愿意别人再误会他。他到了成熟的阶段，了解了自己的力量，就希望去解决关于人类的问题，不管这些问题是哲学的，社会的，或宗教的。他用崇高的形式去提高艺术的水平。他要拿社会上的正常人去和超出正常界限的人对比。他的目的就是要描写那些真正的领袖和超凡的人敢于生活在自己的世界里的悲剧。巴尔扎克个人最失败的这段时间是他表现出最大理想的时期。

巴尔扎克在这些小说里去描绘那些自觉承担重任的人，这些重大的问题在现实生活中是找不到答案的。他尽最大的努力去描绘那些过于努力而得到悲剧的人物，那些失去了现实世界理解的天才。朗贝尔·路易是他在这方面的第一次尝试，这是一个试图去解决人生的终极问题而最终疯狂的哲学家的形象。《无名的杰作》中他描写了一个过分追求完美而失去了完美的画家的命运。巴尔扎克努力过头了以至于破坏了一些东西，就像《朗贝尔·路易》最终变得过于晦涩难懂了。音乐家冈巴拉越过了艺术的界限，以至于只有他自己能听懂他所创造的和声；只有朗贝尔·路易自己懂得他的思想。《追求绝对》中的化学家克拉埃斯在寻找基本元素的过程中走向灭亡。巴尔扎克和他们一样都是追求"绝对"的人。他们都是心灵活动的伊卡路斯。

除了那些科学家和艺术家之外，他还在《乡下医生》和《塞拉菲达》中描写了道德和宗教制高点上的人物。《乡下医生》的素材是他和德·葛斯特丽夫人去旅行的时候得到的。他们两个外出游玩时去拜访德·阿古尔伯爵夫人，他听见她们谈起附近的一位医生罗梅尔大夫，说他曾开垦了一块土地，以慈善的方式养活了许多破产的农民。这个感人的故事和周围美丽的风景给他留下了深刻的印象，这块和卢梭同名的地方也给了他一些灵感，他想到了卢梭在改革社会方面的贡献。在其他的作品中，他是社会批评家，但是这部作品中，他展示了积极的一面，提出了解决社会问题的纲领。他指出，一个有创造力的天才不仅可以用颜色、声音、文字来形成传世作品，也可以直接拿脆弱的人类社会做材料，来改造世界。

在塑造塞拉菲达这个人物形象的时候，巴尔扎克更加大胆了。于是柏拿西斯大夫就不属于现实社会了，而是去创造那个理想中的世界。巴尔扎克通过描写这个人物，他想要表现一个人如何摆脱了现实社会的束缚，从而上升到"理性的爱情"的高度。这个具有实践精神的思想家柏拿西斯大夫希望用知识来解决实际问题，最后却转入了瑞登堡式的神秘主义。《乡下医生》和《塞拉菲达》都不算严格意义上的成功作品，因为这两本书写得还不够深刻，而且让那些对现实世界有强大兴趣的人去反对宗教这不符合一般人物的性格。总之，一本书如果要想解决永恒的问题，那么就不能在报纸上连载，然后断断续续地写。他的哲学小说并没有达到艺术的最高峰，而只是他向高处努力的结果。他只是从一个天才的角度去描写了天才，但是他最成功的还是那些从艺术家的角度描写艺术家的作品。《无名的杰作》是一部伟大的作品，但我们也不能清晰地从里面看出一些宗教或哲学思想。他的哲学小说只能显示他发达的知识，但难以说达到了广阔的程度。以他发达的头脑他可以在任何问题上做到很好，除了最后的宗教问题。

他是思想家、故事叙述家同时更是观察家，他真正的才能在于写实主义的生活描绘，这在他那些把他变成时代的历史家的小说里得到了反映。他在这方面的成功一个是《查伯尔上校》，一个是《欧也妮·葛朗台》。他发现了自己创作的优势：用有力的笔触描写现实，着力塑造几个典型的人物。在此之前，他曾经尝试过用浪漫主义的方式进行创作，用神秘玄妙的结构反映时代故事。但是现在他发现从正常的角度去观察同时代的生活，也能写出丰富新鲜的故事，文章重要的不是题材或者布局，而是内在的思想。如果充分紧凑地描写人物，使他们有相应的行为，就可以以真切自然的方式达到塑造人物典型的效果。文章真正的内涵存在于人物本身，而不在结构和风格中。也并没有什么特殊的素材，因为天地间的一切东西都是素材。葛朗台的葡萄园和《三十岁的女人》中贼船的船舱都可以得到高度的表现；质朴的平民少女欧也妮·葛朗台在吝啬父亲的眼皮底下给她心爱的堂弟查理的咖啡里多加一块糖所表现的勇气不比拿破仑奋勇渡桥时的差；葛朗台去战胜弟弟的债主表现了她和达利兰在维也纳议会里同样的狡诈、机智和勇敢。环境和地位都不是重要的问题。《高老头》里描写的十二个学生居住的芜桂学舍也有和拉瓦西埃或居维埃的实验室同样多的故事。因此，创作需要正确的观察；集中的表现；展现典型性格、暴露情感、展示性格的多面性，发掘潜在的东西。《欧也妮·葛朗台》是他在这方面走向成功的第一步。质朴虔诚的女子的忠诚提高到了甚至都带有宗教的性质，另外，葛朗台的吝啬贪婪和丑陋的老女佣的忠诚都表现得生动而强烈。高老头对儿童的热爱逼着他去行动。巴尔扎克用正常的眼光观察每个人，他们的秘密他都知道，只要去一点点地揭露出来，把不同的世界混在一起，随意地展现其善良或丑恶，其中的聪明、卑鄙、怯懦这些所有的性格都是自然的，没有任何着重和突出。

巴尔扎克发现了一个大秘密。任何东西都是素材，现实世界就像个取之不尽的宝藏。只需要从正常的角度去观察，每个人都是一个特别的角色，没有高低贵贱之分。他可以去选择任何的东西，他也必须去选择所有的东西，这是他成功的关键所在。因为一个作家想要描写世界的话，就不能忽略世界的任何一个方面。他必须表现社会的每一个阶层，艺术家、律师、医生、农民、不忠的妻子、将军、士兵、公爵夫人、街头女郎、挑水工、银行家……这一切都互相交织着，互相联系着。而且这世界上的任何一种人都应该登上历史舞台，野心家、吝啬鬼、阴谋家、正直的人、节俭的人、败家子……任何一种人和任何一种行为。他不需要创造那么多的新人物，因为一两名医生就能代表所有医生，一名银行家就能代表所有银行家，同一个人物可以在不同的作品中出现，这样就可以在小说中紧凑地放上许多材料。巴尔扎克清晰地感觉到，如果能掌控这些丰富的材料，那么他必须定下一个让他下半生不眠不休的工作计划。他不应该再一部一部的去单独地写了，必须把他们都联系在一起。只写出一些个人生活场景是不够的，相互连接才是最重要的。

巴尔扎克此时还没有详细的《人间喜剧》的计划，还得用十年时间他才能清楚地制订好这个计划。不过他已经确定，他的全集不应该是一些单独产品的集合，他必须建筑起一个紧凑的大厦。1834 年 10 月 26 日，他还没有清楚地计划时，他就描绘了一个大致的轮廓：

1838 年，把这项工作的三个部分完成大多数，至少可以让人们看出这项工程的结构，从而可以用宏观全面的观点去看待它……《风俗研究》要做的是反映一切社会现实的状况。我要写这社会上的每一种生活场景，每一种姿态，每一种人的性格，每一种生活场景，每一种职业，每一个阶层，每一个法兰西的省份，每一个年龄段，政治、法律、战争……不漏掉任何一项。这一部分写完之后，人类心灵的故事一点点揭破，社会的历史一页页地展开，我的基础就算定下来了。我不希望描写一些幻想的插曲，我的故事应该是广阔的社会场景。

然后就是我的第二部分《哲学研究》，描写了原因之后必须得描写结果。我要在《风俗研究》里指明感情、生活和生活的结果是怎样相互联系的。但是在《哲学研究》里我就要指明感情的来源和生活的动机。我要提出一个问题，人或社会所需要的推动力是什么？用这种方式谈论了社会之后，我就要用批评的眼光去研究它。在《风俗研究》中我把个人写成典型，在《哲学研究》我要把典型写成个人。不过我所要描写的归根结底还是生活……

最后，在写了因果关系之后，我就要开始《分析研究》了，因为说明了因果之后我们就要探寻原则了。我把《结婚生理学》归入这一项中。风俗供给我们戏剧，原因是后台和舞台，原则就是戏剧的作者。在比例方面，整个工程是螺旋状上升的，所以顶层就窄了集中了。二十四册进行《风俗研究》，十五册《哲学研究》，《分析研究》九册就够了。这样一来，我就可以描写、批判、分析人类本身和人类社会，而不必以模仿西方的《天方夜谭》的方式去重复地叙述。当我把这一切的工程完成，当我写完最后一个字，人们才可以批判我到底是对的还是错的。但是当我完成这一切，我还不会停笔，我会转向科学的研究，写一篇《推动人的力量》。并且在这巨厦的四周，我还要拿《笑林百篇》的庞大花园，做一个幼稚可笑的装饰。

他以如此的热情投入这项事业，并且高喊："这是我的本职工作，也是我的深渊，是在我面前裂开的火山口。这就是我要加以创造的素材。"

他感到有一项毕生的事业摆在了眼前，这决定了他的将来。1833 年 9 月，他自信地写道："我要在欧罗巴的文化生活中取得统治权而不再受挫折，再有两年的工作和隐忍，然后我就要站在那些阻挡我前进的人的头顶上。我的意志在迫害和压力之下变得如钢铁般坚硬！"

为了自己的写作和读者，他决定不再向任何人妥协了。他不再去讨好出版商和新闻编辑了，小的烦扰已经丝毫影响不了他。他当面向出版商提条件，如果出版商有一点满足不了，他就会毫不犹豫地去找其他的出版商。即便是在经济最困难的时候，如果有权威杂志敢于私自处理他的作品，他也会放弃跟他们合作。他还不去理睬那些记者，虽然他们觉得自己能够左右舆论。让他们去批评那些作品吧，他们总不能阻止他完成自己的事业，这事业要比他自己还重要。让他们去攻击吧，让他们在那些小"豆腐块"里取笑他吧，让他们拿那些笑话和漫画来污蔑他吧。他会拿自己的小说去报复，去揭露这些小人的丑恶嘴脸。他在《幻灭》中深刻地描写了那个时代舆论的腐败，舆论出卖名誉和精神。虽然他的债主可以向他逼债，他们可以拿法律的武器惩罚他，他们可以没收他的家具，但是他们却从他所建筑的伟大世界里拿不走一砖一瓦。再没有什么可以动摇他了，因为他已经找到了自己的事业，他已经定好了计划，他有足够的能力去完成这个伟大的计划，这个只有他才能完成的计划！

第三章　风流韵事

第一节　无名女郎

巴尔扎克深知，假如他要想在欧洲的文坛上取得拜伦、司各脱、歌德、霍夫曼那样的地位，他还要做很多事。首先，他最少得活到 60 岁；其次，他剩下的 30 多年时间都得在书桌上度过。他将腾不出一点儿空余时间去享受生活，就算他最后还清了债务，又赚了很多钱，他也没有时间去享受。他深知这意味着什么，但是他并不畏惧，因为他深爱自己的工作。

为了完成这个规划，他最好有一个坚强的后盾。现在他有了一份需要全身心投入的伟大事业，而他对生活的基本要求也变得愈加迫切，他需要一个妻子和一个家庭，帮他处理一些事情，帮他减轻一些痛苦和麻烦。他希望把全部的力量投入到这项庞大的事业中去。心灵上的平静可以保证他对事业全身心地付出，他必须得找到一个妻子，拥有一些财富。

他已经非常清楚，像他这样的条件不可能跟那些贵族们相比了。德·杜鲁米利小姐已经拒绝了他，而和德·葛斯特丽夫人的事让他明白，即使他再怎么努力也不会对女性产生什么魅力了。他既骄傲又害羞，而且也没有时间去求爱了。德·贝尔尼夫人虽然已经 54 岁了，但她也不愿意去给自己找一个情敌，卡罗·珠尔玛也很难在那些偏僻的小地方帮他找到符合条件的贵妇。所以巴尔扎克只能期待奇迹的出现了，他既没有时间也没有勇气也没有机会寻找理想对象了，所以只能期待女人们自己找上门来。

这件事细想起来也不怎么符合逻辑，但是在巴尔扎克那里，不可能的事经常会发生。女人们并不了解巴尔扎克，但可能正因为不了解，才对这位著名作家抱有幻想，她们还真的主动来了。他不断地收到女读者的来信，有些信至今还保留着。她们对他抱有美好的幻想，甚至不惜为此冒险。德·葛斯特丽夫人并不是他由写信开始交往的第一人。很多不知姓名的女性读者都随着她们的信件来到巴尔扎克面前，比如前面提过的某位还给他生过一个孩子。那是否这些信有一天真的能给他带来一份永久的爱情呢？这就是巴尔扎克如此重视女读者们来信的诱因。他感觉到女人们对他的关注，如果写信的语气或者某句话激起了他的好奇心，他就会回一封感情饱满的信。这种信到来的时候就好像有玫瑰花的芳香弥漫了他那与世隔绝的小屋。这比任何批评家或者读者的赞扬更能打动他，他甚至激动地发抖，他的这种反应女人们一眼就能看穿。

有一天，他的桌子上出现了一封远道而来的信。那是从遥远的俄罗斯寄来的，上面署着"无名女郎"。不过这封信它是在 1822 年 12 月 28 日德·葛斯特丽夫人来信邀请巴尔扎克到卡斯特兰宫见面的日子到来的。以至于他并没有及时看到它，但是这封信却影响了他的后半生。

　　这封影响命运的信背后有一个浪漫的爱情故事。故事发生在芜尔西尼亚的一栋别墅里，这是无数威严的贵族宫殿中的一座。它是与世隔绝的，附近完全没有任何的城市或者村庄，只有农奴们住的茅屋。放眼望去，映入眼帘的是一片田野和无尽的森林，这些都是属于俄·波男爵德·韩斯迦·温西斯拉夫的。

　　这所宫殿极其奢华，里面布置着名贵的书画，英国的银碟子，法兰西的家具，中国的瓷器。马厩里有各式的马车，雪车和名贵的马匹。屋外是成群的农奴，屋里是数不清的仆人、侍女、厨子和教师。可是即便是这样，德·韩斯迦男爵和夫人德·韩斯迦·夏娃玲娜也被强大的寂寞笼罩着。德·韩斯迦男爵刚过50岁，中等身材，并不爱好打猎、赌钱或者喝酒，而且对产业的管理也没什么兴趣。继承了这数不清的财产对他来说好像是无所谓的事，控制这么多的农奴也不能让他快乐起来。德·韩斯迦夫人比她的丈夫还要无聊，她曾经是卢赤芜斯迦小姐，是出了名的美人。她的父母是波兰的贵族，她自幼便养成了良好的雅趣。她会说法语、英语、德语，热爱文学，可是现在，她的文化修养却被放逐在这荒野中了。

　　她在这里找不到任何一个能够和她进行思想交流的人。周围的邻居都是些没什么文化，对精神层面毫不关心的人，两个请到家里陪她的亲戚也帮不上什么忙。房子那么大，寂寞也被放大了。一年中有六个月，房子都被茫茫的白雪覆盖着，没有任何人来他们家。春天他们会到基辅去参加一次舞会，隔上三四年会到莫斯科或者圣彼得堡旅行一趟，剩下的日子都在这儿过着空虚寂寞的日子。结婚十多年，德·韩斯迦夫人给她的丈夫生下了七个孩子。丈夫比她年长二十多岁，容颜已开始衰老，但她却是三十出头，虽然有点胖，但是身体健康，富有魅力。不过，在这样的日子里，她的生命不久也要衰老消逝了。

夏日是无尽的荒野，冬季是无垠的白雪，单调的景色，寂寞和烦恼笼罩着这所房子。人们最开心的一件事就是每个星期邮件的到来，那时候还没有火车，马车或雪车给他们送来各种物品。这是别墅里唯一一件开心事了。德·韩斯迦夫妇订阅了当局允许的所有外国报纸，包括巴黎保守党的《每日新闻》，还有所有法国文学杂志，最新出版的书籍等等。在巴黎根本没人仔细看那些报纸，在这里人们却一个字一个字地读。他们聚精会神地品读讨论着书本上传达的欧洲文化。德·韩斯迦夫人和她的两个外甥女还有和女儿的瑞士女教师鲍埃尔·亨利爱特小姐每天坐在一起交流读报心得。偶尔她的丈夫或她的弟弟也加入其中，他们热烈地讨论报纸上每一件小事，激烈地批判那些远在天边的戏子、作家、政客。

1831 年一个普通的冬夜里，客厅里的讨论异常的激烈。他们在讨论法国新出名的一位作家叫作德·巴尔扎克·奥诺雷。德·韩斯迦夫人也非常兴奋。这位大作家写了一部叫作《私人生活场景》的书，再没有其他的作家能像他这样充分地理解女性、同情女性了。他动情地宽恕女人们的过错。但是他又是如何写出《结婚生理学》这样充满嘲讽的作品呢？他怎么会去嘲笑和讽刺女性呢？他还写了一部《驴皮记》，这部小说还不错，不过作者怎么能够让可爱的青年为了福多尔伯爵夫人那样一个女人而放弃深爱着自己的高贵小姐保琳呢？像他这样的作家只能赞美和歌颂美丽的女性，只能够描写那些高贵的灵魂，而不应该去写那些轻浮的生活。真应该有人来提醒提醒他！

"那我们怎么不自己来呢？可以给这位作家写封信。"有人提议道。其他人纷纷表示反对。如果德·韩斯迦夫人给法国的一个作家写信，那么她的丈夫会怎么想啊？得考虑到名誉，而且那个作家能写出《结婚生理学》那样的作品，就说明他不是什么好人，而且他收到了信不知会做出什么事来。但是这些顾虑却刺激了她们冒险的决定。她们决定合作写一封信给他，让这个同情女性又愚弄女性的作家自己受到愚弄。于是她们决定用浮夸的语气写一封恭维和奉承的信，来使他迷惑。这封信由别人来誊写，签上"无名女人"的名字，让他不知道崇拜他的人是某位德·韩斯迦夫人，某位贵妇，而是某位神明，来指引他的。

可以想象一下，那封信里应该会包含这样的内容："自从我读了您的作品，我就不由自主地追随您的脚步，您光辉的灵魂站在我的面前，我一步一步地跟着您走。"或者："您的天才简直是神圣不可侵犯的。"还有："您几句话就描绘了我的生活，我崇拜您，敬佩您，我想成为您的妹妹。"诸如此类。

不过显而易见这是一封匿名信里用的语气。那几个女人应该会对自己拟的这些句子感到扬扬自得。不过当巴尔扎克收到信的时候，这些崇拜、愚弄、幽默加在一起也比不上它的神秘气息更能打动巴尔扎克，这封信让他苦恼，迷惑。对巴尔扎克来说，收到女人的来信并不是什么稀奇的事情，不过平时那些信大都来自巴黎附近，最远的也是法国的某个省里。而这封来自乌克兰的信足够让他惊讶了。巴尔扎克想到自己的名字已经传播到那么远的地方去了，不禁感到骄傲。就好像他第一次收到德·葛斯特丽夫人的信一样，他又闻到贵族的气味了，只有俄罗斯的贵妇才能用这么流畅的法文，只有贵族家庭才可能花费重金按时订阅来自远方的出版物。巴尔扎克的想象力又开始运作了，写这封信的一定是个年轻美丽的贵妇，甚至是一位公主。巴尔扎克在某段时间里曾跟他的朋友们说，俄罗斯或者波兰的某位公主给他写来一封神秘的信，他还把这封信给卡罗·珠尔玛他们看。

巴尔扎克可不会让高贵的公主等着他的回信，但是她并没有留下任何的信息，就在很久之后，她还告诉他说："我就是您的'无名女郎'，您永远不会知道我是谁。"

所以巴尔扎克没有办法去接触她了，后来他想出了一条妙计，他的《私人生活场景》增订版正在排印，他新增加的一篇故事还没有题词。于是他就让出版商临摹信上的徽章和印章上"无名女郎"的文字，并且写上1831年2月28日等字样。她肯定能看到这封信，那样她就能感受到感激之情，他要用贵族的方式来表达谢意。

不过，此时德·贝尔尼夫人还在帮助巴尔扎克校稿，她当然不会同意什么"无名女郎"来扰乱她的天才的事业。在她的强烈要求之下删掉了，维埃曹尼亚的那群女人根本没想到她们的匿名信已经把巴尔扎克刺激到她们所能想象的范围之外了。

她们并不期待回信，她们想象着这封信给巴尔扎克带来的刺激，就不觉得烦闷了，所以她们想了更多的办法去刺激他，写了一封又一封的信来自娱自乐。她们发现给巴尔扎克先生写信要比玩那些无聊的牌有意思多了。

这个游戏非常有趣，不过所有游戏都有玩腻的一天，她们开始纳闷她们那些聪明的做法有没有达到目的。到底巴尔扎克是苦恼还是开心呢？德·韩斯迦夫妇正好要到西欧旅行，或许在瑞士的时候通信会更方便，能不能期待一封回信呢？

11月，她们又给他写了一封信，这封信流传下来了。在那些真情流露之后，决定命运的挑战来临了，她真切地希望知道巴尔扎克是不是希望收到更多的来信，是不是想知道真相。于是她提醒巴尔扎克一定要让她知道有没有收到信，她想出了一个办法：

请在《每日新闻》上登一个启示，让我知道您收到了信，请签上"致无名女郎……德·巴·奥"。

当1833年1月8日德·韩斯迦夫人看到12月9日的报纸上登出的信息时，她的心中一定是很激动的。

> 巴先生已经收到了您的来信，他很抱歉一直不能够回信来表示感谢，他不知道要把信寄到什么地方去。致无名女郎……德·巴·奥。

看到这些，她的第一反应是开心，因为伟大的作家要给她回信，但是，她马上想到巴尔扎克已经把她们几个女人玩的把戏当真了。事情已经不再仅仅是开玩笑的阶段了，变得有点危险。她的丈夫是个乡下绅士，极端注重名誉，他还不知道家里这几个女人玩的把戏，只要这个游戏还在匿名的状态就没什么事。但是她要想真正地开始和他通信，那么就得瞒过丈夫，还有那几个曾经的同谋。

德·韩斯迦夫人十分烦恼，她觉得自己要做一件与身份地位不相符的事，但是她又觉得这种偷尝禁果的事很刺激，而且她也没法抵抗著名作家亲笔信的诱惑。甚至于有一点愉快的期盼，希望自己能成为巴尔扎克作品中的女主角。

她一时之间拿不定主意了，所以就往后拖着不想这件事。不过她其实立刻就给巴尔扎克回了一封信，但这封信的语气却同从前大不相同了。她没有再倾诉自己的崇拜之情，只是告诉他，最近将要有一次旅行，地点离法国很近，虽然很想继续通信，但是一定要保证在不伤害到她的前提下："我期待收到您的回信，但是我还得小心，我只能采用许多迂回的办法，以避免给自己带来不必要的麻烦。此外，我还想知道我寄去的信会被怎样处理，我希望您尽快告诉我，您怎样打算我们之间的一次无伤大雅的通信。我相信您，但希望您不要想着去探寻我的个人信息，如果知道我跟您通信的话，我就麻烦了。"

这次的口气完全不同，这才是真实的德·韩斯迦夫人，这才是她的个性。她是一个喜欢冒险但又极其理性的人，她不允许自己走错一步。

德·韩斯迦夫人此时非常纠结。如果巴尔扎克给她答复之后，她会想和他建立更亲密的联系。但是在家里收到一封来自巴黎的来信，这可是件罕见的事，不可能毫不引人注意地收到他的信。邮差到来的时候所有人都在盯着，谁收到了信件或者包裹都会引起大家的猜疑。所以不叫丈夫和亲戚们知道是不可能的，因此她得再找一个人参与进来，一个身份合适而且绝对忠诚的人。

她正好有一个不错的人选，那便是瑞士女教师莉勒黛。她已经在他们家好几年了，是一个中产阶级的女儿，离家较远，还没有结婚。她们最初的几封信就出自她手。德·韩斯迦夫人想要秘密地和巴尔扎克联系，她就是最好的中间人了。而且这个忠诚的女人一定会听从。但对女主人的忠心导致她产生了一种矛盾心理，后来，当女主人和巴尔扎克的关系开始超出正常范围之后，她的内心开始不安了。她也因为曾经做过这件事而一直受到良心的谴责。尽管巴尔扎克把她写进自己的作品里，其实她心中一直对巴尔扎克怀有怨恨。德·韩斯迦先生过世的时候，她内疚到了极点，葬礼结束之后，她就离开那个家。为了忏悔，她就到修道院里去度过余生了。

亨利爱特的帮助使通信成为可能，巴尔扎克这下也知道了该把信寄到哪里去，德·韩斯迦夫人也被激起了斗志，她焦急地等待着巴尔扎克的回复。

接连到来的两封信给德·韩斯迦夫人带来了巨大的惊喜。一封信中充满了刺激和引诱的词语。巴尔扎克回信说虽然有朋友提醒他要警惕这些来信，但是他自己愿意被迷惑。接着，他甚至夸张地说："您简直就是我的梦中情人。"

这类措辞是巴尔扎克年轻时的作风。这些带着浪漫的气息表达句子进到了一位生活在乌克兰旷野中的孤独女人的头脑里。巴尔扎克在信中说还要把自己的一部小说题上字送给她，这让她受宠若惊，恨不得立马给他回信。不过，烦恼再次笼罩了她，因为几乎同时到达的另一封信笔迹和语气完全不同。这到底是怎么回事呢？想来想去她决定写一封信来问个究竟。

原来真相是这样的。因为给巴尔扎克写信的女人实在太多了，他实在没办法一一回复，于是他就想出一个既节约时间又不至于伤害那些女人的办法，就是那些信交给卡罗·珠尔玛，由她来回复。珠尔玛是个无私的人，而且她生活在偏僻的地方，有足够的时间去探寻这些情感的秘密，然后以巴尔扎克的语气来回信。她大概把这位"俄罗斯或者波兰公主的信"当作例行公事了。

巴尔扎克知道自己做错了，但他从来没有丝毫茫然，甚至他没怎么跟德·韩斯迦夫人说过真相，他们的通信自始至终都带着那种不诚恳的色彩。所以巴尔扎克又开始胡搅蛮缠了，让她不要怀疑那不同的笔迹，他把会使用不同的笔迹归结为他的幻想。

他请求她一定要相信这不是在戏弄她。那时候他还在创作《笑林》这样的作品，但是却请求她相信，在爱情上，他是一个可怜的孩子，为了配合自己的说法，他变得害羞起来，说他绝对专一和痴情。他在十几张信纸上描写着忏悔，说他的工作压力逼迫他放弃了爱情，虽然女人才是他最终的信仰。

他说他的生活很孤独，但不得不钦佩他。他还不知道她的姓名，也没有见过她，就在第三封信里说："我爱您，我的'无名女郎'！这孤独的生活让我想去冒险……我愿意开始冒险，我愿意这样。"

在这个时候就开始表白，难免给人留下虚伪的印象，造成恶劣的影响。让人不得不怀疑巴尔扎克是不是真心，还是有预谋地去创造痴情的印象。

他得在现实生活里创造出一篇爱情故事。因为他的第一次尝试被德·葛斯特丽夫人所打破了，所以他就要尽最大努力在这个人身上获得成功。因为在那个时代，人们不仅希望作家写出精彩的小说，而且希望他们的作家过那种生活。为了迎合读者们，作家的生活就得成为一部言情小说的素材，自己成为小说的主角，这部小说还得发生在贵族生活的背景下。拜伦和与桂西奥里伯爵夫人，李斯特和德·阿古伯爵夫人，德·穆塞·肖邦跟桑德·乔治，阿尔飞埃里跟阿尔班尼伯爵夫人，这些人之间不同寻常的关系对人们的刺激丝毫不亚于他们的作品。比起写出杰作，巴尔扎克更希望赢得社会地位，他当然不愿意落在那些同行们后面。所以他就把心袒露在"无名女郎"面前，虚伪地诉起衷肠来，这并不是因为他的天真幼稚，而是有意识地去创造一份感情。

人们完全可以把他们俩的故事看成一部小说，小说的女主角因为遥远的距离和高贵的地位而具有魔幻般的吸引力。巴尔扎克就是男主角，一个在爱情的路上频繁遭遇坎坷而放弃纯洁，伪装自己的年轻人。

巴尔扎克在给德·韩斯迦夫人的信中描绘了自己这样的一个形象：他独自生活在繁华大都市里，但却没有一个人可以听他倾吐心声，他的生活异常孤独。每一次他觉得看到了希望的时候，结果都是一场空欢喜，他的梦从来没有实现过。每一个人都不理解他，人们都戴着有色眼镜看他。在无尽的烦恼中，他只能全情地投入那无边的工作。他是一个可怜的艺术家，他蔑视物质和名誉，唯爱情至上。

没有人愿意要那种闷在心里的爱情，被人误解的爱情。然而为什么被误解呢？那是因为他爱得太强烈了。

为了加快事情发展的进程，巴尔扎克就调整状态，让他的感情到适应他认为是属于德·韩斯迦夫人的，他发现德·韩斯迦夫人不会回报他的攻击。她希望艺术家纯粹并且有一种悲悯的情怀。因此，他的追求又要带有悲剧色彩。他在绝望中马上改变策略。在开始的布阵过程中，他把自己装扮成一个真诚且天真的年轻人，然后他就开始发动总攻了。在第一封信里，她是他的梦中情人；在第二封信里，他说她是"一个梦中的图画"；在第三封信时，他直接说："我爱您，我的'无名女郎'！"第四封信时，他更加深爱她，虽然未曾谋面，但他坚信，他遇到了他的梦中情人。

再有两封信之后，她就变成了"第一次使我觉得安慰"的人，这种说法其实是对德·贝尔尼夫人和卡罗·珠尔玛的忘恩负义。他把她叫作"纯洁的爱人""宝贝""天使"。她是他命运唯一的主宰，虽然他还不知道她的样子和她的年纪。

"只要你想，明天我就可以扔掉笔，我也不会让其他女人再认识我了。请您宽恕我五十八岁的爱人吧，她就像我的母亲一样。您这么年轻，不会在意她的！请您接受我对您的真情，也请您珍惜我的热情！请您让我不再做梦，请实现我的愿望！只有您能给我快乐。夏娃，我的身体和灵魂都忠于您，我愿在您面前屈膝。要么杀了我吧，我不想如此痛苦。我愿意用我的灵魂爱你，请您接受我吧。"

巴尔扎克之所以会写出这样疯狂的话，一定是他以为自己正在创作一个爱情故事，他完全沉浸在自己创造出来的世界里。他把自己的女主角理想化之后，为了搭配和谐，他也给自己创造出了一个理想化的形象。而当事情朝着他的想象发展之后，他对爱情的渴望越来越热情和充满想象力。他那些战术深深地刺激了德·韩斯迦夫人，使她更加想了解这个钟情于她的人。德·韩斯迦夫人想继续保持无名女郎的身份，但是她整个人也笼罩在好奇之中。她开始催促她的丈夫去西欧旅行。巴尔扎克给他妹妹写了一封信："你相信一个女人会叫她的丈夫带着她进行一千五百里的旅行，来私会她的情人这件有趣的事情吗？"信中带着戏谑的口吻。

1833 年初，德·韩斯迦夫妇带着随从和仆人从维埃曹尼亚出发了，当然还有莉勒黛，与其说是照顾他们的女儿，不如说是继续当他们的秘密中间人。

他们旅途的第一站就是维也纳，因为德·韩斯迦先生在这里度过了他的少年时代，而且在这里他有很多朋友。不过，德·韩斯迦夫人建议夏季住在新沙特尔，这里离法国很近，如果巴尔扎克来看她的话也方便。德·韩斯迦先生也同意这样，因为这样一来莉勒黛就可以和父母住上一段时间，于是，在夏天到来时，他们来到了新沙特尔，并在那里租了个别墅度假。

巴尔扎克收到秘密指令，让他住进安得利别墅附近的旅社候命。他开心极了，计划着决定性的时刻到来之前的每一分钟。他们就要真正地见面了！他赶紧寄出一封信："亲爱的无名女郎，请务必相信，不要认为我有什么恶意。我其实只是个孩子，像孩子一样纯洁，我也只会像孩子一样爱你。"

他宣布要进行一次旅行，来消除一切怀疑。他计划在新沙特尔只住几天，一个月之内赶回来。为此，他必须得瞒住卡罗·珠尔玛和善妒的德·贝尔尼夫人。巴尔扎克可从来不缺理由，他说他要去柏桑逊找一种特殊的纸，来印他的下一部小说，然后就若无其事地上车走了。经过四天四夜辛苦的跋涉，9月25日，他到达了新沙特尔。巴尔扎克实在太累了，他都没有遵照德·韩斯迦夫人的指示，而是迷迷糊糊地住在了福冈的旅社。紧接着他收到了命令，要求他第二天下午到散步场去。他赶紧打起精神写下一封信告知自己的到来，同时祈求知道她的名字。他发誓永远爱她，甚至可以为她而死，但是却不知道她的名字。

巴尔扎克爱情中最激动人心的一幕就要出现了，他的梦幻中的女神就要揭开神秘的面纱，露出真实面容了。他们两个要在世界闻名的新沙特尔的散步场上互相寻觅，然后相遇了。接着会出现什么状况呢？当他发现自己的梦中情人只是一个普通的人间妇女时，他会不会心碎呢？当她发现想象中时而有缘时而热情，苍白孱弱的作家变成了一个油光满面的胖子时，她又会怎么想？他们会选择躲避彼此的目光还是会产生同情对方的心情呢？他们第一次见面的暗号，说的第一句话是什么呢？

不过现在已经无法知道当时的场景了，有人说他早已在安得利别墅的窗口见过她了，并且为她的外貌倾倒；还有人说她早就见过他的照片，然后一眼就认出了他，毫不犹豫地走上前去；另外还有一种说法，说她一看到他就抑制不住的失望。不过这些都只是传说。人们所知道的是，他们第一次见面就像正常的老友见面似的，她把他当成普通的朋友，引荐给自己的丈夫。不管怎么说，当天晚上巴尔扎克就成为他们家正式邀请的客人了，而且接下来他一直在应付德·韩斯迦先生和他的外甥女们，而不是像他自己计划的那样对他的天使示爱。

德·韩斯迦先生是个少言寡语的人，而且有些执拗，当然他也有良好的教养，他十分钦佩那些有成就的人。他很高兴能认识像巴尔扎克这样一位著名的作家，而巴尔扎克幽默的谈吐也逗得他开怀大笑。他丝毫也没有怀疑，因为他丝毫不认为高贵的卢赤芜斯迦伯爵小姐会被这样一个肥胖的中产阶级作家吸引。他诚挚地邀请巴尔扎克的再次到访，邀请他一起散步。不过这种热情倒是让性情急躁的巴尔扎克很着急，他忍受不了花那么长的时间坐车赶来就是为了跟这一家人谈论文学。只有当他把梦中情人抱在怀里的时候他才会安心。

德·韩斯迦夫人只有两三次避开家人和他单独待了一会儿，巴尔扎克生气极了，他给妹妹写信道："他那可恶的丈夫就没有让我们单独待过一分钟，他老是在我们俩之间晃来晃去。"

当然，虔诚的女教师保埃尔·亨利特也会时不时地参与进来。他们只能在湖畔幽静的地方和散步场的阴影里倾心交谈。但是事情出乎他的意料，他的爱情计划竟然有了进展。因为德·韩斯迦夫人在遥远的乌克兰的城堡里从来没有见过如此热烈的人，她说服自己不要担心，她认为他这样的人是不会伤害她的。所以他们就开始谈论爱情的事，甚至于在麦田里偷偷地亲吻过一次。这份成功足以鼓励一个不如巴尔扎克乐观的人去勇往直前了。

他兴奋地回到巴黎，坐在颠簸的车上，周围是一群和他一样胖的旅客，四天四夜不能睡觉，这些都不会打击他的斗志。这种小挫折跟他瑞士之行获得的巨大成功比起来简直不算什么。他的目的已经达到了，他的梦中情人太配合了。她和以前的那些情人不同，因为她还没到中年，她骗他只有 27 岁，虽然不一定准确，但是巴尔扎克知道反正她不会超过 32 岁，更何况她长得那么美丽。这可是一块能使人胃口大开的肉。如果巴尔扎克把她描绘成一个"美丽的杰作"，人们也不会感到惊奇。因为维也纳的一位著名画家也证明了巴尔扎克所看到的："美丽的黑发，皮肤洁净，稍微带有棕褐的色泽，一双纤纤玉手，双眼迷人，看你的时候，就温柔地表现出情感。"

不过这位画家的另一幅画却十分吓人。肥厚的脸，粗壮的手臂，矮胖的身材，眼睛很小，像近视眼似的蒙着一层东西。脸上看不出什么特殊的地方，虽然那是神秘灵魂的栖息地。不过，不论她的外貌什么样，吸引巴尔扎克的都不仅限于此。这是一个真正的贵妇，受过高等教育，读过大量的书，会多种语言，十分聪明，而且给巴尔扎克这个平民印象最深的是她真正贵族化的礼仪。她是波兰出色贵族的后裔，有一个曾姨母勒辛迪加·玛利曾经是法兰西的王后，因此他认为自己吻过那张嘴之后就享有一个特权，那就是可以称呼法兰西国王为"我的表哥"了。

当然了，这并不是巴尔扎克最终的目的，他所希望的是把一顶真正的王冠戴在头上。不过德·韩斯迦先生并不是他所期待的王子，甚至连个伯爵都不是。不过最重要的一点是，他是个富豪。他所拥有的财富是巴尔扎克只能在小说里才能拥有的。他占有俄罗斯的公债、田地、森林和农奴。而他的妻子也能够理所当然地继承这些。所以巴尔扎克发现德·韩斯迦先生也是有很多值得"继承"的地方：第一，他比他的妻子差不多大二十五岁；第二，他的妻子也不怎么爱他；第三，他的健康状况可以给人很大的希望。巴尔扎克自从在莱斯底居耶尔街过上那种贫困生活以来，他从来都没有停止过梦想有一天幸运能落到他头上。他梦想这种幸运能够消除他当下的生活，带给他富裕和奢华，让他有闲暇时间去过安心写作的生活。现在他的愿望可能就要实现了，这应当感谢这个女人，而且这个女人的肉体也能让人产生幻想，同时她对自己也很满意。那么，他就要用他的一切来追求她。他曾经的德·贝尔尼夫人是时候退出了。他的"启明星"将会发出耀眼的光芒，这位他最爱的，唯一的女人。

第二节 情定终身

新沙特尔之行是一次试探，他已经看清了形势，认为事态的发展对他很有利，但是为了更进一步的发展，为了使德·韩斯迦夫人自投罗网，他必须回巴黎再做一番准备。他要以一个情郎的姿态，以她的富裕的朋友的身份再次靠近她，他的生活必须要有派头，住进华丽高贵的旅馆。他清楚地知道自己这次赌的是什么。这样顺利地冒险让人看到了社会地位和物质上美好的愿景。他要加倍努力地达到目的。

虽然他还是一身的债务，但是他这次幸运地找到了一个出版商，是个叫柏赤的寡妇，愿意出两万七千法郎来出版他的十二册《十九世纪风俗研究》，包括《私人生活场景》新版的《外省生活场景》《巴黎生活场景》。他又能收到预支的稿费了。不管怎么说，这些事情都是有利的，他激动地写道："这些总要在这个充满斗争的愚蠢的世界里有所回应。这些总能激起那些被我的影子掩盖的人的怒火。"

他现在已经可以去还那些叫得最凶的债主的钱了，虽然他还欠母亲和德·贝尔尼夫人很多钱。当然了他的欢呼还是太早了，两个星期以后他就又身无分文了，不过他才不会发愁。就像他自己说的，他早就习惯这些了。他知道，自己努力地工作几个月就能挣到更多钱。而且即将到来的日内瓦之行可能会改变他的命运，决定他下半生的生活。他觉得他现在要做的就是工作，以保证两个星期的日内瓦之行的愉快，这句话不停地出现在他的脑子里，这对他的激励是他一生之中都没有遇到过的。

这次确实是真的，他从来没有在这样迷人的希望中工作过，所以此时他前所未有的勤奋和高效。他在希望的鞭策下工作着，这次他不是为了得到那些稿费而暂时休息而努力，而是为了彻底地改变命运而工作。而这几个月他写的书也能看出他强烈的自信："一想到这件事，我浑身的血液就沸腾了，心跳就加快了，我觉得自己的存在都有意义了。在这种希望之下，我一定能够创作出最美的作品。"

巴尔扎克在作品的数量上让人望尘莫及，而且在艺术追求上也要做到与众不同。他从与德·韩斯迦夫人的谈话和通信里已经看出她不喜欢《结婚生理学》那类轻浮的作品。他担心最近出版的《笑林》毁坏了他精心营造的纯情形象。他要证明自己伟大高尚的情怀，他的心中是人道，甚至是宗教的观念。他的《乡下医生》在一般人看来是太严肃了，不过这也能证明他那些轻浮的作品是在不负责任的时候随意写下的，而他的最高追求远不在此。此时他又完成了另一部杰作《欧也妮·葛朗台》，这样一来这两个证据都能证明他艺术家的才华和男人的责任感了。

正当他如此勤奋的给自己营建后方的堡垒时，他也没有忘了每个星期给亲爱的情人写一封热情洋溢的信，他早就把对她的称呼改成亲密的"你"而不是客气的"您"了。他告诉她自己已经"开始了一段快乐的新生活"，而她是他在这新生活里唯一珍爱的女人。他迷恋她任何的东西，"你的声调，你说出的话，你的嘴唇"。他一想到自己要属于她就激动得发起抖来，"在这个世界上再没有其他的女人了，只有你"。他把自己说成是他的仆人，他要自缚手脚投在她的脚下，任她处置。如果他的话是真的，那他是真的爱上了这个女人。他每个星期都向远方发出爱的讯号："我觉得你越来越有魅力了，我每天都会比昨天更爱你一些，你千万不要辜负我真心的爱恋。"

他知道她已经买了一部《笑林》，他很惶恐，为了消除她的嫌恶，他保证"你不知道我的爱情是多么纯洁"，"几年来我的生活都像一位未嫁的年轻姑娘那样贞洁"。不过，你又会惊异地发现，他刚刚扬扬自得地告诉他的妹妹，他成了一个私生子的父亲。

正当他朝着自己的爱人发出爱的讯号的同时，他也没忘了去拉拢和人家丈夫的关系，他写了更加亲密的信件给他，同时用客气的腔调去取悦德·韩斯迦先生。写这些信是为了要让他认为德·巴尔扎克先生对他们全家都很友好，他们的女儿、外甥女、德·韩斯迦先生和女教师都包括在内，而他来日内瓦的目的是和他们一家一起度过一个美好的假期。为了表示友谊，他给爱好收集稿本的德·韩斯迦先生一本《罗西尼》的手稿，又谦逊地请求他允许送给他的夫人一本《欧也妮·葛朗台》的手稿。不过他并没有告诉德·韩斯迦先生他试图在稿本上标明他到达日内瓦的日期。这位丈夫并没有想到他的妻子和忠诚的女教师正瞒着他做一件惊人的事情呢。

巴尔扎克已经完成了一切准备工作，他正等着《欧也妮·葛朗台》的刊行，这本书取得了巨大的成功，它让那些批评他的人大跌眼镜，它给巴尔扎克带来的物质报酬远远超过他的预期。于是他满心欢喜地于 1833 年的圣诞节在日内瓦的阿尔克旅社入住了。他在这里得到的第一份礼物就是他心爱的黑头发包着的一枚戒指。这是一个爱情的保证！他后来把这枚戒指一直戴在手上。

在日内瓦的 44 天，巴尔扎克每天都花 12 小时来工作。在幸福地陪伴在爱人的身边的同时，他并没有忘记告诉她，他必须每天的午夜到中午十二点这段时间待在书桌旁工作。他决不允许自己有什么休息时间。所以他只能在下午和晚上来德·韩斯迦夫人。其他时间他还要表达他的另一种感情：报复！他把《兰奇公爵夫人》的手稿带在身边，他要在这里描写他和德·葛斯特丽夫人那没有结局的爱情，他要在遭受失败的城市里来完成这部书，他这样做也是经过了深思熟虑的。他要完成这部作品就要靠追求德·韩斯迦夫人的压力来推动。同时他如果每天可以给德·韩斯迦夫人念一章这本书的话，她就会看到一个作家是如何报复玩弄他感情的女人的。她一定会迫使自己考虑一下自己面对这样的舆论时的惶恐。由此可以看出，巴尔扎克是多么狡猾，他一方面展示自己如何报复一个不接受他的女人；另一方面他热情地谈起德·贝尔尼夫人，说自己是多么感激那个为他付出一切的女人。这些都是为了去引导德·韩斯迦夫人，但是德·韩斯迦夫人并不在乎这些。他们相逢后发生的事不为人知，但是却可以看出巴尔扎克去追求她的强烈愿望。他希望他的天使从天而降，给他在同一个城市里曾经得不到的东西。

巴尔扎克的情书和恳求使德·韩斯迦夫人更加抵触他了，而且她对他的那些怀疑也并没有消除，很多学者后来在争论德·韩斯迦夫人到底有没有爱上巴尔扎克，其实这并没有意义。因为爱情是会有波折的，而且会受到环境条件的制约。正如我们后来对她的了解，虽然她是个多情的女人，但是她的感情会受到理性的控制。她的名誉和社会地位可以用来约束她的感情。她那双眼睛虽然近视但能够看清自己走的路，巴尔扎克狂妄的赞扬使她更加清醒，她从一开始就有意地去避免事情朝着超出她本意的方向发展。在这个方面，她跟巴尔扎克是相左的，巴尔扎克不断的催促使她最后下定决心抵抗。其实她从来都是对他持有矛盾的意见，因为在不同的环境下她对他的感觉是不一样的。在知道他有哪些缺点的时候，她仍佩服他是个作家；而当别人拿他跟其他作家对比时，她也能看出他的过人之处。不过用同样锐利的眼光，她也看出了他荒唐背后的求爱招数。她越来越机警地看着他那些虚伪夸张的表演。虽然她是个女人，难以抵挡爱情的引力。但是她贵族的身份，却让她受不了他那些粗俗的行为，平民的举止。他那些蜜罐里泡过的书信也不能使她倾倒，他的赞美虽然满足了她的虚荣心和好奇心，但她绝不会被迷惑。她那时候给她的兄弟的一封信可以看出她是多么清楚地看待和巴尔扎克的关系：

　　我终于见识了真实的巴尔扎克，你一定会问我对他的盲目的好感是不是在此时还存在，或者已经消失了。你曾经预言他会直接拿刀子吃东西，甚至用桌布擦鼻涕。好在，他只犯了第一个错误。看着他做什么事都觉得别扭的。每次他做出一些粗俗的举动时，我都尽量提醒他，正如我会教育安娜一样。不过这一切都只是表面现象。这个人拥有一些比那些礼仪更吸引人的东西。他的天才可以打动你，把你带到一个新的高度。他可以让你脱离这尘世，他让你懂得生活中缺乏的东西。你一定以为我不清醒了，但是我可以确定地告诉你我没有。当然，我对他的崇拜并不能使我忽略他的过错。他的确有不少过错。但他非常爱我，而我也觉得这种爱情是我生命中最宝贵的东西。如果我们今天不得不分离的话，它在我人生中的影响就好像我迷惑的眼前的指明灯一样。我可怜的眼睛，我一想到这世界上存在着卑微和渺小，以及我身边的人时，它们就会变得厌倦。

这封信写得十分诚实，这种品质是巴尔扎克的信里没有的。德·韩斯迦夫人不会因为这位天才作家的爱恋而感到骄傲。而且她也富有远见地意识到，他们两人的交往会使她成为那些宝贵文献的见证人，这也给她赋予了历史的使命。从本质上来说，她的情感态度和德·葛斯特丽夫人是一样的，她们都觉得被这样一个著名作家爱恋是一件值得骄傲的事，同时她们又能够保持清醒的头脑。德·韩斯迦夫人也是一样当他说出"让我们恋爱吧"这样的话的时候就退缩了。

她肯定觉得偷偷跑到旅馆去找他的行为并不光彩，而且他说过的那些话也会增加她的顾虑。因为他说过，她的追随只会增加他的热情："我要怎么才能让你知道呢？你身上散发出的香气让我沉醉，如果我能够真正拥有你，那么你会发现我对你的感情更加深了。"

几个星期过去了。每天午夜到次日中午，他就坐在书桌前写他的《兰奇公爵夫人》来向拒绝他的女人报仇雪恨，下午和晚上，他就放下笔去努力攻下另一个不愿意屈服于他的女人。

最后，幸运女神终于眷顾了他。经过几个星期的努力，他的天使就来到他身边了，阿尔克旅社的房间见证了他们奔放的爱情，"整个晚上我都对自己说，她是我的了！天堂里的天使都不如我快乐"。

巴尔扎克希望体验小说中浪漫的滋味，现在他做到了。由于他步步为营的战略，他已经把事情推到了最高峰，把不可能变成了可能，把幻想变成了现实。没见过的那个神秘女人已经变成他一直梦寐以求的贵妇了。在没有见面前就自诩为人家的情人，现在他已经梦想成真了。他的生活充满了《人间喜剧》任何一篇故事都没有的刺激。

事情其实才刚刚开始，两个情人已经拥抱在一起，发过彼此忠诚的誓言，那么要怎么样收场呢？德·韩斯迦夫人会不会抛弃她的丈夫，然后跟着巴尔扎克去巴黎呢？她是不是要离婚，得到无数的财富，然后名正言顺地留在德·巴尔扎克·奥诺雷身边呢？巴尔扎克又要想出什么妙计来继续这次冒险呢？

巴尔扎克在这件事上也运用了充分的幻想。他从一开始就受到"一个女人和一笔财富"的诱惑，而且德·韩斯迦夫人既是贵族身份，又有一笔财富。而德·韩斯迦夫人也从没想过要在巴黎建立一个普通的家庭，从而把应付那些债主当成自己的职责。他们的结合并没有导致私奔、离婚或者决斗，而是一次冷静的算计，几乎是带有交易性质的盟约。两个人说好要每天交流生活中的故事和感悟，要互相通信放在彼此赠送的小箱子里，直到德·韩斯迦先生不再是他们的障碍为止。他们还考虑到要减少见面来避免伤害德·韩斯迦夫人的名誉和那些流言蜚语。他们的爱情可以等到德·韩斯迦先生离世，而她成为维埃曹尼亚的主人和百万家产的继承人的时候，再通过结婚的方式来保证。

在痴情人的眼中，这些约定在两人热烈的感情之下难免有些冷血。但是巴尔扎克看来这没有什么不妥。他觉得这个老家伙最多也就活一两年了，他的乐观主义告诉他奇迹一定会发生。他跟情人的丈夫亲切地握手，感谢他盛情的款待和丰厚的馈赠。然后德·韩斯迦一家就带了他们随从和行李动身去意大利旅行了，巴尔扎克回巴黎继续工作了。

第三节　天各一方

巴尔扎克的天才，他在大肆谈论某件事的时候往往是为了保守其他的秘密。当他夸大自己的版税的时候，是为了不让人怀疑他已经债台高筑了；当他用金扣子装饰自己而且用高贵的马车，这其实是掩饰自己已经付不起面包钱了；当他奉劝那些风流的作家们要贞洁的时候，他只是想阻止那些人对他私生活的好奇心。别的作家都在公开自己的私事，让读者们去追逐他们情场生活的细节，而巴尔扎克对这件事却讳莫如深，他甚至对最亲近的人都没有提过，他的朋友们在近十年的时间里都不知道她的存在。除了在新沙特尔的时候在兴奋地状态下给他的妹妹写了一封信，他再没给别人提过她的名字了。他把关于她的一切都放在那个小箱子里，随身带着箱子的钥匙。《塞拉菲达》的献词也用平静的语气写出，这种句子可以献给他任何一部小说中的人物。

特别是对德·贝尔尼夫人，绝不能让她知道他已经有了这样一个倾诉的对象。自日内瓦回来后没过多久，他就去探望了从前的爱人。他要隐瞒她已经有了一个命定的女人的真相，他要纵容她到最后时刻，让她以为自己是唯一知道他秘密的女人。因为她的健康状况已经很不好，医生们也没有办法让巴尔扎克看到她能再多活一点时间的希望。他难以相信这个脆弱的老女人曾经是他的情妇："即使她能够恢复健康（我也希望如此），我也不愿意看着她一点点地走向衰老。"

太阳东升而月亮就要陨落，巴尔扎克决定让另外一个女人成为他的一切的时候，这个曾经给过他一切的女人的生命就要凋零了。

这时待在德·贝尔尼夫人的身边的巴尔扎克，心中始终带有一种负罪感。他就要彻底地离开她了，但不能让她知道。在几个星期激动紧张的生活之后，紧跟着的是一个短期的催眠回忆。在她的身边，他又想起她曾经引导他走出泥泞的道路。但是现在，他已经完全走上另一条全新的道路了，巴尔扎克早就找到了他的方向，一心一意地去实现他的目标：财富和名誉。

也许在日内瓦的成功激励了他，也许他要让德·韩斯迦夫人相信他是个值得她追随的男人，也许是因为他想要尽快筹集足够的钱，在她回那个荒凉的地方之前，陪她旅行。总之，在回到欧洲之后巴尔扎克的创作比以前更加卖力了。他那几部最杰出的作品都是在这时候完成的。但是他的医生却警告他不要这样努力。他自己也感觉身体恐怕会撑不住："我开始担心了，我怕我的巨著还没有完成之前我就会倒下。"

然而他还是一部一部地接着写下去，都是他曾经所达不到的高度的作品。他写完了《兰奇公爵夫人》，在六月到九月份他又完成了《绝对的追求》，十月份写完了《塞拉菲达》，十一月份写了《高老头》，而且四十天就写完了，之后的几个月又完成了《海滨的悲剧》《金眼女》《和解了的梅尔摩特》，以及《三十岁的女人》的后几章，而且又有了《毕骆都·恺撒》与《幽谷百合》的构思。这已经够让人震惊了，然而这还不是这几个月里作品的总数。他还修改了以前的几部小说，跟桑都·儒尔合作了一篇戏剧，完成了《给十九世纪法兰西著作家的几封信》，和出版商们斗争，还给他的情人寄去了五百页的情书与日记。

当这位文坛上的"西西弗斯"每天搬运着石头的时候，德·韩斯迦夫人却在意大利享受着甜蜜的生活。她和她的伙伴们每天住在昂贵的旅馆里，散步，请人给她画像，逛各种商店，陶醉在威尼斯这类的城市所供给她的享受里。她拥有巴尔扎克所没有的一切，金钱和空闲时间，以及这些带给她的欢乐。而我们也看不出任何的迹象证明她曾有过中断旅行，而去与情人见面的想法。我们不禁猜想德·韩斯迦夫人对那些情书的兴趣要远远超过巴尔扎克本人。这些情书是她的仆人定期要进献的贡品，然而她虽然有充足的时间，回信却很少，巴尔扎克也曾经抱怨过这件事。在一年多的旅行中，她希望在每一个地方都收到他的来信，而巴尔扎克也会绝对忠实地服从她的命令。

然而，他的情书也随着环境的改变而改变。他们不能像以前那样秘密地通信，因为意大利的检察机关非常的严格，他们会按照收信人来投信。女教师那样频繁地收到巴黎的来信会引起人们的怀疑。所以，巴尔扎克不得不用德·韩斯迦先生可以接受的公开信件的方式给她写信。亲密的称呼都不能再使用了，他还常常请"夫人"问候其他的家人。在这里没有爱情的誓言和忠诚的允诺。他装作在日内瓦的时候发现她是一位爱好文学的贵妇，他觉得她是一位眼光独到的批评家而尊敬她，不得不时常地写信请教。在与他们一家一起度过的几个星期，他好像已经成为他们家的一分子，所以他必须得写信来与他们继续交谈。

当然了，他的信里有一个只有德·韩斯迦夫人才懂的暗号。只要他一谈起他是如何热爱瑞士的风景，她就会明白这其中真正的含义。这危险而富有诱惑性的游戏就这样继续着。巴尔扎克要花心思让德·韩斯迦先生相信他和德·韩斯迦夫人只是文学上的友谊。他还得向德·韩斯迦夫人表明自己的忠心，保证在这么遥远的距离下，他也坚贞不渝。也许他们曾经约定过在德·韩斯迦先生辞世前应该保持正常的关系；也许德·韩斯迦夫人要求的；

也许是巴尔扎克又用了策略，他答应日内瓦的事情之后，恢复到以前的纯洁关系。总之，他的每一封信都在宣布他过着怎样一种孤独寂寞的生活。他常说他过的是一种"苦行僧式的生活"，或者"没有人比我更孤单"，还有"我就像大海上的孤岛一样，周围荒无人烟"。

不幸的是，德·韩斯迦夫人并不怎么相信他的话。她早在日内瓦的时候就察觉到他并不像自己描绘的那样浪漫有情趣，而且也很多次发现他的虚伪。她不能随着他的幻想胡来。他们在阿尔克旅社的房间里的幽会让她看出，他在爱情方面并不像他自己说的那样没有经验。无论如何，她已经不那么相信他了，而是悄悄地侦查他。

他们在日内瓦的时候，她曾经给他介绍过许多留居巴黎的波兰贵族，这样做也不是平白无故的。而且波多基夫妇或基塞刘夫妇也一定告诉过她一些消息。让她知道他并不是废寝忘食地工作还有担忧他的朋友德·贝尔尼夫人的病。巴尔扎克是巴黎的名人，人们不会不知道他每个星期都陪交际花到戏院看戏的事。

他不能再继续撒谎了，他告诉她，他在卡西尼街的房子之外又租了一处房子。她肯定暗示过他，告诉他她不是那么好骗的。所以他就在那些公开的信件里巧妙地让她看出他的心意，告诉她，他不会轻浮和不忠。当她知道他犯的那些错的时候，他早就先发制人寄来一封信说："有些女人自信能影响我的生活，她们总是吹牛说经常和我见面。"

他说那些都是别人瞎编出来的。他的确去戏院沉迷于音乐中，但是那也是因为他非常孤独。和其他人的享乐、鬼混完全不是一回事："听音乐那是因为我更加地爱你，思念你。"

但是她还是不相信他，虽然他有无数的理由和说辞来解释。

她对他的怀疑是件很危险的事，因为这会直接影响他们俩的关系，毕竟她就担心他的不用心。现在她已经开始有所动摇了，这让巴尔扎克很不安。夏天到了，德·韩斯迦夫妇离开了意大利，回到维也纳，打算在这里过冬，然后他们就要回到他们那个荒凉的地方去了。巴尔扎克人生的灯塔就要离开他，到他永远也到不了的地方去了。

所以，要想加强他们之间的关系，就必须得去再看她一次。她是在偶然的情况下和他在一起的，除非再亲自见面巩固一下感情，否则他就有可能失去她。所以他必须到维也纳去找她一次。他告诉包括德·韩斯迦先生在内的所有朋友，他近几年写的小说《战争》，需要他到阿斯本和瓦格兰姆两个战场去考察一下。但是时间一天天地过去，冬天都要过完了，春天快来了，巴尔扎克还留在巴黎不能出发，受到他人生中总要经历的那个阻碍。他不是要赶小说来赚稿费，就是得还一笔小债然后再借一笔大债。他一封封地往维也纳写信，来保护他们之间的星星之火，他相信只要到了维也纳，他们之间的火焰就会重新炽热起来。

不过好事多磨，这时候发生了一件非常不幸的事，他们的团聚差一点就被毁掉了。因为上次在维也纳的时候，他们之间的通信没有受到阻碍，所以巴尔扎克就想在压抑了这几个月之后，给他的情人寄一封直接的热情的信。这次的信里没有客气的称呼，没有给先生和其他家人的问候，只有向德·韩斯迦夫人发出的赞美和爱恋："哦，我的天使，我的爱人，我的生命，我的幸福，我的宝藏，我的心肝……之前不得不进行的谨慎通信实在太可怕了，现在我可以直接地向你倾诉，这多么快乐啊！"在这封信之后，他就宣布要去维也纳拜访了："我要以最快的速度到你那里去了，虽然还不能确定具体是哪天，因为我还要做一番准备。但是我会更加爱你。"

经历了半年的相思之后，他们终于要见面了。不幸的是，这几封信却落到了德·韩斯迦先生手里，可能还因此发生了一场暴风雨。巴尔扎克不得不赶紧写信向德·韩斯迦先生解释这是怎么回事。巴尔扎克才不会因为这个而被难住呢，就像那次向德·韩斯迦夫人解释两种笔记的事一样，他坦然地编造了一个故事来安抚他情妇的丈夫。他说，有一天，那位纯洁、神圣、严肃的夫人偶然开玩笑说想看看真正的情书是什么样的。他就也开玩笑地答应写一封，就像他小说里的男女主人公写信一样。他们那时候只是开玩笑，不过后来德·韩斯迦夫人在来信中提过这件事，他才想起来允诺的情书。于是就给维也纳寄去了这样两封信，没想到引起了德·韩斯迦先生的误会。

不过让一个脑筋正常的人相信他这些话还不如直接告诉人家他疯了呢。不过巴尔扎克紧接着又做了一个明智的举动，他说在他写了第一封信之后，德·韩斯迦夫人马上给他写了一封强硬的回信。他说："我当时觉得十分的难堪，她以严肃的态度回复了我那封开玩笑的信，不过此时，我的第二封信已经寄出去了。"

巴尔扎克真是非常聪明，他既没有向人家承认自己犯的错，也没有恳求人家原谅，而是非常坦然地要求德·韩斯迦先生去帮助他消除无辜的德·韩斯迦夫人的怒气。他说，既然人家忘了这个玩笑，那么就不应该让人家看到这些信了，德·韩斯迦夫人的宽容就可以证明她的圣洁。

他就像没有触犯到人家似的，要求德·韩斯迦先生把第三册《风俗研究》的原稿转交给他的妻子。不过如果"你们两位不想原谅一个犯错的幽默家的友情的话，那么就请烧掉这本书和原稿吧"。

巴尔扎克说即使德·韩斯迦夫人原谅他，他也不能宽恕自己曾经伤害过那样一个圣洁的人。如果再也见不到面，他会为失去这个好朋友而落泪。

巴尔扎克这一系列的举动就是在告诉德·韩斯迦先生，他所能做的就是帮助他们两人继续保持通信，让他们的友谊还继续下去。

德·韩斯迦先生是不是相信了这些瞎话呢？还是他觉得这两个人不久就要分开万里之遥，而用了一些手段呢？也许是德·韩斯迦夫人不愿意失去情人而说服了丈夫做让步。他们都像做游戏一样地对待这件事，德·韩斯迦先生给巴尔扎克写了一封和解信，德·韩斯迦夫人也就"原谅了"巴尔扎克。

得到原谅后的巴尔扎克又获得了给德·韩斯迦夫人写信的权利，他还可以去维也纳看望他们。

"误会"已经消除了，人家又开始等待着他去维也纳。但是冬去春来，到了四月份巴尔扎克还是离不开巴黎。他已经身无分文了，其实他写完了《高老头》和其他三部小说，还有一些短篇，他的文学成就还有酬劳比任何时候都要强大。但是不论他有多能赚，也供不上自己花费的速度。他拿这笔钱付了新租的房子和家具的钱，他跟德·韩斯迦夫人说是给那个帮助过他的女出版商租的。还有珠宝商、裁缝等着这笔钱呢。他本来计划用五月份的稿费去维也纳，不过也失败了。他说："我真的感到惭愧，因为我被债务捆住手脚，就像个农奴一样没有自由。"

德·韩斯迦先生坚持马上回家，他的妻子费了很大的劲才说服他留到春天。他们答应待到四月份，巴尔扎克想在《塞拉菲达》脱稿后就赶过来，所以她还得拖延时间。如果五月份还不来的话，他们就不等他了。无论如何，这都是最后期限了。

巴尔扎克深知这是多么关键的时刻。因为他知道等德·韩斯迦先生死了之后，他和德·韩斯迦夫人的结合才是他幸福的保证，所以他这次必须把握机会。虽然《塞拉菲达》还没有脱稿，但是他可以到维也纳去接着写。他没有钱，这也不用发愁，他把家里的银器都拿到当铺去抵押了，又从出版商那里预支了一些钱。5月9日他出发了，16日到达维也纳。

这次旅行又让人们看到了这个天才的另一面。因为这次又是一个完美的例子，来证明这个完美的心灵的堕落。其实在一般人身上的一些弱点，人们并不会去注意，但是同样的东西在这种伟大的人身上就很显眼。当然了，所有人都承认他的才华，还没有写出来的小说都可能引起人们提前的预定，所有的人都会向他致敬。但是，他虽然有了这种不朽的地位，他还非要幼稚地拿自己没有的东西出来炫耀。这个农民的后代非得让人把他当贵族。他欠了一身债非要让别人把他当富人。他在德·韩斯迦夫人那儿知道维也纳的人是多么期盼他的到来。虽然维也纳的贵族们对贝多芬的态度证明了艺术天才的光芒，但是也不代表人家会像对待贵族一样地对待他。那些贵族们没想到这位伟大的作家会是个穷酸的样子。尽管他尽力装扮得高雅华丽，但是看上去却像是个暴发户，因为他那夸张的大手杖，小千里镜和金扣子。

他不跟平常人似的坐邮车旅行，而是定制了一辆华丽的马车，上面还印有德·昂特拉格家的徽章，雇了一个马车夫，他在路上装成一位侯爵。光这一项就花了他五千法郎，虽然他郁闷他住在维也纳的时候谁都没注意到这些华丽。五个星期的旅行，他有两个星期花费在马车里，剩下的时间有一半花在书桌上。这次旅行花了他一万五千法郎。

德·韩斯迦夫妇住在维也纳的外交区里，他们就给巴尔扎克在附近租了金梨旅馆的一间房子，巧得很，拉苏莫斯基伯爵的秘书，也是伯爵的表嫂杜尔海姆·卢卢伯爵夫人的情夫——提利安·查礼最近就是在这间房子里自杀的。听说当时，他右手握着手枪，左手拿着一本巴尔扎克写的小说。巴尔扎克就此维也纳人是如何的崇拜他，就算他没有华丽的马车也没什么。他在圣日耳曼镇和巴黎受到的那些耻辱在这里得到了安慰。奥地利的贵族们都争先恐后地邀请他去作客；欧洲最有权力的梅特涅亲王也请他到家里，还在一次长谈中告诉他一个故事，就是他的剧本《基罗·巴梅拉》来源。

遗憾的是，他不能无限制的接受那些雪片般的请柬，虽然这正是他孜孜以求的贵族象征。因为德·韩斯迦夫人把他带到自己的社交圈里，有时候还让他见见她关系亲密的朋友，一些波兰的贵族。不过这期间除了一个东方学家与一个小戏剧家以外，他没跟任何作家或学者打过交道。前者送给他一个为他终生保留的咒符，后者则看到巴尔扎克这样伟大的作家只谈论金钱问题，而深深地震动。

巴尔扎克简直要飘飘欲仙了，他在这里充分地享受着自己的名声带来的便利。那些向他致敬的人的名字，他光挂在嘴上就觉得有尊严。在这种诱惑里，他差点离开书桌了，上午他就在书桌前工作，大多数的时间花在讨好德·韩斯迦夫人上。在维也纳没有像新沙特尔和日内瓦那样耳鬓厮磨的机会，他们的信件被截获了那次之后，就必须得更加小心谨慎了，而且巴尔扎克在此地的名望也要求他遵守道德约束。以至于在离开维也纳之后不久，他就苦闷地说："甚至没有一秒钟时间是只属于我们自己的，这样我浑身都不自己，让我在那里都待不下去。"

事实上，催促他早日离开的不仅是不能拥抱德·韩斯迦夫人的难熬，还有经济上的原因，他已经付不起账了。虽然他在没有得到允许的情况下，就把所有的账单都记在出版商魏尔特的名下，但是他的钱包还是一天比一天瘪了。6 月 4 日他甚至不得不跟德·韩斯迦夫人借一个金币来付小费。

他迅速地赶回巴黎去了，此后一直等了七年，他才再次见到德·韩斯迦夫人。他爱情的第一章算是结束了。就像在别的事情上一样，他无限期地拖延来腾出时间做更重要的事。

第四章　人生的低谷

第一节　祸不单行

人有的时候就是祸不单行，方方面面的压力同时爆发出来袭击你。巴尔扎克从维也纳回来之后就感受到了这种灾难。这段悠闲自在的日子要他用加倍的忧虑来偿还了。

他的第一个烦恼就是家庭带来的，他的妹妹德·苏维尔夫人病倒了，他的妹夫遇到了经济上的问题。而他某个不成材的弟弟带着一个大十五岁的妻子从印度回来了。他的母亲紧张地找到他，这个伟大又有权力的儿子。请求他为他的弟弟找个工作，这就是他还债的时候了。而报纸上恰好有人登出了他因为还不起债而离开巴黎的消息。

每当这种时候，他在母亲那里受到了伤害，他就会跑到母亲一般的德·贝尔尼夫人身边去寻找安慰。可惜现在不同往日了，德·贝尔尼夫人此时恰恰需要他的安慰。她现在已经很虚弱了，又死了一个孩子，疯了一个女儿，这种打击让她更加严重。她现在已经没有任何能力去帮助他了，甚至主动放弃了帮他校对稿件的神圣职责，因为她实在没那个能力了。巴尔扎克此时只能充当一个安慰者的角色。

现在的巴尔扎克比任何时候都要艰难。但是他还是在四处借债，而且预支稿费然后赶工作，这都成了他的习惯了。他的朋友们都劝他别再过这种吃了上顿没下顿的生活了。尤其是卡罗·珠尔玛，她经常劝他不要去追求那些表面上的奢华了，不要再匆忙地赶工来降低他作品的档次。但是他的习惯已经改不了了，而且他在文学上的声望是他唯一的资本，他也很享受那种借此来强迫出版商们做事的感觉。他把那些一个字没写只有一个名字的小说卖出去，也许他觉得只有这样他才能激励自己按时结稿，同时激发出更强的创作能力。

在他出发去维也纳之前，为了筹到尽可能多的钱，他就已经预支了很多钱。他不但把一本以前用圣·沃盘的假名写的言情小说再版的权利给卖了，还把他的一本新书《一个新婚少妇的回忆》，卖给了一家杂志社。其实这部书还没有开始写，而《塞拉菲达》最后几章也被人家催了好几次，这本书几个月前已经连载了前半部分。巴尔扎克对于《塞拉菲达》的稿子并不发愁，他打算用几天时间完成它。按计划，写完那部《一个新婚少妇的回忆》也不会超过两周的时间。而且在回到巴黎之后，他还可以再抵押其他的书稿。

但是巴尔扎克第一次没有遵守自己的工作计划。他的工作计划是不允许他有假期的，但是这神圣的计划在维也纳美好生活的诱惑下屈服了。他把大把的时间花费在奥地利或者波兰贵族的客厅里，要么就是陪德·韩斯迦夫人游玩。那必须贡献在书桌前的晚上，也花费在闲谈上了。《塞拉菲达》被迫中断了，不过读者们并不觉得可惜，因为那本书的神秘主义和文风并不怎么受欢迎。巴尔扎克也没有动笔开始写《一个新婚少妇的回忆》，因为他对这本书已经没兴趣了，在去维也纳的路上，他的脑子里出现了一个新的故事《幽谷百合》。巴尔扎克承诺用这本书代替停发的《塞拉菲达》，在维也纳他就给人家寄去了第一部分的稿件。

出版商布洛斯接受了这个办法，第一部分的《幽谷百合》也印出来了，但是他觉得自己有权利去赚回巴尔扎克拖延《塞拉菲达》的损失。当时巴黎出现了一种《外国语杂志》，这杂志专门在巴黎把最新的法文作品贡献到俄罗斯去。布洛斯就和他们签订了合同，把《幽谷百合》卖给了这个杂志。巴尔扎克是当时最受俄国人欢迎的法国作家之一，布洛斯觉得把稿件卖给他们没什么问题。而且巴尔扎克欠他的钱，也不至于不同意。

巴尔扎克回到巴黎之后听说了这个消息，他像一头受伤的狮子似的暴跳如雷。他这样的反应是或许出于艺术家的自尊心，而不是金钱原因。但是，布洛斯已经把第一部分的稿子送到《外国语杂志》了，他们也没有请示巴尔扎克就毫无改动地把它发表出来了，通常巴尔扎克都把第一次的稿子看成草稿的。他曾请求《外国语杂志》在发表前让他改几次，但是当他一收到样刊的时候，他发现自己的文章就以粗制滥造的形式出现了，带着许多问题还有他不愿意让读者看到的句子，可以想象他当时多么的愤怒。他立刻意识到布洛斯是利用他出门而欺负他，他立刻决定和他断绝关系，并且起诉《外国语杂志》维护自己的权益。

巴尔扎克的朋友们听说了这个消息都感到很担心，因为布洛斯控制着巴黎两家最有影响力的杂志，他的势力很大。他完全有可能控制一个作家的前途，巴黎五分之四的作家或记者都是直接或间接依附于他的。他能够直接对巴黎各大新闻媒体施加压力，一旦发生冲突，巴尔扎克就会找不到任何一家媒体和同人的支持和帮助。除了因为巴尔扎克在业内人缘不好之外，他们也都不敢得罪布洛斯。朋友们都奉劝巴尔扎克不要去打官司，人家可以不动声色地伤害他，就算是胜诉了，对巴尔扎克来说也是有损失的。没有人能与之抗衡，因为他实在太强大了，特别是巴尔扎克还是孤军奋战。

但是，这时候的巴尔扎克根本不怕任何恐吓。在维也纳的经历也增加了他的信心，让他更加愤恨在本国里受到的那些打击和欺负，让他知道了隐藏的真相。挫折和打击只能激励他去获得更大的胜利。他一直是不屑于回应那些攻击的，不把那些小人物放在心上。此时，他却为了要与整个黑暗的巴黎新闻界为敌，独自对付那群疯狗而感到愉快。他拒绝了一切说和，坚决地起诉了布洛斯，而布洛斯就反诉他没有履行合约。这场闹剧从法庭上一直闹到报纸上又闹到文学界。布洛斯能够掌控一切势力。他在报纸杂志上大肆攻击巴尔扎克，揭露他的私人生活，嘲笑他虚假的贵族头衔，公布他年轻时曾经给人代写的那些作品，笑话他满身的债务，讽刺他的人品。布洛斯手下的御用文人们全副武装起来了，他们宣称出版商把作品卖给《外国语杂志》是很常见的事。布洛斯手下的两大杂志也为其提供帮助，布洛斯说什么，他们都表示赞同。当时的好多作家没有出于艺术的责任感和同行的怜悯心而站在巴尔扎克这边，而是站出来反对巴尔扎克。只有高尚的雨果和桑德·乔治拒绝与他们同流合污。

最后宣判的时候，巴尔扎克赢得了精神上的胜利。这次宣判是巴黎文学界的一件大事，法院认为作家在没能力完成一部作品的时候，没有义务去用其他方式赔偿出版商或编辑。法院最后只让巴尔扎克返还预支的《塞拉菲达》的稿费。这是一个胜利，但是这是个代价惨重的胜利。巴尔扎克在这桩诉讼案上花费了好几个星期的时间来跟律师、法院打交道，而且换来了整个巴黎新闻界的追击，就是最强大的人也在这种长期的挣扎里被打垮了。

巴尔扎克在这件事里得到了一个人生教训。他看出自己在写的小说里曾经写过的"先获取权力，然后别人就会注意你"这句话的正确性。无论是哪一种权力，财富的权力，政治的权力，军事的权力，由女人而得到的权力，由社会关系得到的权力，不管你干什么，首先就是要有权力，你得随时有杀伤力，要不就会被打败。独立是完全不够的，你得让别人依赖你。只有当他们感觉到自己的弱点会被攻击，只有当别人感觉到怕你的时候，你才能成为他们的主人。

巴尔扎克相信，自己的权力来源于忠实的读者们。但是这些读者们散落在世界各地，不能组织起来帮助他战胜敌人，他们只能在心里支持他。他们没有能力去抵抗那些控制舆论的坏人。但是要知道巴尔扎克是读者最多的法国作家，他可以不依赖那些杂志社了！如果他可以自己控制一个舆论机关，那么他就可以不受那些卑鄙小人的攻击，打破他们的垄断。

自1834年以来，巴黎就出现了一份报纸叫作《巴黎时报》每周出刊两次，影响不怎么大。虽然这份报纸倾向于保皇党和极端宗教主义，但是巴尔扎克毫不在意。他也不会因为报纸的经费困难和销路不好而着急，巴尔扎克相信有他定期投稿，这份报纸就一定会站住脚的。同时，这份报纸也可以成为他的政治根据地。虽然巴尔扎克曾遭受过政治上的失败，但是他一直保持着政治理想，他希望进入议院，成为一名官员，沉迷于他权力的梦想中。

《巴黎时报》实际上就是巴尔扎克自己组织的，他自己承担着过半的股份。他用一贯的乐观主义精神来应付那些商业谈判、资金筹措、出版等各种事宜。他再次全身心地投入到这项新事业中。他立刻召集了一群有才能的年轻人组成了编辑部，其中高提埃·提奥飞尔和他保持了终身的友谊。他还请来德·柏罗瓦侯爵和德·葛拉曼伯爵这两位贵族青年来当秘书。不过，有巴尔扎克这么一个可以当十个人用的作家，编辑部和秘书都不太重要了。

最初，巴尔扎克还在兴头上的时候，他几乎一个人包揽了报纸上所有的内容。每一篇稿件都是出自他的手笔，政论、评论、短篇小说等。1836 年 1 月份，他自己主编之下的一月份第一期报纸，一夜之间就写成了《无神论者望弥撒》。之后，他又写了《禁止》《古玩陈列室》《卡因·发西诺》《人在这儿》和《被人遗忘的殉道者》。他可能会随时随地闯进编辑部观察情况，督促他的编辑们工作，给他们一些提示。为了争取梦寐以求的权力，为了向其他杂志社报复，希望其他的杂志社随着自己报纸名声的提高而衰落，巴尔扎克进行了大规模的应酬。他一月份在卡西尼街连续请了五次客，饭菜都极为丰盛。出席的人都是文学界有影响力的人们。可是这时候他还差两个月的房租没交呢，房东只好让警察帮忙征收。

他希望这是一次收获丰盛的投资。人们对他的报纸也颇为好奇，他在第一期报纸出版后的几个星期里就表现出了胜利的姿态。他在给德·韩斯迦夫人的信里提道："《巴黎时报》的工作真是非常的忙，我每天只睡五个小时，我的工作可以说是非常成功的，订阅的人非常多，短短一个月报纸的资产就达到九万法郎了。"

《巴黎时报》的资产达到九万法郎，这不过是巴尔扎克一厢情愿的幻想罢了，这明显是不可能的。巴尔扎克梦想着全巴黎都在他的脚下，他觉得布洛斯不久就会臣服在他的脚下，将十万法郎放在他的桌上，请求他放弃《巴黎时报》而向他的杂志继续投稿，那些作伪证攻击他的作家们会向巴黎最有势力的杂志屈服。议员们恨不得把他巴尔扎克的政见当成自己的。

　　不幸得很，这些幻想统统没有实现，根本没有读者们争相订阅的情景。那些有商业头脑的股东们悄悄地撤股了。巴尔扎克新的事业又失败了，然后他也就失去了兴趣。他开始厌烦编辑们的工作，也不到编辑部去了，慢慢地他也不投稿了。结果不到一年时间，和巴尔扎克曾经所有的创业一样，这份报纸破产而且欠了一大堆债。这半年多努力的工作换来的是又增加了四万法郎的债务。他还不如停止工作休息一段时间呢。就像童话中的安达乌斯一样，在自己的土地上就会有无穷的力量，而在自己的范围之外，他的才能就消失殆尽，连侏儒都敢戏弄他。在放出了"1836年我会变得富有"这豪言壮语之后，他又承认"1836年我比1829年强不了多少"。

　　和布洛斯的官司还有《巴黎时报》的破产只是这一年中倒霉事件的代表。几乎每一天都有倒霉的事情发生。他和布洛斯的官司并不是他和出版商斗争的全部。曾经帮助过他的柏赤夫人也由于她的雇员魏尔德自立门户骗走了巴尔扎克，而变成了他的新债主，她要求巴尔扎克立刻交出所欠的书稿，而魏尔德也没有资金帮助巴尔扎克。巴尔扎克决定自己出资来印一本新版的《笑林》，但是他忘了自己曾经自费出书失败过的经历。这次他用赊账的方式弄到了纸，又找到了一个可以欠款的印刷厂。但是就在新书要装订的时候，仓库突然着起了大火，他那三千五百法郎的投资，他的希望再次付之一炬了。

　　这次巴尔扎克再也找不到什么办法了，他没法对付那些债主了。他把卡西尼街的房子封闭了，连夜把贵重物品都搬到他去维也纳之前用"杜兰寡妇"的名义租的一所公寓去。像在卡西尼街一样他用秘密的楼梯给自己制造了一个安全的堡垒，来躲避那些不速之客。要想到"杜兰寡妇"的门前可不是件容易的事。他天真地发明了一套随时更改的口令。只有说一声"开吧，西桑"才有机会进入大门，继续闯剩下的三个关口。比如某一天，门房要听到"李子熟了"，才能让人进门；这只是第一步，他的仆人等在楼梯下，需要听到客人说"我从比利时带花边来"才允许走到公寓门口；在那"柏尔特兰夫人身体非常健康"是进门的最后一把钥匙，这样客人才被允许进到神秘寡妇的房子中去。

他小说中人物们常用的手段被他自己拿来使用了。他把欠条转给第三个人、第四个人来拖延还款时间。利用邮局找不着他，收不到传票而合法地逃脱庭审。他利用自己专业的法律知识，他的小聪明和厚脸皮，利用各种计谋来对付那些债主。他的欠条就在那些出版商和债主之间流转，那些奉命去扣押他的警察们谁都找不着他。

带着这种胜利的骄傲还有恶作剧的想法，巴尔扎克再三考虑之后加入了那些想在他的带领下公开反对国法的人。依据新颁布的法律，每个公民都有入伍服兵役的义务，可是巴尔扎克坚决反对这项规定。他以正统的保皇党的身份来做出评论，在他看来国王菲利普·路易这个中产阶级出身的国王没有资格来命令他，那就是个可耻的篡位者。无论如何，他的时间太宝贵了，他恨不得变成印刷机来出书的时候却让他扛起枪去当兵，这简直是侮辱他的尊严。

其实这都不是什么大问题，只要巴尔扎克好好地协调一下，以他的身材和在文坛上的地位，完全可以免掉服兵役的义务。但是巴尔扎克绝对不能容忍任何的妥协和解。他甚至对招他入伍的命令都视而不见，政府已经三次让他解释为何没报到了，但每次他都不予理睬。最后，国防军的训育处决定处罚他监禁八天，他对这个处罚却不以为然。他们竟然因为他这位欧洲文坛的巨匠不愿意去当小兵而罚他坐牢，这简直太无礼了，那就让他们来吧。他欢乐地跟那些来抓他的警察玩起了捉迷藏的游戏。你们想来抓他，好啊，可是你们得先找得到他。这些笨蛋要想胜过巴尔扎克的智慧，应该先补补脑子。

接着的几个星期，巴尔扎克消失在了人们的视野中。白天，警察会随时闯进卡西尼街的房子，但什么也没发现。得到的结果总是巴尔扎克去旅行了，而且不知道去哪儿了。但是晚上他可能会出现在意大利剧院，早晨可能出现在出版商的办公室里收稿费。他快乐地听仆人们讲警察们如何打听他的消息，而他有时候躲在门后边看着那些警察们茫然失措的样子更是开心。这些经历可以给他的小说增加一些趣味，给他带来灵感，让他更生动地去描写芜特冷和巴克瓜之如何对付高兰丁、拜埃拉那些人。

但是 4 月 27 日的早晨，一个警察和两个侦探在等了好几个小时后，看见他大摇大摆地走进了卡西尼街的房子，他们就在背后跟踪他。半个小时后，著名的绿衣先锋就把他带到了拘留所。从巴尔扎克必须服满刑可以看出他在本国内并没有得到什么尊重。他那些国外的朋友们，招待过他的贵族们，甚至和他私下交谈过一次的梅特涅亲王，都没有办法帮他，从 4 月 27 日到 5 月 4 日政府严格地执行法律，没有给他任何的特权。他必须得在一个大牢房里跟一群喧闹的下层囚犯在一起度过几天时间，他们都在用自己不同的方式找快乐。这些人都是不愿意为国防军浪费时间的人，因为那个时代，这就意味着没有工资，妻子和孩子得挨饿了。巴尔扎克唯一的特权就是一张桌子和一把椅子，这就是他所需要的了。在这种喧闹的环境里，他竟然能够静下心来校对稿件，就像在他自己安静的房子里一样。这个时候他也没有任何的悲观失望，依旧保持着他的幽默感，他还在快乐地给德·韩斯迦夫人写信。他并不以坐牢为耻，却感到非常滑稽，甚至觉得在享受国家给他的保护，以免他出去受那些债主的纠缠。他习惯于这种对自由的限制，在他看来自由就意味着日日夜夜地生存竞争。

在人生低谷的时刻，巴尔扎克进行了勇敢的抗争，虽然他偶尔也会忧虑叹息"我这是在自我谋杀"，或者"我累得抬不起头来"。就在这个时候，他钢铁般的身体第一次出现了不好的征兆，他竟然昏倒了。医生再三叮嘱他要多关注自己的健康。于是他决定到乡下去休养几个月，不过他只是听从了医生一半的意见。他回到自己的家乡杜尔兰，住在朋友马尔冈的家里，但是他没有听从好朋友拿克加尔大夫的劝告好好休息。他在那里还是像以前一样疯狂地工作。他总是不吸取教训，他在商业上屡次失败，找有钱的妻子上总失败，现在只能献身于这命中注定的伟大事业来解救自己了。艺术家有属于自己的一种药，是任何其他的病人在医生那里所得不到的。他们能把自己的忧愁变成艺术来祛除它；他们能把痛苦的体验变成描绘人类生活的素材；他们能把外在的压力变成创造的自由！

巴尔扎克在乡下居住的时候，显然是真的受到了很多外界的压力。那个出版商寡妇柏赤又嫁人了，她的丈夫是个真正的生意人，他绝对不能容忍任何伤害到他利益的事。在他的帮助下柏赤通过法院要求巴尔扎克在二十四天里交出《风俗研究》的两部书稿，延误一天就罚五十法郎。巴尔扎克决定让她在二十天内得到书稿，然后跟她清账。他知道自己必须要在履行以往契约的基础上生产出一流的作品。

他做到了这两件事，他在八天之内就拟好了《幻灭三部曲》的腹稿，还写成了一部。他尽全力每天写作十五个小时，太阳一出来就起床，一直工作到中午，这期间只喝黑咖啡，其他什么都不吃。

虽然为了免予受罚而仓促成稿，但是这本书却是巴尔扎克最著名的作品之一。这好像是巴尔扎克努力鞭策自己去挖掘自己的灵魂，剖析自己的各种欲望和危机的结果。表面上《幻灭三部曲》是一部描写简单的现代生活的作品，但法国文学中却找不到能与之相媲美的现实主义作品了，但是这却是巴尔扎克试图体现自己的一个尝试。对于文章的两个部分，在第一部分他指出，一个艺术家如果对自己对艺术忠诚，那么他将会获得成功；在另一部分，他说如果一个作家禁不住诱惑想获得那些虚名的话，他就会遭到失败。德·吕崩柏礼·鲁先象征了精神上的灭亡，德·阿尔泰斯·但尼埃尔则是他所追寻的模范。

巴尔扎克深知自己天性中的两面性。他具有一个艺术家坚定的艺术良知，可以让他保持骄傲，拒绝任何妥协，支撑他独自反抗社会。但同时他也知道自己性格的另一个方面，他沉迷女人、金钱，好面子，对虚荣和奢华毫无抵抗力。他要改变自己，把一个艺术家目光短浅的危险摆在眼前，他描写了一个立场不坚定，在诱惑面前妥协的作家来警诫自己。查尔登和巴尔扎克一样，假装自己有一个贵族头衔，然后改名为德·吕崩柏礼·鲁先，带着一本诗集来到巴黎梦想凭借自己的才华出人头地，这本诗集就像巴尔扎克的《克伦威尔》。一次偶然的机会他走进了拉丁区的一个群居的顶楼，这是一群巴黎未来领袖并且预见了自己使命的年轻人组成的文学社。他们都是朗贝尔·路易的朋友。一个叫德·阿尔泰斯·但尼埃尔的作家，一个叫毕安仓的医生，还有一个叫克拉斯提恩·米赤儿的哲学家。他们都对一时的光鲜甚为不屑，而追求未来的不朽。巴尔扎克借着德·阿尔泰斯·但尼埃尔来描写他自己的优美的那一半品质。吕崩柏礼经过德·阿尔泰斯·但尼埃尔的介绍而加入了这一群理想主义的青年中，但是他并没有忠实于他所参加的这个高贵的智慧联盟和自己的誓言，他希望那些住在圣日耳曼镇的贵族注意到他。他想要的是成功、女人、金钱、名誉、政治权力，因为单纯的诗并不能给他那些实在的金币，他就出卖自己的才华。和巴尔扎克以前所做的一样，他成了文学界的渣滓，和制造家们合伙，帮他们制造舆论，丧失了自己的立场。他虽然获得了一时的成功，有了一点名声，但其实是一天天地堕落了。

经过了新闻界多年残酷的奴役，还有最近这群狠毒的人给他的深刻的苦难，巴尔扎克凭借着这些经验揭露了整个的舆论系统、文学界、戏剧界的腐败，在这里人们看似团结在一起，实际上一有机会就相互中伤。虽然他只是想批判一下当时巴黎社会的一角，但是这本书却无意中成为一个张时代的缩影，而且它在任何的时代里都没有失效。这是一部洋溢着骄傲和批判的书，劝人们不要贪婪和急躁，它告诉人们要坚强，从不断的反抗中去成长。在人生的低谷，巴尔扎克找到了自己真正的勇气，在生活最混乱无助的时候，他写出了一生中最美、最能够代表他个性的作品。

第二节　不同的爱情

在给德·韩斯迦夫人写信的时候，巴尔扎克用一种受虐狂似的快活心情描述了自己这一年的经历：打官司、杂志倒闭、被抄家、进监狱等的悲剧，甚至都用多情的笔调去歌颂。可能只自己的忧愁和悲惨一项项地向心爱的人报告，我们不得不怀疑他是想以此来隐瞒另一些事实。巴尔扎克一般喜欢把自己描写成一个只知道工作的人，在他的自画像里，他是个工作到最后一刻然后疲惫地倒下的伟人。

实际上，巴尔扎克对这些东西是毫不在乎的，这是因为他有着常人不能理解的自信。他对那些外在的打击和压力一点都不关心，更多的时候他就像个旁观者一样好奇地观察着那些事情。早晨讨债的人砸破他的房门也阻止不了他下午去珠宝店购物。在1836年这悲惨的一年里，他的债务已经达到了十四万法郎之多，他已经得向他的裁缝和医生朋友借钱吃饭了，但他还是买了一根六百法郎的手杖来配合那本《德·巴尔扎克先生的手杖》，还有价值一百九十法郎的小金刀，一百一十法郎的皮夹子，四百二十法郎的项链。这些东西一般都是卖给那些带着漂亮女人的土财主，而不是这位东躲西藏的"罪犯"。

他心中的反叛促使他过这样的生活。他欠的债越多，他就越能原谅自己去买那些女人的奢侈品；外界环境的压力越大，他就变得越轻浮。不了解他这种矛盾的性格的时候，人们会觉得这个人是不是有点蠢。事实上，这是他火暴的性格向外界寻求释放的一种方式。

因为1836年是他遭遇到的危机最多的一年，所以这也理所应当地成为他获得奢华的满足最多的一年。这时候人们就可以看出他给德·韩斯迦夫人写的信是怎么回事了。比如说，他给她写信说为了躲避债主们，他租了一间顶楼，在那里过着简朴孤单的隐士生活，这里家人和朋友都找不到他。但事实上，他租的才不是一间顶楼，而是一所非常奢华的房子，他虽然已经有了把卡西尼街的房子装饰得很华丽的家具，但他还是又订了一套最值钱的。就连他的仆人奥古斯都换了一身新制服，这套制服就花了他三百六十八法郎，当然他没付钱，还是赊账的形式。他布置的自己的化妆间，让人为之叹服。他在屋里精心搭配了满屋子值钱的家具和古董，他在《金眼女》里曾经进行过细致的描写：

在这化妆间里有一半是优雅的弧形，剩下的一半是闪着光的白色和金色的云母石壁炉台的白色四方形，两边遥相呼应。在一张绣花的门帘后面，有一扇朝窗而开的旁门可供出入。这个化妆间整体呈马蹄形，里面铺着一张货真价实的土耳其睡榻，它跟床的大小差不多，是白色卡什维尔绒布所制，由黑色和火红色的缎子做成装饰的玫瑰花图案，并有序排列着，下面铺着许多有趣的垫子。化妆间挂着一些印有印度绸红的布料，凹凸有序地排列成柱形，上下两头都系着两条大红底色、黑色花卉图案的带子。印度绸的背后，火红的墙壁颜色看起来像可爱的粉红色，这窗帘上就能看到。窗帘也是用印度绸红做的，并用粉红色的薄绸条做衬托，装饰着火红色夹杂黑色的流苏。六只镀银的托架托着十二支蜡烛，排在布挂上，照耀着睡榻。天花板的中央挂着一只暗色镀银灯，白中带黑，底座上镀着金。带有花纹的地毯像极了一块披肩，可以让人联想到波斯的诗歌，这是纯手工制作的。家具上套着有黑色和火红色装饰品的卡什维尔绒布。时钟、烛台都是白色和金色的云母石做的。用一块卡什维尔绒布盖住了房间里仅有的一张桌子。花架上摆满了各种颜色的玫瑰花。

华格纳也喜欢这些华丽的家具和装饰，但是巴尔扎克不需要像他那样靠这些东西来找灵感，因为巴尔扎克到处都可以找到灵感。他有一个更具体的目的。他在给自己的朋友方登雷展示自己的白色睡榻时，曾经忘了小心谨慎的习惯，而笑着承认："我是在快要得到一个高等的贵妇时做了它的。因为她需要这些高等的家具，她习惯了这些，如果她坐在这样一个睡榻上，她就不会感到失落。"

就算方登雷没有在日记里写下这些事，人们也能猜到他这样布置自己公寓的目的。不管什么时候，巴尔扎克一旦开始新的装饰了，那就是他新的恋爱开始的信号。他一旦开始装饰自己的公寓了，那就是在准备迎接一位新情妇。他的感情也可以用他的花费来衡量。在追求德·葛斯特丽夫人的时候，他弄了一辆马车，一个车夫，还买了自己的第一个沙发。马勒街的卧室则是为了德·贝尔尼夫人装饰的。到维也纳见德·韩斯迦夫人的时候，他就雇了一辆华丽的马车。在备受打击的这一年，他还在热烈地向远方的爱人诉着衷肠，一封信接着一封信地给她描绘自己的悲苦生活，此时他却再次热烈地恋爱了。他给德·韩斯迦夫人的情书感动了无数人，但是这些动人的句子确实是在和另一个女人恋爱的时候写出的。

这个让巴尔扎克费力去遮掩的新情妇是德·韩斯迦夫人自己间接介绍给巴尔扎克的。巴尔扎克离开日内瓦之前，德·韩斯迦夫人把奥地利驻巴黎大使阿朋尼伊伯爵的夫人介绍给巴尔扎克认识，他随后便去大使馆拜访了他们。1835 年参加一次盛大的聚会时，一个女人引起了他的注意，她三十多岁，性感地在人群中走来走去，自如地接受男人们的崇拜。巴尔扎克一般是不关注这些的，而是受到了这美貌背后的姓氏的蛊惑，他一旦知道了她是桂都邦尼·维斯岗地·爱米里伯爵夫人，这就足够点燃他的热情了。维斯岗地是米兰的公爵，而桂都邦尼是意大利一流的贵族家庭。巴尔扎克抑制不住自己的激动了，他早就忘记了在维也纳曾经发过的誓言，他立刻采取措施跟这位美丽的伯爵夫人建立了联系。

这位夫人其实并不是天生的贵族，她甚至连意大利人都不是，她叫洛威尔·沙拉，她出生在伦敦，她是英国一个问题家庭的孩子。他们家流行自杀和精神问题。她的母亲跟她一样美丽，后来觉得自己开始老了，便自杀了。她的一位哥哥也是自杀的，另一位哥哥则沉迷于酗酒，她的妹妹则迷信宗教。她在这个家里还算正常的人了，她沉迷的其实是色情的事业，她有着英国人特有的镇定，接受着对她的每一个诱惑，没有任何犹豫，也没有特别兴奋。她的丈夫桂都邦尼·维斯岗地·爱米里伯爵对她也造不成任何的影响，她冷静地对待丈夫的一切反应。她的丈夫是个文静谦和的男人，大概是她某次旅行的时候偶然认识而结婚的。

桂都邦尼·维斯岗地·爱米里伯爵其实也是有自己生活情趣的人，不过他的兴趣跟他的妻子完全不同。他真正热爱的是音乐，霍夫曼还曾经在一部作品里描写过他。虽然他出身于贵族家庭，但是他最大的快乐就是坐在一个戏院的乐队里演奏自己的小提琴。他在巴黎、维也纳、凡尔赛都有自己的宫殿。在凡尔赛他每天晚上都会悄悄地出门，然后坐到戏院舞台的乐队里。不管走到哪，他都会有礼貌地请求人家让他在那里的戏院演奏。白天，他就躲在实验室里做化学实验来自娱自乐。他把那些各式的成分混在一起，然后在试管上庄重地贴一个条。社会生活让他厌恶，他愿意躲在自己的世界里，所以他对妻子的那些情人们丝毫构不成任何麻烦。他对他们都很谦让，因为他们可以让他有时间来贡献给心爱的音乐。

巴尔扎克运气真好，他现在找到了继德·贝尔尼先生和德·韩斯迦先生之后，又一位不在意和不反对妻子偷情的丈夫。巴尔扎克又开始紧锣密鼓地行动了，他花费了一切的空闲时间陪着桂都邦尼·维斯岗地·爱米里夫妇，他陪他们去凡尔赛，到意大利剧院，一直到四月份人们才看到他的报告，当然不是报告给德·韩斯迦夫人，而是报告给卡罗·珠尔玛的："最近，我受到了一个有侵略性的女人的迷惑，我不知道该怎么办了，我抵抗不了这种快乐的迷惑。"

在伯爵夫人那里其实还在犹豫到底要不要接受巴尔扎克的追求，因为她刚刚甩了最后一个情人高斯罗斯基亲王，她还在他的帮助下给音乐家丈夫生了个儿子。她还没想好是让巴黎大名鼎鼎的德·崩发尔·李昂纳尔伯爵还是巴尔扎克来当亲王的继承者。而在巴尔扎克这方面还有几个情妇仍旧保持关系。当时德·韩斯迦夫人听说巴尔扎克突然对音乐有了极大的兴趣，这是她一个在巴黎的老乡告诉她的，她还了解到巴尔扎克在音乐厅里从罗西尼的情妇柏里西埃·奥比林的包厢去换到维斯岗地夫妇的包厢。这时候她已经把自己当成巴尔扎克生活的女主角了，所以就开始责备他的背叛和不诚实。好像她曾经提出过，巴尔扎克有需要的时候可以去找妓女，那样不会有什么精神上的联系。她其实很了解他，她知道桂都邦尼·维斯岗地·爱米里伯爵夫人肯定收到了和她一样的情书，她要捍卫自己的权力。巴尔扎克没有犹豫，他不会放走这到嘴边的肥肉，于是他就动身去了维也纳，通过那次奢侈的旅行来挽回德·韩斯迦夫人的心。回来后又到马尔冈家赶书稿，1835 年 8 月他又开始成为伯爵夫人的追随者之一了。最终胜利落在他的手中，他成了她的爱人。如果一部野史中的记载是真相的话，他可能是 1836 年 5 月 29 日出生的桂都邦尼·维斯冈尔·李查尔·李昂埃尔的父亲，这是他的第三位私生子了。

虽然他们保持了五年的恋爱关系，同时她也热心地关爱救济他，但是对巴尔扎克感兴趣的史学家们都没有注意到这位桂都邦尼·维斯岗地·爱米里伯爵夫人。其实这也跟她自己有关系，因为一个人的成就并不是靠努力就可以的，主要得靠吹嘘和宣传。她从来没想过要在史书上留下自己的名字。而德·韩斯迦夫人则不同，她有极大的野心和虚荣心，从一开始就下定决心要有所成就。所以桂都邦尼·维斯岗地·爱米里伯爵夫人就完全隐没在德·韩斯迦夫人的光环之下了。巴尔扎克其实是给她写了和德·韩斯迦夫人同样多的信，但是她从来没有去细心计算这些情书的数量，也没有精心地把它们存在小箱子里留着将来发布。也许是因为纯粹的不上心，也许是她的骄傲让她不愿意在百年之后还被人谈论，她从没想过让文学史的研究者们把她写进书里。但是在和巴尔扎克在一起时，她是真正地为他着想的。她和巴尔扎克的关系没有德·韩斯迦夫人和巴尔扎克的那种紧张和不安。德·韩斯迦夫人总是精心算计着他们的关系，注意着自己在文学史和社会上的地位。在二十年的时间里，她都怕和巴尔扎克的关系而影响自己。她要表现出在他的人生和事业中的重要地位，但还不热心付出。她从没想过放弃自己的丈夫和家产，更不愿伤害自己的名誉。到最后她有自由的时候，她还是不愿意跟一个比自己地位低的男人结婚。她的精明算计是很明显的。就是那次在日内瓦的旅店里，也是好奇心和犹豫的结果，也不是毫不犹豫地献身于自己心爱的男人。

跟这种不诚实、嫉妒的管束和冷酷的算计相比，伯爵夫人虽然看起来不道德，但却是个有情有义，性格独立的女人。一旦她选择了巴尔扎克，她就会毫不犹豫，《幽谷百合》里可以找到她的影子。她才不会在乎别人怎么想她的事情呢。她跟他一起去音乐厅，带他到家中躲债，跟着他去乡下小住。她不会对丈夫隐瞒自己的行为，她也不会出于嫉妒而去侦查巴尔扎克。她给他自由，笑着看他和别的女人嬉闹。她没有对他撒过谎，也不会强迫他像对德·韩斯迦夫人那样表示忠心。虽然她比德·韩斯迦夫妇穷很多，但是却经常救济他在经济上的困难。她常常像真正的朋友那样用诚恳和自由的方式对他。只有这个听从内心的指导而不是用社会的束缚来约束自己的人才能做到这些。

当然了，她这种随性的态度，让巴尔扎克没法隐瞒和她的关系。就算他不承认《幽谷百合》里描写的是他第一次见到伯爵夫人时的情景，他也没办法阻止德·韩斯迦夫人那些眼线们添油加醋的告状。遥远的乌克兰飞来一封封怀疑和谴责的信，巴尔扎克只好坚持说这只是一个普通朋友。为了让德·韩斯迦夫人相信，他还故意巧妙地去跟她赞颂这段友谊："你所说的维斯岗地夫人是个好人，很有爱心，她优雅而美丽，而且经常帮助我解决生活上的难题。她是大方的，坚定不可动摇的女人。不过她是个自信的人，她的家境并不十分富裕，但是他们的身份真是十分高贵……"他在结束的时候却感慨"不过很遗憾，我们不常见面"。

巴尔扎克好像也不太在乎她是不是相信他的话了，他的启明星已经因为距离遥远而不那么亮了。而且德·韩斯迦先生的生命倒是越发地顽强了。伯爵夫人又年轻又漂亮，并且随时可以见面，主要的是伯爵夫人也没有给他带来过什么困扰。之后的几年时间里他都和她在一起，不过经常写信骗骗德·韩斯迦夫人，放在她的小箱子里，让后人去欣赏。

德·韩斯迦夫人的理想就是当巴尔扎克事业上的导师，她了解他，而且在文学上也很有造诣。但是伯爵夫人更了解巴尔扎克人性上的需要。她知道他的疲劳他的烦恼，她知道该给他怎么样的快乐。出于对他的疼爱，她替他安排了一件可以恢复创造力的事，去意大利旅行。这是他和德·葛斯特丽夫人中断旅行之后一直在向往的事情，伯爵夫人会替他安排一切，不让他花一分钱。

桂都邦尼·维斯岗地·爱米里伯爵以前继承了他母亲的一笔遗产，他一直没去收，因为他对金钱上的事着实不感兴趣，其实他都放弃这笔钱了。伯爵夫人就提议他可以派他们的朋友巴尔扎克替他到意大利去收这笔钱，他相信巴尔扎克的能力。这位单纯的伯爵就同意了妻子的提议，拟定了一张委任状，巴尔扎克就带着足够的费用到他梦想的"爱情国度"中去了。

伯爵夫人对巴尔扎克的好远不只有这些。她没有陪巴尔扎克去意大利，因为她刚刚生孩子没有多久，这个孩子可能就是他们爱情的结晶。他也没有反对一个矮个子黑头发的漂亮小伙子陪他去意大利。这个小伙子的真实身份恐怕只有布伊松裁缝知道，因为曾带了一个黑头发的漂亮女人来让他做一套男装。巴尔扎克不是去他的爱情国度寻找爱情故事了，而是带着一段爱情故事去了。

巴尔扎克与情人交往的情形都差不多，他和这个新情人的见面也是通过写信。他跟她们结交还有一个相同因素是她们都结婚了并且有个随和的丈夫。这位马尔布提·卡洛琳夫人是李莫慈一个高级法官的妻子，她跟其他的绝望主妇们一样给巴尔扎克写信。那是在 1833 年发生的事，那时候巴尔扎克太忙了没有回信，她就去找一个替代，按照字母顺序在作家名单上"巴"紧挨着的就是"柏"，于是她就给圣提·柏夫写信，这和德·葛斯特丽夫人的做法竟然一模一样。圣提·柏夫是个很容易接近的人，他盛情邀请她来巴黎，她也接受了邀请。但是热情的女郎并不能在圣提·柏夫那里找到快感，虽然他曾为她写了十四行赞美诗。于是她又想在巴尔扎克那里试一试。巴尔扎克在德·韩斯迦夫人那里尝到了甜头之后，就对年轻的女人产生了兴趣，他没有拒绝这位热情的女子的追求。他们的第一次约会在战争街的化妆间里持续了三天，巴尔扎克觉得她非常符合自己的口味，他甚至邀请她一起到杜尔兰旅行。不过由于种种原因马尔布提夫人没能成行，但从那回来后，他又邀请她去旅行，不过这次是用另一位情人的钱到意大利去。她非常乐意扮成一个男跟班去，因为到浪漫的爱情国度也需要浪漫的爱情故事。

巴尔扎克的一位朋友看到了这出女扮男装的好戏，桑都·儒尔到卡西尼街来送行，他看见一个短发的年轻女郎驱车前来，轻车熟路地登上楼梯进到巴尔扎克的卧室里了。他还在暗笑朋友的新猎物时，发现一位漂亮的年轻男子穿着一件灰大衣从楼上下来了。男子把箱子拿下来放在等着的邮车里，箱子里装的其实是一星期的衬衣和一些女性衣物。巴尔扎克随即下楼得意扬扬地走到年轻人的身边，然后邮车就朝着意大利的方向出发了。

旅途从一开始就是愉快的，过程中还有一些有意思的插曲，这正好符合巴尔扎克的心意。大沙特勒斯修道院的僧侣们没有被青年马西尔的外表所蒙骗，他们拒绝两人留宿在寺院中。而那位马西尔美女就在附近的溪水中沐浴来报复这些出家人。《笑林》的作者找到了极大的快乐。他们驾车迅速通过了危险的先尼斯山，然后就到达都灵。

到了这里，人们以为他们会放下装扮好好地享受二人世界，哪怕住在一间没人注意的小旅馆里呢，也是正常的人会做的。但是巴尔扎克偏不这样，他来到王宫对面最大的一间欧罗巴旅馆。他租了两间挨着的房子，住了进来。第二天，新闻上就登载了他到来的消息，全都灵的人都去瞻仰他那著名的手杖，他的手杖跟他的作品一样出名。那些贵族们都派人送来请柬，每个人都想见他，还有几个人想办法给他准备了王宫的马车。

巴尔扎克开心地接收了毕埃芒贵族社会的邀请。但是他心里恶作剧的小魔鬼让他也带着他那女扮男装的朋友去。然后这就引起了新的传言，说马西尔跟歌剧《新教徒》里的马西尔一样是个女人。因为没人能想到巴尔扎克能够无礼地带着一个不知名的床头伴侣来到毕埃芒贵族的客厅里，所以又有新的传说开始流传了。大家都知道女作家乔治·桑是短头发，喜欢穿裤子，吸雪茄，时常换情人。而且最近她就在意大利旅行，所以很可能这就是她，在和巴尔扎克一起旅行。可怜的马尔布提夫人被当成了乔治·桑，被人们包围在中间，谈论文学问题，并且希望得到签名。

巴尔扎克一向喜欢恶作剧，但这种情景也让他觉得有点应付不来。他得赶紧从中摆脱出来。他知道应该在事情不能控制之前赶紧结束。于是就在办完了维斯岗地家的事之后急忙离开都灵，回巴黎去了。

他们的最后一站是日内瓦，这个城市在他的生命中曾经有过两次决定命运的时刻。他在这里受到了德·葛斯特丽夫人最后的拒绝，接受了德·韩斯迦夫人最后的投降。现在他又跟马尔布提夫人一起回来。他给德·韩斯迦夫人写信说他在这里追忆甜蜜的过去事，含泪思念远方的爱人，此外什么都没干。事实上并非如此，他在这里过得快乐极了，他没有着急回巴黎，而是在从日内瓦到巴黎的路上花费了十多天，每天都在不同的城镇留宿。没人会相信这些天他都在思念那远方的爱人。

8月21日他回到了巴黎，几个星期的快乐生活已经过去。他公寓的门上贴着警察留下的条子，办公桌上堆满了各种账单，刚到家他就听说了他的出版商魏尔特破产的消息。不过这一切对他来说都不是什么事。他早就从残酷的现实中知道，他每次的快乐自由之后都是更严重的压迫。不过在这些账单中还有一封德·贝尔尼·亚历山大写来的报丧信，信中说他的母亲已于 7 月 27 日去世。巴尔扎克这才受到了打击。几个月以来，巴尔扎克已经做好了听到这个噩耗的心理准备，在去意大利之前他去见她的时候，就觉得她已经没有力气去感谢他在《幽谷百合》里把她描绘成德·莫尔梭夫人。但是在她去世的那一刻他竟然跟一个毫无意义的女人在意大利游玩，巴尔扎克为此感到很惭愧。也许这个他人生中第一个给他爱情的人，这个比任何人都爱他的人被埋进坟墓时，他正在都灵贵族的家里谈笑风生。在她的坟墓前，巴尔扎克知道，他生活的一个阶段已经结束了，德·贝尔尼·罗尔的坟墓里也埋藏了他的青年时代。

第三节　出门远游

德·贝尔尼夫人的死是巴尔扎克人生中的转折点。她再也不能给他保护和鼓励了。乌克兰情妇和巴黎的情人也无法排挤他此刻的孤单与落寞，他有了一种新的感觉，这是一向乐观自信的巴尔扎克从没有过的，他感到迷茫而不知所措。他害怕不久自己就要衰老，没有能力去完成他伟大的事业。他问自己到底做过什么，他还要做什么。他从镜子里看到自己已经出现了斑驳的白发，这是他拼命写作和生活忧愁带来的结果。肥胖的身材，泛黄的脸色，虚弱的身体，这些都是他日积月累的劳累，缺乏新鲜空气和运动的结果。

　　这是他十七年来的生活方式，十七年他写了几十万张的稿纸，校对了几十万张样稿，写出了一部又一部的书。然而他完成的这些算什么呢？《人间喜剧》的计划那么宏伟，而现在他只完成了大厦的几根柱子，连大概的轮廓还没有。他还有那么多的时间完成这项大工程吗？他浪费的这几个月会不会给他带来惩罚啊？而且他的身体已经明显地出现了不好的征兆。头晕眼花，劳累之后的睡意昏沉，浓咖啡造成的胃病。难道不应该停止工作，休养生息，享受人生吗？还要听从那残酷的命运的驱使去不停地写吗？除了这个长眠于地下的女人，谁还能理解他那些自我牺牲呢？是，努力让他得到了好的名声，但那也是嫉妒仇恨的来源。他失去的却是最想得到的自由。七年前，背负着十万法郎的债务，他就开始一个人顶十个人的工作了，但是享誉世界、感动了数十万读者的三十部小说并没有解决他的问题，债务反而高了一倍。为此，他还得去讨好那些出版商或者编辑，还得应付那些债主，担心那些警察。如果没有自由的话，工作到死又有什么用呢？三十七岁的巴尔扎克看到了以往选择的生活是一个错误，他已经为了一个让人失望的事业而失去了自己的生活。

　　一个声音从心底高叫着让巴尔扎克改变生活方式，告诉他不要再为了那些看不见的女人们的崇拜而满足，而要去寻求真正的摸得着的爱情；告诉他离开书桌到外面去享受新鲜的景色，用欢乐去消除忧愁；告诉他去打破枷锁，在疯狂地努力之后呼吸一下轻松自由的空气。他已经有了未老先衰的征兆，生活每天都有不同的烦恼，他想要解脱。在三十七岁的时候，巴尔扎克比二十岁时对生活有更大的欲望。在德·韩斯迦夫人那里的成功增加了他的淫乐的欲望，他在一年中得到的爱情比过去的十年还要多。包括伯爵夫人和马尔布提·卡洛琳，还有年轻的布列塔尼贵妇，德·发勒特·黑莲和一位路易斯。他大多通过写信的方式勾引这些女人。他还成了某个奢华派对的常客，巴黎最出众的女郎都是这个派对的人物。此时此刻的巴尔扎克关注的已经不再是他的工作和名声了，他心底对自由的渴望，对享受的要求，对安逸的向往都一股脑爆发了出来。

追债的警察们已经发现了他在战争街的秘密住所，他不得不躲到小旅馆里去，不过就算在那里他也不得安宁。伯爵夫人最为人称道的一件事就是她了解他的需要，而不是想方设法地禁锢他。她能够看出他的苦恼忧愁。她从来没有用嫉妒和监视来烦他。她只给他有价值的东西。她用了相同的办法把他送到意大利去，让他过几个月没有忧愁的日子。1837 年 2 月 12 日，巴尔扎克横跨阿尔卑斯山，独自旅行去了。

异国的美景冲散了他的忧愁，巴尔扎克有个健忘的好习惯，在米兰住下的时候，他就已经忘记了巴黎的一切烦恼，而变成了那个各大新闻争相报道，短时内全城轰动的著名作家了。意大利几乎所有的王公贵族都向他致敬，军队的将军也为他服务，米兰最伟大的雕塑家请求给他塑像。后来巴尔扎克把这个雕像送给了桂都邦尼·维斯岗地·爱米里伯爵夫人而不是德·韩斯迦夫人。王子争着给他送礼物，人家还请他在王子和王妃的签名册上签名，这可跟在巴黎签欠条不一样，他为此感到无比骄傲和快乐。

意大利的作家们对巴尔扎克倒都是很冷淡，因为这个外国作家让他们受到了侮辱，而且巴尔扎克都在忙着认识那些贵族们，也没有时间搭理这些同行们。和孟楚尼的见面没什么结果，因为巴尔扎克没读过《订婚者》，所以只顾着谈论自己了。

虽然他忙于各种交际应酬，但是也没忘了来意大利的真正使命，他在办理别人的事上是很能干的。他竟然成功地解决了维斯岗地家多年未决的遗产问题。

到现在为止，一切进行得都很顺利。处理完了正事之后他甚至旅行到了威尼斯，这是他一开始想陪着德·葛斯特丽夫人后来想陪着德·韩斯迦夫人去的地方。

到那里的第一天他很失望，雨雪和烟雾覆盖了整座城市。但是当太阳升起的时候，他立刻被这座城市的美丽吸引了。他四处游览，去了威尼斯的博物馆、教堂、王宫和戏院。他在几天的时间里就把握了这座城市的灵魂。虽然他在威尼斯只待了九天，还有一半的时间在应酬上，但是在描写威尼斯的作品中，包括拜伦、司汤达在内，谁都没有他的短篇小说《杜尼·玛西美拉》那样深刻，而且这本小书是文学史上诠释音乐最完美的作品。人们难以想象在这么短的时间里，对威尼斯一无所知的巴尔扎克能够这样准确地看出这座城市的本质，他提炼出了意大利高贵多情的气质。对于巴尔扎克来说，任何东西只要一眼就能看出它的内在。

九天的威尼斯生活是他这次旅行的高潮。回到米兰他就没有受到上次那样的欢迎。他的单纯和善良让他在谈话的时候习惯相信任何人，他在别人面前毫不避讳地谈起自己所欠的债务还有写作所赚的钱。这个习惯惹恼了维也纳的朋友们，现在同样也引起了米兰人们的厌恶。但是让米兰的人们更受不了的是他竟然那么瞧不起本国作家拉马丁和孟楚尼。不幸的是，其中有位小作家在听到巴尔扎克对孟楚尼的批评之后，把它爆料给了报馆，这种对巴尔扎克的报复行为引起了他的愤怒。他决定立刻离开这里，到热内亚去。经过里维埃拉到尼斯旅行一遭。但是流行病突袭，巴尔扎克被人家隔离了，这表面上是件小事可后来却带来了大灾难。反正不知为什么，他也没有回巴黎，而是去了勒格红和佛罗伦萨。一直到 5 月 3 日，在离开了快三个月之后，他才回到巴黎。自从成为一名作家,这是他第一次有三个月的时间没有写一页书,没有校一页稿。但是他的内心异常满足。

当快走到巴黎城郊的时候,巴尔扎克的心情其实并不高兴,因为他知道在他这几个月的幸福生活之后,等待他的将是什么样的生活。办公桌上肯定堆着无数的账单,他的马车也早被人没收了,出版商一定正等着他《超卓的女人》的稿件,还有他旅行前和新的出版商订的合同失效了,还有魏尔特破产的时候别人不承认巴尔扎克开的支票。别人已经起诉他,并且要求逮捕,如果他被抓到的话,他就得去坐牢了。

当务之急就是避免被捕。他现在有三个住处,他在这时候竟然还能租到卡西尼街的房子,并且以"杜兰寡妇"和"麦志先生"的名义租着战争街和普鲁凡斯街的房子,真是有点不可思议。但是这些已经不管用了,无论多么巧妙地躲藏,那些暗号都被人识破了,他这几个住处也不能保护他了。就是躲到卡罗家去都不行了,早在他到达之前人们就能知道他的行踪。

走投无路的时候他不得已去找当时在《巴黎时报》担任秘书的德·柏罗瓦伯爵,请求他给他提供一间屋子,一张桌子,一张床,再加上点吃的就行了。他也不追求什么绸缎窗帘、大沙发和金削铅笔刀了。时钟又回转到十七年前住在莱斯底局耶尔街顶楼的日子了。

德·柏罗瓦不能够帮他,又是桂都邦尼·维斯岗地·爱米里伯爵夫人帮助了他。她不介意别人的闲话,把他带到家里来,把他藏在这里,不让他出门或者见客。这时他所能看到的唯一的风景就是从厚厚的窗帘缝里透出来的。但是巴尔扎克才不怕这种生活,尤其旁边就是他性感的情人的卧室。他在这里安心地住下来,热情地开始写作,短短两个月的时间他就完成了《儒僧庄一家人》《超卓的女人》《笑林》的最后几章，又写了短篇小说《冈巴拉》。

如果不是有一天警察突然到来打破了宁静，巴尔扎克真的会这样继续生活下去。有人向警察告了密，伯爵夫人的情敌可能就是怀恨巴尔扎克没有再次带她去意大利的马尔布提·卡洛琳。这些人站在伯爵夫人的客厅里要求要么立刻还款要么去监狱。伯爵夫人的仁慈又一次经受住了考验，虽然她并不富有，但她立刻还清了那些债，把他们打发走了。

令巴尔扎克苦恼的是，伯爵夫人勇敢的行为立刻就变成了新闻，这个事实成了报纸上的白纸黑字。还在演着孤苦戏的巴尔扎克不得不赶紧向德·韩斯迦夫人做出解释。在信里，巴尔扎克保护着这个救他的妇人，没有透露她的名字。在伯爵夫人和巴尔扎克的关系里，她只有勇敢和慷慨。

在巴尔扎克失意落的时候，总有一个女人来帮他。现在他解除了警报，可以昂首挺胸地走出避难所。现在他可以到好朋友马尔冈家里去了，他可以在那里工作，没有人会影响他，也用不着花任何的食宿费用。他又可以拿伟大的著作来回击外界的压力了。在伟大的中产阶级作品《毕骆都·恺撒》里，他描写了一个单纯的人怎样卷入商业投资而欠了许多债的故事。巴尔扎克把自己以往岁月里所忍受的苦痛和屈辱都写在这本书里，这本书描写了一个从没被注意过的世界。借钱的失望，朋友的无信，债主的刻薄，律师的狡猾和法律的呆板，这些因素集合在一起就造成了一个悲剧。再加上许多伟大的小说，巴尔扎克又一次成功地控制了自己的精神，在苦难中成功地获得了艺术的升华。

秋天，巴尔扎克神清气爽地回到了巴黎。

第四节　房子与银矿

1836年和1837年是巴尔扎克人生中最低潮的两年，一个接一个的打击接踵而至。以一般的标准来说，1838年是他最后的转折点。前面一年，伯爵夫人替他处理了最紧迫的债务，而且他的《毕骆都·恺撒》也给他带来了前所未有的收获，以前的法郎比现在值钱得多，还没有所得税这一说，只依据册数提取两万法郎的税实在是个大数目。读者对他的喜爱加上他自己的创造能力，一年赚个六到十万法郎是很容易的。现在他的小说一年比一年畅销，再加上全套出书的准备还有他在欧洲大陆上的知名度，他现在的处境要比任何时候都要容易走上正轨。但是只要形势稍微一放松，他就开始放纵自己从而带来新的麻烦。在他的小艇刚刚要看见港口的时候，他自己就掉转航向，往暴风雨里驶去。1838年，当他的事情慢慢步入正轨的时候，他又因为两个愚蠢的想法把事情搞得一团糟。

巴尔扎克做的那些蠢事都有一个规律，就是在一开始的时候都是很合理的。他的投资都是建立在全面的考察的基础上，经过细心算计的结果。就像他的印刷厂和铸字厂一样，后来都证明那是有利可图的。他那个优秀的编辑部团队完全有可能把《巴黎时报》变成法国最具影响力的报纸。把事情搞砸的是他急躁的性格，这种性格让他总是大张旗鼓地做任何事，而没有保持冷静的头脑去实施计划。作为一个作家他这种波澜壮阔的性格，到了具体的事情上就把一切都搞砸了。

巴尔扎克的第一个计划就是找一个可以安心工作的地方，这是出于他艺术家的追求。多年以来，他都有一个美好的愿望，那就是在碧绿的田野上盖一座房子，就像伏尔泰的德里斯别墅、卢梭的孟莫莲西别墅、柏特拉尔克的芜克鲁斯别墅，可以不让人影响他安静的工作。最初的那几年，巴黎就是他最好的隐身地，他可以在那里观察别人的生活而不被打扰。现在他自己已经变成了一个被观察的对象，他的私生活被人们紧紧地关注着，还有那些记者和债主们总是接连不断地来到家门口，他觉得自己受到了限制，无法集中注意力搞创作了。

那他为什么还要继续待在巴黎呢？现在的他早就不用亲自出马去和出版商或者到编辑的办公室里去谈判了。既然国王可以在凡尔赛或者布鲁瓦统治国家，那么巴尔扎克为什么不能在幽静的山村里统治舆论和读者呢？现在他已经不愿意跟马尔冈一家或者卡罗一家一起住了。三十八岁这一年，有一所属于自己的房子成了巴尔扎克最大的愿望。几年前他在家乡杜尔兰看中了一座房子，他希望能够在这里工作同时保留巴黎的房子，但当时他一直没有凑够钱。他决定要俭省地生活，他的冒险行动的第一步往往是缩小预算，他放弃了要有两所房子的想法。在郊区拥有一所房子，既可以免于被那些事耽误时间，到市里办事又方便，这不是两全其美吗？

他不用再费劲地亲自去寻找这样一个地方。以他的好记性不难回忆起曾经一瞥而见的每一座房屋。去凡尔赛旅行的过程中，施维尔山谷和达芜雷镇已经深深地印在他脑子里，他只是希望这里能再有一个"瑞士山谷的新鲜空气，景色，香气和绿草"的地方。如果能在疲劳的工作之余，站在施维尔山巅，浏览着广阔的山景和蜿蜒的塞纳河，周围是花园和田野，而又离巴黎很近，这将是一件无比美妙的事情。在这个地方盖一座小房子，简单地装饰一下，建成一座合心意的小房子，一座可以安心写作还不用担心房租的小房子。

他习惯性地迅速做出决定并且行动起来，在这个小山村里找到了一座简陋的小屋。1837年9月，他从发勒夫妇的手中花四千五百法郎买下了这座房子。从巴尔扎克的角度来看，这是一笔很小的投资，而且是一次非常谨慎的交易。对一年可以赚到五万到八万法郎的人来说，花四千五百法郎买到这么好的一块地方，应该是件好事。三四个星期他就能把这笔钱赚回来，还能实现多年的梦想。

不幸的是，每到这时候，巴尔扎克就忍不住翻倍地往里投钱。他才刚刚拥有了这块土地，他就又有了一种使其扩张的欲望。不知道从什么得来的消息，说是到凡尔赛的铁路要从这里经过，并且要在这里设立一个车站，他的直觉告诉他，不久的将来这里的土地将会非常值钱。他要做的就是去买更多的地，然后他就行动了。不过他再次因操之过急而失去了分寸。这里的农民和地主发现他可以随意地出价买地。他早就忘了小茅屋的梦想，他现在要占据大片的土地，几个星期之内他的土地就扩大了好几倍，这些花了他一万八千法郎，而他从来也不叫专家来考察这些土地，甚至自己都懒得去看。

只要是欠债的方式，巴尔扎克都不把花钱当花钱，他还在为自己当了地主而开心呢。在开始盖房子之前，他从没担心过钱的事。不管怎样，他那可以点石成金的笔是随时可以创造财富的。而且他将要在这块土地上栽种的果树也能带来收成。如果种菠萝会怎么样？因为在法国还从没有人想过要在温室里种植菠萝，而避免去进口。他将这个想法告诉了朋友高提埃，并说如果进展顺利的话他可以净赚十万法郎。实际上他不用投一分钱，因为他已经说服了维斯岗地夫妇来参与他伟大的事业。他们会住进他的旧房子，还将付给他一些租金，那还有什么后顾之忧呢？

巴尔扎克什么都不用想了，他就等着新房子建起来，然后搬进去了。这里开始出现了一大批工人，建筑工人、木工、园丁、油漆工都在紧锣密鼓地工作着。工人们筑地基、打墙、铺石子路，还种了四十棵苹果树和八十棵梨树。一夜之间，这个遥远的小山村就因巴尔扎克而变得喧嚣了起来。时间一天天地过去，巴尔扎克每天都喘着气爬上山去监工。他发誓无论花多少钱，1838年春天必须得完工。如果可能的话，他甚至想让那些果树立刻结出果实。

工程的进度一直在持续，转眼到了冬天。房子越盖越高，花费也越来越多，巴尔扎克开始有点忧虑了。《毕骆都·恺撒》的版税已经花完了，能订出去的书稿都订出去了，再没有地方能预支稿费了，他自己也因为忙着房子的事没法写作。这个时候巴尔扎克又开始犯老毛病了，总是想拿更大的扩张来挽救小的风险。他现在唯一的想法就是开辟一项能够拯救他在土地投资上的风险的新事业。十万法郎的亏空不能靠节约或者写作赚回来了，必须得一步到位，巴尔扎克又找到了一个好方法。这边的事还没有办完，巴尔扎克却突然失踪了，没人知道他去了哪里，他只是说："我可以自由了，不必再担心，不必为生活发愁了，我要变成一个富人了。"

真的很难想象巴尔扎克又发明了什么方法来迅速变成富翁。如果这件事是一部小说的话，那一定会被批评为缺乏逻辑性。只有巴尔扎克才能干出这样的事。如果不是有详细的记载，人们恐怕都难以相信这是真的。但是在巴尔扎克身上还能找到很多类似的事，这个能在虚构的世界里掌控一切、看透一切的人，但在现实的世界里总是这么天真这么幼稚。他在写小说的时候逻辑那么清楚，但是在现实生活中却很容易被骗，还特别容易就把钱花出去了，而且他从不吸取教训。

1836年夏天，他在《卡因·发西诺》里曾经写过这个故事。他写道他在一次参加婚礼的时候遇到了三个音乐家，其中一个吹铜管的老人深深地打动了他。这是个八十岁的老人，双目失明但脑筋清楚，他敏锐地感觉到这个老人身上有不同寻常的故事。交谈中，这位老人借着酒劲告诉他，他是卡因王室的后裔，曾经出任过威尼斯上议院的议员，曾经坐过牢，当时他正打算打破狱墙越狱，却无意中发现了古罗马官员的坟墓，里面堆满了金银。只有他一个人知道怎么找到那里，但是多年的牢狱生活让他双目失明，也就没办法去了。但是他还记得在那里，如果有人愿意跟他一起到威尼斯去，那么他们两人就会成为世界上最富有的人。他激动地握住了巴尔扎克的手，请求他到意大利去。

这个故事很多人已经听过了，大家都嘲笑这个老人。巴尔扎克也不愿意花那个钱，况且宝藏的事也不知道是不是真的。后来老人没有去寻找宝藏，而是死在了盲人院里。在小说里，巴尔扎克把自己描写成一个和正常人一样有理性的人。但是不到一年时间，他把这个虚构的故事变成了现实。

1838年第二次去意大利的时候，巴尔扎克曾经被隔离在热内亚的医院里。隔离就像坐监狱似的，很不自由。他不能写作，不能出去逛，只能在医院里跟别人闲谈。那时候他认识了一个叫柏西·基乌斯比的商人。他无意中告诉巴尔扎克他在当地挖出了宝藏，不过他没有任何诱骗巴尔扎克的意思。他说，人们都认为萨丁尼亚的老银矿已经被罗马人采尽了。事实上，以古罗马人的技术只能开采出少量的银，在人们注意不到的地方实际上还有大量的白银，可以用现代的技术提炼出来。如果有人费点劲获得了开采权，不久就能变成一个富翁。

　　柏西先生就这样跟在座的人闲聊着。不过他说的倒是实话，先进的冶金术能够把很多年前人们放弃的矿藏重新进行有效的开采。不过他可没想到，他这是点燃了一个火药桶。巴尔扎克当时仿佛就已经看见闪光的银子被提炼出来变成了成千上万的银币，他陶醉在这银色的梦中了。他立刻督促柏西邀请化学家去鉴定那些矿山，计划去筹集一些资金，那么他们两人就会变成大富翁，拥有难以想象的财富。看到素不相识的巴尔扎克先生这么热情，目瞪口呆的柏西先生退缩了，但是他答应巴尔扎克会去做这件事，并且给他寄点矿砂去。

　　从那时起，巴尔扎克就生活在一种幻想里，他认定萨丁尼亚的银矿将会拯救他，可以供给他新房子的费用，并且可以付清他所有的债务，让他变成自由的人。他曾经在小说里把老人和宝藏的故事看成是个笑话，但是现在他自己却陷在同一件事情里了。他想等他写完《毕骆都·恺撒》，收到柏西先生寄来的矿砂标本的时候，他就开始全力以赴地集资，寻找技术人员了。

　　但是好几个星期过去了，好几个月又过去了。《毕骆都·恺撒》早就脱稿了，柏西先生还是没有把样本寄来。巴尔扎克开始感到不安了。他真应该自己去考察那些矿藏，现在那个家伙一定已经独占了采矿权而抛下他了。现在只有一件事可做了，出其不意地抓住他，自己去干。但是他没地方去弄那些路费和办事所需要的钱。他可以去找他的朋友，或者银行贷款，但是像他这么天真的人，他一直相信这个秘密只有他自己知道，他不能泄露出去。

　　他唯一信任的就是卡罗司令，因为他觉得这个有时候拿化学实验当消遣的人是个化学家，他有那种提炼金银的方法，而且不需要多大的成本。但是卡罗并不想陪他去，也没有投资的想法。

巴尔扎克向他母亲借了一些钱当作路费，因为他母亲对任何投资都是很有兴趣的。剩下的是拿克瓜尔大夫和裁缝给他凑了点钱。1838 年 3 月，他就动身去萨丁尼亚占领银矿了。

毫无疑问，这件事最后一定是个笑话。其实巴尔扎克在直觉上没有错，但是就算这件事有希望成功，仅靠一个没经验的作家几天的观察怎么能判定这些矿山是不是能产生利润呢？他什么仪器都没带，就算带了他也不会用。他也没跟相关的专家讨论过，他的意大利语人家也听不懂。他不愿意把这个秘密告诉任何人，所以他也没带介绍信，他也没钱去打听消息，他更不知道到什么机构去申请开采权，就算知道了，他也不知道那些手续该怎么办。最重要的是他没有资本。一个有经验的专家还需要几个月的时间才能弄清状况，天真的巴尔扎克却只能依赖自己的直觉。

不管怎么说，巴尔扎克没有那么多时间去搞研究。对他来说，时间就是金钱，因为没有钱，所以得更加珍惜时间。他像往常一样地踏上行程，在巴黎到马赛的邮车里颠簸了五天五夜。因为资金有限，他每天只靠十苏钱的牛奶充饥。不过，这一路遭受的打击证明他这么着急根本没必要。他在马赛听说最近没有到萨丁尼亚的船，唯一的方法就是绕道科西嘉。在那里可能会有一条小船带他穿过海峡。这是他受到的第一个打击。他的心立刻凉了半截。途中他给珠尔玛写信说："用不了多久，我就会发现这一切不过是幻觉，这种事常常发生。一个人快要成功的时候，往往就开始走下坡路了。"

在经历了一场惊险的海上旅行之后，他抵达了阿查齐乌，路上他备受晕船的折磨。接着新的考验又来了，在这儿他又被隔离了五天，因为据说马赛发现了霍乱。这几天一过，他急着找一艘能去萨丁尼亚的船，这花了更多的时间。在这种烦躁的情形下他没法静下心来写作，于是他就勉强在附近游历了一番，游览了拿破仑的故乡，并诅咒骗他来这里受罪的柏西·基乌斯比。4 月 2 日他终于能坐上一条采珊瑚的小船出发了，在船上他们只能吃捕到的鱼。他的耐性在阿尔及埃罗又遇到了考验，在那里，又是五天的隔离等着他。最终，他竟然能够在 4 月 12 日得到允许登上这个千辛万苦来到的岛屿了。一个月的时间过去了，他还没有看到过一粒矿砂。

这时候银矿还在二十里之外的地方呢！自罗马时代之后，这里一切都荒废了，没有公路也没有马车。根据巴尔扎克本人所说，萨丁尼亚的人并不比原始土著文明多少。他们还过着衣不遮体的生活，屋里也没有火炉，没有饭馆旅店。所以多年来没有骑过马的巴尔扎克不得不把自己那肥胖的身体搬到马鞍上，一直到奴拉。到了奴拉，巴尔扎克的希望算是彻底破灭了。他来得太晚了，他也不需要观察银矿是不是有利可图了。柏西·基乌斯比收到了萍水相逢的巴尔扎克的鼓励，用那之后的一年半时间已经达到了目的。他在这期间上下疏通，直到获得了开采权为止。巴尔扎克来这一趟已经没有任何意义了。就像滑铁卢之后的拿破仑，他唯一的念头就是赶快回巴黎去，快回到自己那可爱的牢笼里。可是他已经没有回去的路费了，所以他只能先到热内亚，然后绕到米兰，以便用维斯岗地夫妇的名义借到路费。这次米兰之行真是一次悲惨的经历，没有欢迎仪式，没有贵族的邀请。6 月时，他好像丧家之犬一样回到了巴黎。

为了获得更多的金钱，他花费了三个月的时间和又一笔钱。他为了这次没结果的冒险拿自己的健康开了一次玩笑，让自己神经这么紧张。说起来真是个极大的讽刺，因为这件事跟他以往所有的计划一样，出发点是非常好的，他的直觉也都是很准的。但是到最后，这个银矿给别人带去了财富。这个银矿活跃了二三十年，产生了巨大的利润。1851年，那里有616名工人，九年之后，扩大到了2038名工人，又过了九年增加到了9171名。著名的银矿公司正在积蓄着巴尔扎克意料之中的财富。他的见地总是对的，但是他只能干写作这件事，一旦到了别的领域总会走向迷途。当他把自己的才华用在写作上，就能赚到钱并且带来名誉；但一旦用到投资挣钱上，只能增加他的债务，给自己添麻烦。

在还未离开巴黎时，他曾给珠尔玛写过一句预言："我并不害怕旅行，我只怕失败回来后的情形。"

他知道等待着他的将是永远还不清的债务、烦人的官司、做不完的工作，和他每次回到家的情形一样，只是这次情况更加艰难罢了。只有一件事鼓励着他去面对这些，他希望能躲到自己的新房子里去弥补这次的损失。但是这里一样是失望在等待着他。一切都没有弄好。这里还像之前一样荒凉，他的房子连个样子都没有，在这里他根本不能像想象中那样舒适地开始工作。那些工人们都在拿这个工程开玩笑。他忘了不是所有人都能像他那样保持效率。他开始急躁地催促他们，在最后一块板还没盖上的时候就急忙搬进去了。完全不顾医生说的住在还没晒干的房子里损害健康的忠告。他的家具陈设还没有搬过来，周围是喧闹的装修声，因为他们在修补旧房子以供伯爵夫人住。工人们匆忙地赶着铺石子路，筑围墙，这是很危险的。但在这种混乱中，巴尔扎克因为有了属于自己的房子而感到由衷的快乐。他声情并茂地向别人讲述了他的新产业，他房子所处的有利地势，房子四周的美景，他打算栽种的果园、花圃，将给他带来的利润。还有他房子的布局，简直是美轮美奂，他甚至希望自己可以在这里度过余生。

这是巴尔扎克眼中的新家。但是他的朋友和客人们却都不这么看。提到他的房子，无论是多么亲近的朋友都会忍不住发笑。他们说他的房子就像个小鸟笼子似的，在他所谓的花园里只有几棵小得可怜的树，没有任何其他的植物。十月份已经到了，接下来就是寒冷的十一月和十二月，但是工人们还在他的院子里忙碌着，因为巴尔扎克每天都能想出新花招。不是想给菠萝建暖炉，就是种上葡萄，要不就是建一个大石门，把"约尔地"刻在上面，然后再从石门建一条走廊直通房门。

他还要求工人们去装修旁边的旧房子让伯爵夫人住，他计划不久之后让伯爵夫人随他住到山上来。所有的钱都没有付清，除了那些欠款的利息，什么都没有从这伊甸园长出来。然后悲剧就开始接连发生了。

巴尔扎克沉迷于想象中的美景中，满脑子都是花园和葡萄树。他对这里的又松又滑的土地结构都没有请专家来考察一下。一天早晨他被一阵巨响惊醒，他以为是雷声，便赶紧跑到窗前观看，发现天空很晴朗。其实，把他惊醒的是他的围墙倒塌的声音。他感到很伤心，写信给珠尔玛说："你是我灵魂上的姐妹，我最深的秘密应该告诉你。现在我正处在最大的悲痛中。约尔地的围墙倒塌了。因为建筑师没有打下坚实的基础，这虽然是他的错，但也是我自己的责任。"

对巴尔扎克来说，围墙是不可缺少的。因为这是他与世隔绝的象征，也是他拥有土地的证明。他立刻召集工人来进行重建。但是没多久，在一个下雨的夜晚，他又被雷声惊醒了，他的围墙又倒塌了。这次更加麻烦了，因为滚落的石块压到了邻居的田地里。邻居叫嚣着要去告他，并拿这个恐吓他。这个就是他的小说《乡下人》故事的来源，他写的故事总是他自己深刻的人生体验，他还得忍受全巴黎的嘲笑。每种报纸都报道了一些关于他的房子的事情，甚至有报道说他忘了装楼梯。那些来实地考察的人，回去添油加醋地告诉别人他们得冒死爬上一堆废墟。他们的故事比巴尔扎克花园里的植物还要茂盛。

巴尔扎克把自己隔离起来了，他不再欢迎任何人来拜访，但他还是没成功。他的老朋友——讨债的警察们翻山越岭地搬走了他所有值钱的家具，给他留下了更大的空间。在这个他用来隐居的地方，一切悲剧又开始重演了。当巴尔扎克的瞭望台报告说附近有陌生人徘徊的时候，巴尔扎克就赶紧把所有值钱的东西都搬到伯爵夫人的房子里去。等警察们发现这屋里只有一张破桌子和一张铁床而走掉的时候，巴尔扎克又快乐地继续生活了。

几个月的时间里，巴尔扎克都在用这种方法同债主们做斗争。他在这个过程中感到了一种奇妙的快乐，和他们斗智斗勇让他在悲惨的生活中找到唯一的欢乐。但是他最后碰见了一个真正难缠的高布色克，也许他就是在巴尔扎克的小说里学会了如何去欺骗欠债人。在那些幸灾乐祸的人的欢庆中，他提起了诉讼，但是他控告的并不是巴尔扎克，也不是伯爵夫人，而是无辜的桂都邦尼·维斯岗地·爱米里伯爵，他控告他私藏巴尔扎克的家产，并且把它们运走，他侵害了债主们的利益，必须赔偿。

这是巴尔扎克梦想结束的时刻。他在这个新居上花了十万法郎，比买一栋房子的钱还要多。而伯爵夫人也不堪其累，他无边的经济问题给他们的关系带来了阴影。巴尔扎克不知道该怎么办了，但是他还没有放弃当地主的梦想，他试图用计谋把手里这块地卖一万五千法郎，但也失败了。于是他只好再次躲起来了，这次他选择的是巴士街的一所房子，这里是我们今天还可以去参观的光荣的"巴尔扎克故居"。

第五节　尝试戏剧

"我的生活，我的债务，我的工作，都在朝着不好的方向发展。"巴尔扎克这句话总结了自己四十岁时候的生活情境。他在约尔地费力不讨好地浪费了三年时间。他从来没像现在这么努力地工作过，但是他自己也承认一年五本书根本付不清六位数字的债务。就算把他现在正在做的工作都算上也不够。他甚至替一个想得奖的人代写了一本书。多么可悲啊，巴尔扎克在声望最高的时候为了钱出卖自己的文采。他需要的钱已经不能用平常的方式去赚了。他需要一个奇迹，萨丁尼亚的银矿已经离他而去，他必须去再找一个富矿，这个富矿就是戏剧。

巴尔扎克其实并不想去写剧本，这只是不得已的办法。他清楚地知道自己的使命是去写作《人间喜剧》，他也不擅长写剧本。他的小说最大的特点就是描写人物性格与环境的关系，人物性格逐渐的变化，而不是靠戏剧化的场景来突出人物性格。他在写作的时候，才思像洪水一样奔腾，所以他需要宏大的篇幅，所以他每次把自己的小说搬上舞台都会获得失败，这也不是偶然的。有限的舞台不能够完美地表现他的人物，因为这里没有足够的空间去发挥复杂的逻辑。

但是由于他的艺术才华和努力，他也能够像小说一样掌握戏剧的技巧。但是全神贯注于戏剧并不是巴尔扎克原有的计划，不过如今他的梦想早就不复存在了。他不过是把戏剧看成是一个赚钱的手段，这是经过深思熟虑的结果。就像他种菠萝一样，他也没有在上面真正的加上艺术价值。去萨丁尼亚之前，他就告诉卡罗·珠尔玛说如果他失败了，那么回来后就要全心全意投身于戏剧。

除了这最后的选择，他已经什么都没有了。他希望从这上面获得他的小说的更多的利益。他已经想到了一种能够带来十到二十法郎收入的可能性，虽然刚开始不一定能这么成功，但是每年写十几部的话，那么最后的胜利就能得到保障了。

他这样去算计输赢就可以看出巴尔扎克对待戏剧创作的出发点多么地不端正。他是要跟一个赌徒似的把剧本投出去。胜负就要看运气了。最重要的一步就是要先找一个剧院的老板，跟他签合同然后预支大量的稿费。做到这一点之后剩下的事就简单了，在约定的时间交出剧本就行了，这跟费大力气说服一个剧院老板比起来简直太简单了。巴尔扎克从来不缺这些，他的抽屉里还有他早年完成的十来部剧本呢。他可以随便雇一个人来，给他讲讲剧本的布局，然后等他弄完了再花点时间去润色一下。这样三四天就可以完成一部剧本。他随便整理出几十部剧本，再花大力气去干正事，写那些细心构思的小说。

虽然巴尔扎克计算着戏剧带来的巨大利润，但他从来没认真想过写戏剧的必要条件。他也没去请教一下熟悉舞台设置的人。他胡乱找了一个助手就要开始写戏剧。他找到的那个人是个穷困的波希米亚人拉塞伊·查理。这个人从来没跟戏剧有关的事打过交道，他什么才能也没有。不知道巴尔扎克是在哪里捡到这么个人，他像个神经病一样板着脸，满面愁容，鼻子很大，一头蓬乱的头发披到肩上，简直就是一幅活漫画。巴尔扎克可能是在大街上碰到了这么个人，他也没问问他的才能是什么，就简单地把这个迷迷糊糊的人拉回约尔地去了，而且决定当天就写一部悲剧，结果可想而知是个大笑话。

这个人跟着巴尔扎克到家的时候还一点都不知道自己要干什

么。他甚至都不知道什么是戏剧，更别说是写一部剧本了，虽然巴尔扎克在路上一直拿他伟大的计划轰击他，但是回到家之后马上给他准备了一顿丰盛的饭菜。这位客人拼命地喝酒，好像没见过酒一样。他被这热情的招待感染得兴奋起来了，可是刚吃完饭主人又让他去睡觉。

拉塞伊的生活规律一直是很正常的，他从来没有六点钟就开始睡觉，但也不敢违抗命令。他被带到自己的卧室，乖乖地钻进被窝睡觉了，多亏喝了那么多酒，不一会儿他就睡着了。

半夜，睡得最熟的时候，拉塞伊被人猛烈地摇醒了，他看见巴尔扎克穿着一身白袍子像个鬼一样站在他床边。巴尔扎克命令他快点起来，该工作了。

拉塞伊叹了口气，然后清醒了一下脑子。他不能反对雇主的意志。巴尔扎克在自己的桌子旁给他放了一把椅子，一整个晚上他都耷拉着眼皮，精神恍惚地听着巴尔扎克解释他要创作的戏剧。然后巴尔扎克又让他去睡觉，白天巴尔扎克写他的小说，拉塞伊就写剧本，晚上他把剧本交给巴尔扎克，两个人一起修改。

午夜再次来临的时候，拉塞伊就开始害怕了。他惶恐地等着那个时刻，他睡不着了，写剧本的痛苦甚至都超过了睡觉的欲望。晚上再次讨论的时候，巴尔扎克批评了他，又给了新的指示。过了两三天，他的脑子就觉得不够用了。巴尔扎克的美味佳肴也没有滋味了，前半夜他眼巴巴地躺在床上睡不着觉。终于有一天，当巴尔扎克再来叫他的时候，发现他已经走了，留下一封信："我不得不放弃您好意委托我的工作了。我想了一天也不知道怎么写，我完不成您的戏剧计划。我不敢当面跟您说这些，留在这里也没有什么意义了。不过我也为自己没用的脑子毁了自己的愿望而感到失望，我本来以为意外的幸运能改变我的命运。"

　　这时候，巴尔扎克来不及再去找一个帮手了，为了拿到复兴剧院承诺的六千法郎，他不得不自己亲自动手了。在他快写完这部《第一小姐》，后改名《家政学校》的剧本时，他雇了不下二十个工人来排版，以便尽快交稿。但是在剧院老板那里，小说家的面子又不管用了，他们只关心上座率。他们婉言谢绝了巴尔扎克。巴尔扎克这个赚钱的美梦又被现实击溃了。他只能给自己的《幻灭》再加一章了。

　　如果换一个人肯定会灰心丧气，但是失败对巴尔扎克来说只是更加激励他的努力。他的小说最初不也是总失败吗？他甚至觉得这次的失败是未来成功的保证。他给伯爵夫人写信道："我在戏剧方面走的跟小说是一条路，我的第一部剧本一定会被拒绝。"所以他继续努力，再去寻找新的机会。

　　只要巴尔扎克觉得简单地把对话演出来就是剧本的话，那么他的剧本永远不会有什么希望。但是他倒是签了一份不错的合同。他从第一次的经验中决定不要再受被拒绝的侮辱。他听说圣马丁剧院的老板哈勒尔正在寻找好的剧本，他就提议把他的伏脱冷改成剧本，哈勒尔十分高兴，因为《高老头》和《幻灭》已经让伏脱冷变成了一个名人，他出现在舞台上，如果由勒麦特尔·服勒特列克来扮演的话一定会轰动的。签订了合同，双方都感到高兴，以为金钱就要随之而来了。

　　这次，巴尔扎克下了更大的功夫。他离开约尔地，到李慈刘街他的裁缝朋友家里居住，这里离剧院只有几分钟的路程。他的目的是参加所有的排练，给即将到来的盛大场面铺路。他在报纸上开始大规模的宣传，和演员们讨论他们的角色。人们每天看到巴尔扎克穿着工作服，粗布裤子，光着头，趿拉着鞋，喘着粗气走到剧院布置一切，给他的朋友们留好包厢，他相信全巴黎的名流都会来出席他的初演。在他无比忙乱的时候，他好像忘了一件小事，他忘了写剧本了。他曾经给老板叙述过剧本的梗概，现在每个演员都安排到位了，就等着第一次排演了，人们就等着他的剧本了。巴尔扎克承诺二十四小时之内就交出剧本，第二天就可以排演。

高提埃·提奥飞尔是在他同时代人中给我们提供资料比较真实的一个人。他告诉我们巴尔扎克是怎么在二十四小时内完成五幕戏剧的。他请了四五个亲近的朋友到布伊松先生的家里开会。高提埃是最后一个到的，巴尔扎克穿着白袍子，像个狮子似的在屋里走来走去。对高提埃说道："嗨，你来啦，提奥，你这懒小子，总是这么晚，你一个小时以前就该来啊。我明天早上得交上一部五幕剧呢。"

接着，大家就开始开会了，高提埃在他的《人物志》里记下了会议的经过。总之，在座的几位朋友每人负责一幕，在一天的时间里凑齐了五幕剧，人们写得也不怎么认真，当然，巴尔扎克第二天并没有敢把整个剧本给哈勒尔。反正在法国数百年的戏剧史上都没有巴尔扎克的《伏脱冷》这么草率的剧本了。但是哈勒尔却在广告中宣称这将是一部杰作，而且热情的作者已经卖出了一半的座位，但是前三幕人们都反应冷淡，甚至一点喝彩都没有。他的朋友们看到他这样的结果也都感到同样的难堪，今天这位伟大作家的全集里还印着这部可笑的作品。到第四幕的时候，出事了。为了把伏脱冷打扮成一个墨西哥将军，演员选择了类似于菲利普·路易国王的假发，座位里的保皇党开始吹口哨表示不满，奥里昂王子也愤然离去。公演以闹剧结束了。

第二天，国王就下令禁演这出戏，为了防止巴尔扎克闹事，文化部想要私下给他五千法郎的补偿，但是巴尔扎克高傲地拒绝了，为了在失败中得到精神的胜利。但是这样惨痛的失败还是不足以给他一个教训。他又在戏剧这条路上尝试了四次。写得比较好的《桂诺拉的富源》和《基罗·巴梅拉》也失败了，还有《继母》也是一样。唯一一篇成功的《阴谋家》却是在他死后才开始上演的。他痛苦地想起了诗人海涅给他的忠告，在《伏脱冷》公演的那天，他在马路上碰到海涅，海涅劝他坚持专心写小说。

约尔地的房子，萨丁尼亚的银矿，写剧本这三件事证明巴尔扎克到了四十岁的时候办事能力比十年前甚至二十年前也没有多大长进。事实上，他的疯狂行为远不止是这样，他似乎还有个更大的可笑的计划。但是我们今天隔了这么多年去看他，就不应该与同时代的人一样盲目地看到他的缺点，而忽视他那伟大的心灵的光辉。

就在他被人们嘲笑奚落，在约尔地进行各种计划，戏剧遭到巨大的失败的这些年里，他从来没有停止过《人间喜剧》的创作。他创办报纸、买地投资、卷入诉讼都没有阻止他把经历贡献给他伟大的事业。在工人们在外面干活的时候，在他的围墙倒塌的时候，他完成了《幻灭》的第二部，还在写着《烟花女荣枯记》《古玩陈列室》，又构思了一部《蓓阿特丽斯》。他还写了完美的政治小说《一桩可怕的事》和写实小说《打水姑娘》，还有《两个新嫁娘的回忆》，短篇音乐小说的杰作《杜尼·玛西美拉》《错误的情妇》《于絮尔·弥罗埃》《马尔卡斯》《毕爱丽黛》《夏娃的女儿》《卡迪央王妃的秘密》《地区的才女》《加尔维尼教的殉道者》和《比埃尔·格拉苏》。另外，他还写了十来篇小品文，构思了《乡村的教士》的格局，《夫妇生活的小悲剧》也写了一点。

在这不平静的四年里，他的文学作品的数量和质量可以和其他作家毕生的成就相比了。外在世界的苦痛丝毫没有影响他的创作。在他的作品中我们一点也看不出他在现实生活中的性格。这其中的很多作品在风格上超过了他以往的作品，克服了以前繁复冗杂的语言风格。他的悲惨经历仿佛去掉了他早期的浪漫和感伤情调。他积累了苦痛的人生经验，他的作品也变得真实深刻了。他的敏锐和怀疑精神使他触到了社会组织的核心，他对社会成分的认识也渐渐地有了先见之明。四十岁的巴尔扎克比三十岁的时候更接近现代社会，十年的时间使他的意识成长了一百年。

　　虽然这个时期巴尔扎克受到那么多的困扰，又取得了那么大的文学成就，但是他的力量远远没有用尽。在他埋头工作的时候，他的眼睛还能从厚厚的窗帘望出去，时不时地发挥力量去做点什么事。那时候，巴黎一部分作家为了维护自己的权益而联合起来，组织了一个软弱的小团体，叫"作家协会"。成员们偶尔坐在一起开开会，通过一些议案，但总是不去执行。巴尔扎克首先感觉到如果这些作家们真的联合到一起，意识到自己的使命，那么将是一种的强大力量。他又立刻开始着手去把这个松散的团体改造成保护作家权利的有力武器。

　　巴尔扎克在愤怒的时候往往最有力量，而且他发怒也是有道理的。因为他写的每本书在刚刚出版的时候，就被比利时人拿去翻印成盗版，人家不会给他任何报酬，却向整个欧洲大量的输送这些便宜得多的盗版书，因为他们不付版税，而且可以用粗劣的纸墨节约成本。巴尔扎克也不把这件事当成个人的得失，而是把它当成作家这个职业的名誉来看待。于是他就起草了一个《作家协会法典》，这部法典是十分具有历史意义的，相当于《人权宣言》在法国的地位，《独立宣言》在美国的地位。他开始发表演说，呼吁作家们团结一致维护自己的权益，但是他的努力又失败了。他要反抗的势力太强大了，他就退出了社团，因为他们的社团太弱了，不够实现他的理想，也适应不了他的火暴脾气。

他在那个时代人们心目中的形象又因为另一件事受到了影响。他代替别人替一个新闻记者柏衣特尔做辩护。柏衣特尔因为杀死了他的妻子和男仆而被判死刑。这可能是一桩公正的审判。他曾经很穷，后来娶了一个富裕的妻子，这个女人的生活很不检点。据说她父母家的男仆就是她的情人，结婚后她就把这男仆带过来了。一天夜里她和男仆走在路上的时候被刺身亡。柏衣特尔经过严厉的拷问后承认是他杀死了男仆，如果只有这件事那么他可能会被判得很轻，但是他还面临另一项指控，蓄意杀死妻子，然后图谋她的产业。

巴尔扎克几年前跟柏伊特尔是同一家杂志的同事，同时他对这个案子的心理方面很感兴趣。也许他想学习伏尔泰在"卡拉案"的做法，还有后来左拉在著名的"德雷福斯案"里的发挥，做一个无辜公民的保护者。巴尔扎克放下自己的工作跟着卡发尔尼一起到柏里的死囚牢里跟柏伊特尔谈话。作家丰富的想象力让他认定柏伊特尔是出于自卫才开枪，无意中伤到了妻子，毕竟是在晚上。他马上给法院写了一份诉状，这份诉状充满法律的深刻见解和法学的逻辑。不过法院拒绝接受这份非官方的诉状。然后给国王的求情信也被驳回了。不惜时间、金钱和精力为一个在他看来无辜的人的辩护又以失败告终了，柏伊特尔也最终上了断头台。

但是，他还得再受打击。四年的时间早就让他忘记了《巴黎时报》的失败和赔进去的钱。而且他有着强烈的欲望去发表自己对文学、社会、政治的各种见解。他知道巴黎的编辑和出版商们不会让他自由地发表言论，他曾经发表一些见解独立的论点的尝试不是没人理睬就是被改得面目全非。如果不想让那些优秀的思想被淹没，那么就得有自己的发声平台。

这次他创办了《巴黎评论》，他相信这次一定能成功，因为他决定一个人负责所有的内容。巴黎和整个世界都会关注这位伟大的德·巴尔扎克·奥诺雷的时事评论、新书评，看他在自己的杂志里发表小说。他得把所有事都自己担起来，保证任何事都万无一失。他一个人干了五个人的活，从编辑到经营都包了。他校对稿件，跟印刷厂交涉，督促排版送报，从早到晚的在印刷房和办公室之间跑来跑去，或者卷起袖子坐在桌前赶一篇稿。他这样工作了三个月，写了得有够三四部书的字数。但最终还是效果平平，外界根本没什么人注意到什么《巴黎评论》，对他的高谈阔论也很冷淡。三个月后他离开了编辑部，他的努力又一次失败了。

不过，也不能说他一点成绩也没有。他在《巴黎评论》上发表的关于司汤达的《巴尔姆修道院》的评论文章，在法国的文学史上占有很重要的地位。他在这篇文章里展现了对艺术的充分尊重和他的真知灼见，对当时还没有名气的作者给予了高度赞扬。人们也难以在世界文学史上找到这样对同人表示友爱的例子。他的胸怀多宽广啊，把荣誉给予了这位竞争者，他的高度评价提前为司汤达赢得了文学界的名誉。为了更清楚地说明一下，可以把他们两人做一下对比：巴尔扎克的声誉早就闻名欧洲了。但是司汤达却不被人关注，甚至他死的时候，在讣告里他的笔名和真名都被登错了，人们从来都不知道有这么个作家。当时人们关注的都是卡尔·阿尔凡斯、查宁·儒儿、桑都、柯克·保罗这些人，这些人的作品现在我们都不知道了，但在当时却十分畅销。但司汤达的《爱情》只卖了22部，他甚至自己调侃说那是部没人看的天书，《红与黑》在他活着的时候也没有再版。

职业的文学批评家们都不知道司汤达。他的《红与黑》出版的时候，圣提·柏夫认为不值一提，后来他提到这本书时傲慢地说里面的人物都是死的，像机器人一样。《法兰西杂志》曾评价说："司汤达先生不是个傻子，但写了几部无聊的书。"歌德和爱克尔曼对他的赞扬都是在他死了之后好久才被人们注意。但是，巴尔扎克却在他早期的作品里看出了他的才华，还有他对人的心理方面的掌握。他就尽可能地赞扬这位只问耕耘不问收获的无名作家。他在《人间喜剧》里谈到爱情结晶的过程，这也是司汤达首先提出的，他还提到司汤达关于意大利的书。但是司汤达太耿直了，他不懂得依据这些点评去接近这位著名的作家。他甚至于都没有给巴尔扎克送去自己最新的作品。幸好他的好朋友把这些书介绍给了巴尔扎克，还请他关注这位怀才不遇的作家。巴尔扎克立刻在1839年3月21日回信说："我已经读过《修道院》了。知道吗？读这本书的时候我甚至产生了嫉妒之心。当我读到他对战争场景准确而出众的描写的时候，实在是受到了刺激。这正是我在《军旅生活场景》里梦寐以求的东西，但我遇到了困难。当时我迷茫苦恼甚至都快绝望了。我这是很诚恳地告诉您我的想法，这篇文章让我对自己的要求也严格了。"

如果是个心胸狭窄的人，看到自己想写的小说已经被别人完美地写出来了一定会很苦恼。巴尔扎克想写拿破仑战争，构思《战争》已经有十年了。他不想用传统的浪漫主义或英雄主义的方法去描写，他想要忠实于历史，描写真实的细节，表现时代特征。现在已经不能了，司汤达已经提前做到了。当然了，一个有思想的艺术家是大方的。他还有上百个题目要写，他不会因为别人写了他想写的东西而难过。所以他慷慨地称赞《巴尔姆修道院》，认为这是一部"有思想的作品"。

他精准地分析了小说的内在活动，指出了司汤达对意大利精神的深刻理解。这种评价在此后的评论中都没有能超越的。

巴尔扎克的评论打破了司汤达平静的生活，他感到大为震惊，甚至都不敢相信。他的作品一向遇到的都是恶评，可他所尊敬的人竟然给他这么高的评价。巴尔扎克把他当成同等的作家来看待，司汤达开心得快晕过去了："我真的大为震惊，我想没有谁的作品被这样评价过，而且是由最高的权威来评价。您怜悯了一个流浪街头的孤儿。"

他和巴尔扎克一样有艺术的长远眼光，他接受了这份友爱。他知道他们两人都是为后代人写作的："等到我们死了，我们就可以和这些人互换地位了。虽然我们活着的时候，他们站在统治地位，但以后，人们就不会记得他们。"

这两位不朽的作家在良莠不齐的文学圈里发现了彼此，他们惺惺相惜，心灵相通，他们知道自己该保持的立场。在无数的文学作品里，巴尔扎克偏偏选中了这部最不起眼的，他的直觉很少有这么卓越的表现。然而他对司汤达超高的评价却没有引起人们的注意，就像当时为柏伊特尔的辩护被驳回一样。他的热情又换回一场空。

一场空，一场空。这句话巴尔扎克经常对自己说，也经常在现实中经历。四十二岁的巴尔扎克已经创作了一百部著作，创造了两千多个人物，这其中许多会成为经世之作。他的大脑已经创造出了一个世界，但他所生活的世界却没有拿任何东西来回报他。四十二岁的时候，他比任何时候都要贫穷，住在莱底期居耶尔街的时候，他还有些幻想，现在他连幻想都没有了，他的努力根本没有带来任何回报，除了一直增加的债务。他曾经为自己建了一栋房子，也被人收走了；他创办了杂志，可是都失败了；他做了很多次投资，可是都打水漂了；他从政的梦想也破灭了；想进入研究院当学者，也被否定了。他做的事情最后都是一场空。他的身体和精神能经得住这么大的压力吗？他还能完成《人间喜剧》吗？他还能有像其他人那样不为生计发愁，可以开心的旅行的时候吗？巴尔扎克第一次有了气馁的感觉，他想离开法国，离开欧洲。他想到巴西去定居。巴西有个皇帝叫彼得罗，他或许能提供帮助。他找了很多关于巴西的书，梦想着将来能去巴西生活。事情不能按照他从前想象的那样发展下去了。他现在必须需要一个奇迹了，能够一夜之间就把他从水深火热中解救出来的奇迹。

但是，这个奇迹真的能到来吗？巴尔扎克也不敢相信了。1842年1月5日早上，他像往常一样结束了一夜的工作，正要离开书桌时，仆人送进来很多信件。其中有一封信是他非常熟悉的笔迹，但这次，信封上加了一个黑圈，印章也变成黑色的了。他撕开信，看到了德·韩斯迦先生逝世的消息。跟他发誓要在一起的女人，他永远要爱的女人，现在她已经是个寡妇了，而且继承了百万家产！被遗忘的梦想突然实现了。新的生活就要开始了！巴尔扎克最后的梦幻又开始了，这是他最后一个梦想了，他要在这快乐里度过余生！

第五章　人到中年

第一节　重拾旧情

1842 年 1 月 5 日对巴尔扎克来说是人生最后的转折点。梦想无意中变成了现实。从这时候起巴尔扎克就把注意力完全集中在这一件事上了。其实这时候他和德·韩斯迦夫人的关系已经很淡了，现在必须加以恢复，以便实现他们曾经的诺言。

要恢复以前的关系还得费一番功夫，因为在这几年里他们的联系已经很少了，通信也很形式化，毕竟有七年没见了。因为巴尔扎克经济困难，也因为他和伯爵夫人的关系，他没有去看过德·韩斯迦夫人，德·韩斯迦夫人也从没来和他见过面。

要想维系爱情，就要两个人亲密的联系，就像火焰燃烧需要持续不断的氧气。他们两个人的关系越来越冷淡了，虽然巴尔扎克还在信里保持着甜言蜜语，但是大家都清楚这些都不是真心的。德·韩斯迦夫人早就听说了桂都邦尼·维斯岗地·爱米里夫人的事，而他和马尔布提夫人的逸事早成了报纸上的消息，传到乌克兰了。德韩斯迦夫人对他不满和失望是难免的。他们的书信里开始有了间隙。德·韩斯迦夫人肯定把被骗的伤心都说出来了，也肯定表示了自己的不信任。而巴尔扎克在这种情况下肯定也说过一些伤害感情的话，表示他难以忍受她心安理得地在丈夫身边过着衣食无忧的生活还这样谴责巴尔扎克。两个人开始互相抱怨和争吵："请你不要管那些在水深火热中挣扎的人的闲事，无论是好心还是恶意，富人绝对不会了解穷人的悲哀。"

在这对七年没有见面的情人之间已经没有什么可说的了。德·韩斯迦夫人有个女儿已经长大了，她可以跟这个女儿谈谈心，不用再向巴尔扎克倾诉了，而且她的生活平淡到没什么事可跟别人说的。而在巴尔扎克这边已经因为漫长的等待而失去耐心了。他曾在1839年跟珠尔玛说如果遇到一个有十万法郎的女人就可以介绍给他。他已经不再做公主梦了，而且德·韩斯迦先生依然活得很健康的。他已经做好放弃的准备，而打算去娶一个真的能替他还债的人当正牌的巴尔扎克夫人，替他管理家事。四十岁的时候，现实主义者巴尔扎克已经放弃了那些非分之想，而回到了"一个女人一笔钱"的追求上来。

其实话说到这里，他们两个人应该早就完了，渐渐地也应该不再通信了，就好像巴尔扎克厌烦了卡罗·珠尔玛对他的要求一样。但是，他们两个人都不愿意断绝这个关系。从德·韩斯迦夫人的角度来讲，她十分享受这位当时最著名的作家对她的谄媚，这已经成了她生活中的一部分，她没理由放弃这满足虚荣心的机会。对巴尔扎克来说，他已经习惯了去顾影自怜，需要一个人去听他倾诉自己的工作生活中巨大的困难，而她又有保存他的信件的习惯，巴尔扎克也很享受这种有人把他的信秘密藏起来的感觉。

所以虽然联系得越来越少了，但关系还是没有彻底中断。偶尔也互相抱怨对方写来的信太少了。但是巴尔扎克却忍受不了德·韩斯迦夫人的这种抱怨。她怎么能跟他比写信的数量呢？她整天没事可做，有大把的时间可以荒废，而他却最缺时间，每天必须花十五个小时去写作。他给她写的每一封信都是从忙碌的写作和可怜的休息时间里挤出来的。于是，他毫不客气地告诉她，她收到的每一封信都是他损失了同样字数的赚钱的稿子换来的。所以他希望每两个星期收到她的一封信，而她却回答说只能收一封回一封。所以他就生气了："我终于发现你就是个平凡而渺小的女人。我不常给你写信你就不给我写了。好，我之所以不常给你写信是因为我没有邮资，我不愿意告诉你这些，我已经到了这种田地，甚至更严重，但这就是事实，令人讨厌的事实，就像你住在那么远的乌克兰一样不可改变。很多时候我一边走在马路上，一边吃一块面包。"

后来，这样的争吵越来越激烈，通信也越来越少。直到这封报丧信来之前，巴尔扎克已经有三个月没有给她写过信了。人们可以想象这一对情人开始互相刺激，互相斗争。他们都想把责任推到对方身上去，他们的感情激烈地开始，而且迅速地退热了。

其实他们两人都没有错，错的是他们一开始的打算。他们当初觉得只是暂时的分离，不久的将来就是永远的结合。就在他们苦苦等待着那一天的时候，德·韩斯迦夫人提出了自己的要求，要巴尔扎克对她忠诚。而德·韩斯迦先生又好好地活了八年，她的要求和嫉妒就变成了巴尔扎克的束缚，而遭到了直截了当的反抗。

但是巴尔扎克的坦白也没有换来她的谅解。虽然她能够理解他作为男人的需要，但是还是不能忍受他和其他女人胡闹。虽然他不是个特别花心的人，还是那么知名的作家，但是她总是责备他的轻浮。而她舒舒服服地生活在丈夫的身边没有做出任何牺牲，却要求巴尔扎克像和尚一样受清规戒律的束缚，不能有丝毫懈怠，然后等着她，也许等她的丈夫死了之后，她可以考虑要不要去回报他的坚忍。她当然有理由提要求，但他也有权利不受她的管束而保持自己的生活习惯。但他没有这样做，而是不停地隐瞒，把自己装成另外一个人。不知道是为了什么，他不能以惯有的勇敢去面对这个远方的女人。但是当他告诉她这不是在胡闹，而是真心地想去寻找一份安定的生活的时候，说的是真话。因为他真的厌倦了那种冒险生涯，经历了二十年的风吹雨打，他希望过上平静的生活。他已经有了太多经历，有了太多女人，这些女人都是过眼云烟。1839 年 9 月，他诚恳地告诉卡罗·珠尔玛："我发誓，我所有的野心，所有的幻想都不复存在了，我只想过简单平和的生活，一个有四十万法郎的三十岁女人，体态柔美外表优雅，只要她愿意嫁给我，我就会娶她，只要她愿意替我还债，我就可以在五年之内赚钱补偿她。"

其实这是他想象中的德·韩斯迦夫人，随着时间的流逝，他已经不把希望放在这个远隔万里而且不知道什么想法的人身上了。他的梦中情人又变成了那个让他倾吐衷肠的"无名女郎"。他已经不再相信能够当上德·韩斯迦夫人的丈夫了。但就在三个月后他收到了一封信。

当他打开那封信，读到德·韩斯迦先生已于 1841 年 11 月 10 日去世的消息时，他热血沸腾了，激动地手都开始抖起来。这件想都不敢想的事竟然发生了。他曾经发誓要娶的女人现在自由了。她终于成了一个寡妇，而且是个拥有百万家财的寡妇，这是他理想的妻子啊，贵族、年轻、聪明，能够配得上他，可以替他还债，培养他的天才，解除他的困扰，提高他的声望。他们曾经相爱过啊，在看到信的那一刹那，那消逝了的爱情又迸发出了光芒。这张薄薄的信纸已经改变了他的生活。他曾经渴望的一切现在都凝结在德·韩斯迦夫人身上了。他知道他现在只有一件事要做，那就是再去征服这个差点失去的女人，这次将是永远的征服。

他激动地给她写了回信，这封信倒是很坦诚，他没有虚伪地安慰这位寡妇，因为他知道她对这个不爱的丈夫的死没有多少悲痛。他也没有去表达对死者的哀悼。只是尽可能地表现自己想得到她的心情，但没有说自己有没有曾期盼她变成寡妇："亲爱的，对我来说，这件事虽然使我十年来所追求的事情到来了，但是我从来没有过其他想法，我可以在你和上帝面前发誓，就算在我最困难的时候，我也没有过非分之想。当然谁也不能阻止自己偶尔有些幻想，我常常想，如果和你生活在一起，我的生活该多么轻松啊。一个人没有了希望就不能维持信仰，保持内心的纯洁了。"

他现在可以没有顾忌的给她写信了，光这件事就使他快乐。他向她保证他一点也没有变，在新沙特尔会面之后，她就是他的一切，他请求她"写信来告诉我，此后你的人生将整个属于我，我们现在可以快乐地生活了，没有什么可以影响我们"。

紧接着他又写了另一封信。在一夜之间多年前的誓言就要兑现了。现在还有什么可以阻止他们呢？世间一切都开始变得有光彩了，连他自己也不例外。在一年前，他还把自己描述成一个浑身是病，焦虑忧愁，垂垂老矣的人。现在他开始给未来的新娘描绘他的健壮了。他的白头发又变成黑色的了，他的忧愁也都烟消云散了："只有几根白头发，因为我的生活方式，不过我的身体还一样健康，除了太胖，那是久坐不可避免的结果。我不觉得从维也纳回来之后我有什么变化，我还很年轻呢，虽然我一直过着严峻的生活。我至少还有十五年的自在时光呢，就像你一样，不过我愿意以十年的寿命换我们的再次相见。"

他已经迅速地想象出了自己未来的生活图景。他还劝德·韩斯迦夫人赶快把自己的女儿嫁出去，最重要的是找一个相当富裕，并且付得起一大笔嫁妆的人。那样他们两人就能毫无顾忌地在一起，过着幸福的生活了。他们可以马上行动起来了。他就要清理在巴黎的事务，然后到德勒斯登去，那里可以离她近一点。他已经做好一切准备，就等着她的召唤了。

他是在 2 月 21 日收到回信的，他已经等了六个星期，在信里她严厉地回绝了他的追求，冷酷地否定了他们曾经的誓约，拒绝了邀请他来身边的请求，还给了他不愿意要的自由。她坚定地说："您是自由的。"还做出了解释。她不再相信他，因为七年时间里他从没想过去看她，倒是去了意大利好几次，还不是一个人去的。所以他就在这件事还有其他一些事里伤害了他们的感情，一切都过去了。她余下的生命都要跟女儿在一起，谁也不能把他们母女分开。从回信里可以看出，她的言辞一定像一把刀一样锋利，一下斩断了他所有的希望。

德·韩斯迦夫人的拒绝是经过慎重考虑的结果吗？还是对他的试探？她的态度是故意装出来刺激巴尔扎克的吗？这是个非常难回答的问题，因为这涉及他们之间的复杂关系，还涉及她怎么看待巴尔扎克，需要细致的心理分析。问题远没有判断她到底爱不爱他这么简单。这样理解问题就片面了，这应该从他们这种内外都受阻碍和矛盾的复杂关系来理解。从爱情的角度来讲，一个女人如果真心爱他，绝不会是这个表现，所以德·韩斯迦夫人肯定对巴尔扎克的感情很淡了。德·韩斯迦夫人带有贵族的骄傲，有优越感有自信，又任性固执，她的爱情将是她来决定的。她从一开头就觉得他的社会地位低，配不上她，而且巴尔扎克也接受了她给的定位，自称她的奴隶，那时候他就宣布了自己愿意被她统治。在他和女人的关系里总是缺乏自信，所以也把自己放在德·韩斯迦夫人的统治下。他自己常常放低身段，否定了自己的尊严。人们悲痛地看到，如此伟大的作家居然七年的时间里都在卑躬屈膝，臣服在一个俄罗斯普通的妇女脚下。德·韩斯迦夫人最为后人看不起的一点就在这里。一个真正了解巴尔扎克的女人一定会因为这位伟人不合时宜的举动而难过，进而会使巴尔扎克和她平等地相处，如果机会合适她应该完全以巴尔扎克为中心。德·韩斯迦夫人无疑没有做到这一点。她甚至还要求巴尔扎克这样做，成为他的崇拜对象使她快乐，满足了她的虚荣心。她虽然也爱他，但是这里总带有点屈尊降贵的意思，这才是最重要的。她够聪明，能够看到他的价值，她也够感性，懂得享受他的热情，她对他深表同情，但是也深知他的缺点，归根结底，她爱的只是她自己。她所爱的其实是享受他热烈的崇拜的过程，给她平凡的生活投来光辉，但她的理智，却让她冷静地回报他。一个带有这么浓重的阶级偏见的女人是不会完全奋不顾身的。她唯一可以投入爱的就是她的女儿。就是她跟巴尔扎克成为夫妻之后的那段时间，她唯一相信的还是她那愚蠢的女儿，而把巴尔扎克看成是个外界的平民，拒绝向他敞开心扉。

但是在她丈夫活着的时候，她却接受了巴尔扎克的爱情，并且沉醉其中，因为那时候她不必面临选择，危及不到她的婚姻和地位。而现在却是检验她真情的时候了，因为她需要面对现实的选择：财富和地位，还是天才与美名。她常常为此困扰担心。她在写给兄弟的信里曾经描述过自己的心理，她深切地渴望和这个爱着的男人在一起。她描述了自己是如何焦急地等着他的信。但是想到真的在一起的时候那些不合适，还有别人的看法，就会痛苦不堪。她也想服从从小受到的教育而遵守妇道，但是却怎么也忘不了伟大的巴尔扎克的爱情。

他们曾经的誓言是巴尔扎克一切希望的根源，但同时也是她焦虑的地方。

所以她的第一个动作就是拖延，拒绝巴尔扎克来看她，因为她怕受不了他的劝说，这也是很容易理解的。而且，她的处境并不像远在巴黎的巴尔扎克想象的那么好，因为她丈夫的死引起了整个家族对她的注意。他们那些远房近门的各类亲戚，包括家里这两位外甥女，他们都知道她和巴尔扎克的关系，他们都怕她继承的这份巨大的财产落到那个甜言蜜语的去哄骗这个寡妇的法国作家手里。一个亲戚立刻提起诉讼，对德·韩斯迦先生的遗嘱表示质疑，遗嘱上表明他的财产是他和妻子共有的。案子在基辅的审判结果对德·韩斯迦夫人不利，她又只好到圣彼得堡去上诉，向沙皇上诉。

同时，一大堆的亲戚又开始围攻德·韩斯迦夫人，他们极尽所能去破坏她和巴尔扎克的关系。其中最起劲的一个就是她那位有名的姨母罗莎莉。巴尔扎克和其他的法国人民都对她怀恨在心，因为她的母亲在法国大革命的时候就是个间谍，被处死了。在她的孩提时代就对那个恐怖的公西耶惹利监狱有深刻的了解。她一想到自己的外甥女要嫁给一个公社分子的儿子，她的仇恨就被唤起了，她努力地去劝说，做了好多事制止德·韩斯迦夫人。就算德·韩斯迦夫人真的想让巴尔扎克来俄罗斯，她也不能贸然地答应。这会影响她在法院方面的诉讼，使她在家里的处境变得更加恶劣。再说如果粗鲁的胖作家突然奢华地出现在圣彼得堡的贵族中间，她还得带他进入自己的圈子的话，她将会面临多么难的处境啊。所以她没什么可选择的，只好拒绝他。也许她在这种情况下用那种方式也是想试探一下他的真心和诚意。

这封信对巴尔扎克来说就是晴天霹雳。他都已经整理好行装准备到德勒斯登去了，他都为德·韩斯迦夫人想好如何安排好女儿了。他还忍不住告诉她他的幻想，他们即将到来的结婚，他们即将出发的旅行，他们即将入住的房子。可是现在竟接到了这样一封信，告诉他"您是自由的"，这么坚决地拒绝了他。

但是巴尔扎克是不会接受这否定的答案的。他已经习惯了反抗，而且拒绝只会增加他的动力。他几乎每天都给她写一封热情洋溢的长信，让她相信他的真诚，像暴风雨一样攻击她。那种在日内瓦和新沙特尔寄信的热情又回来了。他说自从他们相见之后，他的每一部作品都是为她而写的。他的脑子里只有她一个女人，是他做一切事情的动力。

他说他可以做出任何的让步，他不要求她立刻完成她的誓约，只要她能够规定一个时间，让他知道他的梦想什么时候才能实现。他恳求她给他一线希望，那样他还能够坚持下去。一想到他们美满的结局，巴尔扎克就神魂颠倒了。

当他听说她去圣彼得堡去处理诉讼案之后，他就开始计算从巴黎到圣彼得堡去的时间和路费。他还想好了自己要对外说的去圣彼得堡的理由。他会说他将到圣彼得堡去筹建一座法兰西剧院，这是他一直以来的愿望。后来他又说他的妹夫打算创立一家造船公司，需要他到圣彼得堡去洽谈相关事宜。他又发现他对沙皇有特殊的感情，因为在全欧洲的君主里只有沙皇是真正的贵族，他想成为一个俄罗斯居民，这个理由可能是为了应付俄国对他书信的拆阅检查。

他就这样一封信接着一封信地寄出去。3月、4月、5月，夏天过去了，冬天也过去了。一直等到夏天又回来了，他还是没有等到期望的答案。德·韩斯迦先生死后的一年半里，他的寡妇都没有召唤他。最后在七月份，他终于等到了。1843 年 7 月，距离初次见面过去了十年之后，他从登克尔克来到了圣彼得堡。他迫不及待地走近德·韩斯迦夫人居住的房子。巧合的是，这所房子坐落在一个叫作"大百万"的街上。

第二节 《人间喜剧》

43 岁的巴尔扎克清楚地知道，赢得德·韩斯迦夫人是他日后唯一可以安心工作的保证。他把所有的希望都放在这次赌博上。在等待她回音的十八个月里，他就开始不顾一切地努力去在她的反对的家族里营造好的形象。任何文学成就都不能改变他出身低微的现实，他们是特别注意这个问题的。他自己在姓氏前面加上一个"德"字并不能改变他是个农民的孙子这个现实。他们对他的态度总是居高临下的。但是，如果他能够成为议员的话那就不一样了，有了政治上的地位说不定会有更高的封号了。如果成了研究院的评议员呢？这种荣誉就可以消除所有人的嘲笑了。何况当上评议员他就能每年领两千法郎的工资，如果有了字典编纂委员会的委员这个终身职位，他就能每年领六千法郎。他可以穿上带有棱叶勋章的礼服，那样德·韩斯迦·卢赤芜迦家族也会觉得配不上他。

为了能和德·韩斯迦夫人有相同的社会地位，他在这几条路上都进行着努力。但是在每条路上都走不下去。因为他没有必要的资本去竞选，连成为候选人的资格都没有，当议员的理想算是破灭了。在竞选研究院时也一样失败了。其实他想要在四十个席位中占有一个应该没什么问题，但人们总能找到理由来排挤他。他们说他的经济状况太混乱了，这样神圣的一个席位不能够给一个老有警察和债主敲门的人。他们倒是说了句实话，不过是出于嫉妒和讽刺"巴尔扎克先生太大，坐不下我们研究院的座椅"。除了雨果·维克多和拉马丁之外，他瞧不上任何其他人。

他还有一个办法去解决他的困难，那就是戏剧。他又着急地写了两部剧本，其中《基罗·巴梅拉》被芜德维尔剧院接受，这部小说有大部分是他的雇员给他写的。另一部《桂拉诺的富源》也在奥德恩剧院演出，巴尔扎克下定决心要取得漂亮的成绩，让别人忘了他《伏脱冷》的惨败。

他又一次把精力放在了错误的方向上，他的第五幕还没写完就开始排练，这引起女主演，著名的铎里发里夫人的不满，退出了这部剧。巴尔扎克最关心的事就是要在他的戏剧开演的时候，使整个巴黎都为之动容。巴黎的所有贵族和名人都得在第一时间出席。任何可能会出怪声扰乱氛围的人都不能入场。所以他就跟剧院老板说好，卖出的剧票必须经过他亲自同意才行。他把能够有效地修改剧本的时间都花在了犹豫地处理剧票上面了。

他大张旗鼓地行动起来。正中的包厢留给各国使节和内阁大臣，旁边的座位留给有圣路易勋章的骑士和世卿们，二楼的看台给议员和政府官员，三楼的看台给商界名人，四楼给有钱的中产阶级。中间的池座里必须都是漂亮的女人们，在那儿引起最大的注意，他还拜托艺术家们在这一年的时间里都不要创造出能与之匹敌的景象。

按照一直以来的传统，他最初的算计是正确的。全巴黎都在传言说剧票都被卖光了，于是人们开始争相购买高价票。但是巴尔扎克总是把事情做到过犹不及的地步。他不接受两三倍票价的建议，而是再度提高观众的兴趣，说所有的票都卖光了，他希望借这个机会把第二次公演的票都卖出去。

到了 1842 年 3 月 19 日晚上公演的时候，巴尔扎克打开大门去迎接那些地位高贵的观众时，四分之三的座位都因为他错误的策略而空着。那些到场的人立马没了兴致。剧院的老板只好去请人来捧场，向人们免费送票，但是时间已经来不及了。舞台上的戏剧进展得越悲惨台下的人们笑得越大声。以后的公演只吸引了那些想来闹事和看热闹的人，场中爆发出嘘声和叫声，他们嘲笑着巴尔扎克。

巴尔扎克的努力没有换来丝毫的喝彩，他也因为错误的去直接邀请喝彩而筋疲力尽，戏剧谢幕的时候，他甚至睡倒在自己的包厢里。他的空中楼阁又倒塌了，又一个打击把他击回到自己的正途上来。他对德·韩斯迦夫人抱怨说，他的《桂拉诺的富源》如果失败了，他就得再写四部小说了。其实不必觉得悲哀，因为他在 1841 年到 1843 年之间再度写出了超越以往的作品，如果他的戏剧成功了，那么就会损失掉这些优秀的小说了。

这个时期是他小说的成熟期，那些他初期作品的不良趣味都已经消失了。他学会了观察社会，圣日耳曼镇的派对已经对他没有诱惑力了。那些或伟大或渺小的贵妇人们的心思已经不是他创造的源泉，他要描绘的是平凡男女那光彩夺目的爱情。巴尔扎克越是从经验和教训中经历痛苦，他就越接近真理。那些他早期作品里的浪漫痴情色调已经消失无踪了。

他研究的范围越广，研究的焦点就越正确。他在《一桩可怕的事情》里探究了拿破仑政治的背景。在《打水姑娘》里勇敢地提出了对性爱的看法，这是他同时代的作家所没有的。他大胆地描写了七十岁的鲁志医生如何养了一个十二岁的女孩当情人，而这老头的儿子又如何把这女孩当作牺牲品，通过这些描写来研究情爱和性。他还塑造了布里都·菲力这个人物，这个人物也跟伏脱冷一样没道德，但不是毫无根据的，而是完全的符合现实。在这三年里，他创作了伟大的社会图景《幻灭》，还有轻松的《于絮尔·弥罗埃》，虽然这部小说是唯神论的作品，但是他却摈弃了唯神的倾向，而去描写了那些血肉丰满的人物。他还写了《错误的情妇》《两个新嫁娘的回忆》《沙发龙斯·阿尔培》《初入人世》《奥瑙琳》《地区的少女》，还有十来篇零碎的作品。

现在，巴尔扎克想要严肃地整理一下自己的工作，他考察自己产业的时刻已经到来。这些年无论债主们怎么逼迫他，他都保留着最后的权利。他谨慎地保留着自己出版全集的权利。无论他怎么困难都没有把超过某个次数的出版权出让。他在别的地方无论多么放纵，多么缺乏思考，他都没有割舍自己最后的产业，直到他能够在朋友和敌人面前拿出这份完整的宝藏。

为了追逐他的贵妇，显示自己财富的时刻到来了。他才刚一宣布要出版全集，就有三个以上的出版商合力出资来支持他，这个全集每年要加入新的著作。1842 年 4 月 14 日签订的合同对杜保赤、福尔纳、黑齐尔三个公司做出规定："有权利去自由地出版本书，本书包括迄今为止出版的作品的第二、三版，或在本契约有效期内新作品的第一版三千部。本书以八开本刊印，依照全集的需要而定，包括……二十册左右的书。"

巴尔扎克收到了一万五千法郎的预付款，还可以在卖过四万册之后每册抽取五十参丁，这样他每年就会有逐渐增加的永久收入了。不过合同里唯一的限制条件倒是他愿意接受的。合同规定，如果校对的费用超过每页五法郎，他就要自己掏腰包，因为他每次收到印刷厂送来的样稿都忍不住去大改特改，所以校对的费用就高达五千二百二十四法郎二十五参丁。而且出版商们不愿意用"全集"这个名字，因为这太普通了，不容易引起观众们的兴趣。他们请他再找一个书名，能够表现出这是各部小说都有联系的合集，同一个人物在不同的作品中出现，描绘了整个社会的广度和深度。

巴尔扎克也同意这种想法。十年前他在帮助达凡·菲力士给他的小说写序言的时候曾经想过，他要描写整个人类社会的概况，每一部书都要代表这文学巨厦的一个阶层。现在就是要寻找一个能够完整地表达这个意思的书名。他想了很多可能性，就等着最后的灵光一现了。他的朋友，从前他编辑部的秘书德·柏罗瓦刚从意大利回来，他在那里研究意大利文学，读了原本的《神圣喜剧》（但丁的《神曲》），这给了巴尔扎克灵感，他把那互相关联的作品当成一个世界性的喜剧，跟但丁的《神圣喜剧》互相对照，以社会学来对应神学，还有什么比《人间喜剧》更合适呢？

巴尔扎克对此很得意，出版商们也很满意。不过他们还要求他为这部全集写一个序言，向读者说明为什么他选择了这个书名，否则别人会觉得他夸张了。巴尔扎克非常不愿意写这篇序言，因为还有很多更重要的东西等着他去写，他就提议说达凡·菲力士从前为《十九世纪风俗研究》写了一篇序言，而这篇序言有十分之九是他自己写的。后来他又想到了桑德·乔治，他们两人关系很好，她可以给他写个序言。但是最后巴尔扎克受到出版商黑齐尔的蛊惑，黑齐尔劝他不要放弃自己的作品，还给了他很多实质性的意见，关于这篇序言该怎么写，他的建议是谦虚而客观，这是唯一可以炫耀自己成就的正当方法。

于是巴尔扎克坐下来，写出了这篇著名的序言。这篇文章比人们想象的还要冷静客观。聪明的巴尔扎克知道黑齐尔的劝告是对的，他在他伟大的目的和人家教导他的前辈之间找到了一个良好的平衡。他告诉德·韩斯迦夫人，这篇十六页的序言花费了他比写一部书还多的精力，这并没有夸大其词。他在这里解释了人类社会的系统，就好像任何的动物在自然界里根据环境的限制而发展成某种特别的生物，人类也在社会环境的影响下发展变化。如果要完整地写出这部有三四千人物的"人心的历史"，那么社会的每一个阶层，这个阶层的每一个形式和感情，都要找一个人物去代表，艺术家也必须尽力地去联系每一个人物和故事，使他们构成一部"完整的历史，其中每一章都是一部单独的小说，每一部小说都代表一个时代"。

人类的天性是不断变化的，艺术家只需要去细心观察。巴尔扎克提出了他论点的宗旨所在："小说家的机遇是最重要的。要想有创造，只需要去研究。法兰西的社会才是真正的历史学家，我不过是记录的笔杆罢了。记下了社会的善恶、重大的事件，塑造某种类型的人物典型，最终写下了一部道德史。"

他的目的就是给十九世纪的法国写一部历史。不幸的是，罗马人、雅典人、波斯人、印度人里面没有人做这件事。他要给这个社会留一个图像，同时要揭露这个社会运作的秘密。他说小说应该是写实主义的，当然并不是说那些不符合现实的小说都没有意义，他是想在无形中赢得好的呼声。他说明了自己的计划："《私人生活场景》描写童年和幼年，说明他们错误的方向。《外省生活场景》揭示野心、算计、自私的年代。《巴黎生活场景》描写各种趣味和习性，还有各种行为，是各个城市风俗的特征，因为这里善和恶的碰撞有强烈的反响。""在这三部分社会生活的描写之后，我还要用另外的东西来补充、对照，去表现那些在特殊环境影响下生活的人，这些人是很多人感兴趣的，可以说他们都是逍遥法外的，这就是《政治生活场景》。在这些社会图景完成后，我就要去揭示这些人为了自卫或征服而越出自己的生活轨道而进行的活动，这就是《军旅生活场景》。这个工作我完成得最少，不过我要给它留一个地方，在合适的时机把它补上去。最后，在我长期的工作之后，我要写《乡村生活之场景》，这可以说是现实生活中的戏剧，因为读者将在这里看到最纯洁的人，法律、政治、道德、原则的运行。"

最后，巴尔扎克写出了他惊世的宣言作为结尾："我这计划里不仅包含了社会的历史和批评，还包括了对社会恶习的分析、社会原则的解释。我相信我的计划可以让我给我的书加上一个正确的书名《人间喜剧》。这是不是荒谬呢？它是不是配得上这个名字呢？要等到它完成的时候，由读者来判定。"

后世的人们做出了评判，这书名并不荒谬，虽然到最后这部巨著并没有完成。就在巴尔扎克继续努力想要完成它时，死亡击倒了他。巴尔扎克说到的三四千人物，他也没有做到。《人间喜剧》实际上"只"包含两千多个人物。但无可厚非的是其他的人物也都已经存在于巴尔扎克的脑子里了，因为巴尔扎克曾在1845年开出了一份目录，写出了他已经出版过和还没有写出来的全部小说的名字。今天人们看到这份目录的时候，不禁感到悲伤。在这一百四十三个书名中，没有成书的就有五十多部。但是他的计划已经充分证明他的脑子里已经形成了技巧高超的各式蓝图。

他要写的第一部小说叫《孩子们》，接下来要描写一个男生宿舍和一个女生宿舍。他还要写一部书来描写巴黎的戏院，还要去揭露政界、外交界、学术界幕后的事情。在他想要描写拿破仑战争时代的不止十二部小说里包括埃及之战、阿斯本和瓦格兰姆之战，莫斯科的败退、莱普锡抵抗各国联军的战斗，法兰西本土的斗争，以及囚禁法兰西俘虏的狱船等。但是只完成了《朱安党人》一部。农民、法官、发明家都应该有关于他们的作品，而且还应该加上一些解释和分析的论文做附录。如果他活着，《社会病理学》《教育界的解剖》和《有关十九世纪的美德的哲学性和政治性的对话》这些都应该写出来。

如果他活着，这些书都应该被后人看到。他有这样的想象力，能够创作出任何的作品。他只是缺少时间，在他紧张的生活里，时间总是不够的。

巴尔扎克第一次宣布他要出版全集的时候，他的心里一定充满了骄傲。他第一次宣布了自己伟大的计划，在他和同时代的作家之间划出了界限，他们中没有一个人有他这种勇气和抱负去完成这么伟大的事业。他已经完成了计划的五分之四，再有几年他就能完成它。等到他出版了最后一版的《人间喜剧》，私人生活也步入正轨之后，他就能把精力用在错过了的梦想里，他就可以休息享受生活了。

第三节　人生转变

巴尔扎克觉得德·韩斯迦夫人是要在丈夫死后一年才会接受他。可是他花了一个月又一个月的时间去恳求她，她才允许他到圣彼得堡来。这使她陷入了困难之中。巴尔扎克太有名了，他不可能悄无声息地到俄罗斯去。已经有很多年时间没有法国作家去过这个城市了，巴尔扎克的到来必然会引起轰动。所有的目光都会集中到她身上，她是贵族，而且受过沙皇的招待，谣言是避免不了了。她丈夫活着的时候，巴尔扎克的来访还可以被看成是与这个家庭的友谊。但是来会见这个寡妇，人们一定会理解为他们要结婚了，德·韩斯迦夫人也急于嫁给他，何况她还没有这个意思。而且她也没办法实现这个理想，因为按照俄罗斯的法律，要和外国人结婚必须得到沙皇的特批，还不能把财产带出国。所以她不能像自己所希望的，巴尔扎克天真地想象的那样自由地处置自己的财产。而她家庭的反对也给她带来了巨大的困难，尤其是她的姨母罗莎莉并不认为巴尔扎克是个天才，反而觉得他就是为钱而来的外国穷小子。也许她曾经想过要和反对他们的亲戚做斗争，但是她得考虑到她宠爱的还没结婚的小女儿。她如果找了一个和他们门不当户不对的人结婚，俄罗斯的社会一定会抛弃她和她的女儿，她女儿的婚事也会受到影响。

所以，她让巴尔扎克等那么久并不是由于人们所误会她的狠心。而她现在竟然允许他到圣彼得堡来已经是很需要勇气的了。巴尔扎克知道他不能只靠写信去改变她的想法，要想成功还必须得亲自当面对她说话。他把所有能弄到钱的稿子都卖出去了，在经历了艰难地海上航行之后，在 7 月 17 日到达了圣彼得堡。

阔别八年之后，他们两个人在枯代梭夫宫的客厅里重逢了。他并没有多少改变，胖了一点多了一些白头发而已，但行动举止和以前一样热情洋溢。幻想的天赋给了他永远年轻的秘密。不过，在一个女人的生命中，八年是多么的漫长。当时在维也纳的时候她的画像就有了老态。巴尔扎克却说她比任何时代都美丽迷人，他还装作长时间的分别之后他对她的感情越来越炙热。而她则希望他见到她之后会放弃。但是他没有放弃，反而催促她和他结婚，他已经订好了计划，甚至带来了结婚的必要文件。

她还是想办法让他放弃，但没有直接地回绝，只是告诉他在她女儿结婚之前他们不能在一起。对巴尔扎克来说，这次最起码有个期限了。最多也不过是一两年吧。巴尔扎克已经等了德·韩斯迦先生让位七年时间，现在要再等她的女儿有归宿了为止。

巴尔扎克在圣彼得堡的日子几乎没有什么记载。夏天贵族们都到乡下的领地去避暑了。他也没什么地方去参观，甚至连关于黑尔米达慈博物馆的记载都没有，也许他这时候心里只有一件事，无暇去顾忌其他的东西了。这次离开圣彼得堡他至少带回了一个承诺。

十一月份回到巴黎的时候，他照例又陷入了苦难之中，他浪费了四个月的宝贵时间，事情没有任何的好转，替他料理家事的母亲像夏洛克一样逼迫着他。在他离开的这段时间，他的戏剧《基罗·巴梅拉》演出过，他本来想靠它来赚回这次出行的费用，还希望能享受一段清闲的时光。但是他却在中途听到了演出失败的消息。虽然没有像前几部那样惨不忍睹，但是批评家们却怀恨于他对他们的揭露，他们就猛烈地批评这部戏剧，使它不能继续上演。所有的坏运气似乎又都回来了。他不知道从哪儿弄来的钱投在"北国铁路"上的股票也跌了价。约尔地的清算也遇到了困难。他又面临着经济的全面崩溃，不得不又用加倍的工作来补偿。

但巴尔扎克的不幸却给我们带来了幸运。戏剧上的惨败把他逼回到小说上来，在短时间内他给《人间喜剧》增加了好几本书，出了《私人生活场景》和《巴黎生活场景》的修订版。他计划用连载的方式去出版他这几年创作的《农民》，这是他最重要的小说之一。但是每当这时候总会出事。他已经计算好每行能拿到六十参丁的报酬，这是他得过的最高的税率，他可以把连载的权利卖给《新闻报》，得到一万四千法郎，还可以把版权卖掉得到一万两千法郎。《新闻报》已经登载了预告，他开始写了几章，但是他的身体却撑不住了。巴尔扎克再顽强但精力也是有限的，他已经不能应付自己无限的计划了。

他的身体是被慢慢损坏的。就像一棵大树一样，它的树干还显得强壮有力，也还能结出果实，但是蛀虫已经在内部搞破坏了。他也开始感叹精力不足，就像1844年4月一封信里写到的："我时常陷入无法克制的昏睡中，我的身体不受控制了，它在提醒我需要休息。它已经对咖啡没有任何反映了，我在完成《谦虚的朱昂》的时候喝了太多咖啡，但是一点效果都没有，就跟喝水似的。我三点钟醒过来，又昏昏沉沉地睡下。八点钟吃完早饭，就又想睡觉，然后就又能睡着。"

他脸部的肌肉开始抽搐，还肿胀头痛眼痛等症状，他开始怀疑自己能不能去写《农民》的第二部分："我患上了可怕的神经痛，还得了胃病。我必须得到休息。前所未有的病痛折磨了我三天，刚开始我还以为是普通的伤风。我开始严重担忧我的身体了。今天早上，我整理了一下我这两年写的四册《人间喜剧》。从现在开始到未来二十多天，我什么事都做不了了。"

最后，他又说："我现在筋疲力尽的就像完成了一场决斗。还有六册等着我去完成。全法国的人都在等着我的作品。书商和他们的代理都这么说。《新闻报》又有了五千家的订户。读者在等着我，但我快要枯竭了。"

他的疲劳不仅是身体上的，他的大脑也受伤了。他急切地需要休息，他觉得只有德·韩斯迦夫人能拯救他："我现在已经因为高度的希望而失去了理性。我整个的生命都集中在这个目标上，现在却发生了动摇。"他对自己写的东西已经没什么兴趣了，他的心思已经不在这上面了。他不再关心那些人物的命运，而开始关心自己的命运："1846年，我们可以在巴黎有一所房子，我也不会再欠一点债。我的《人间喜剧》可以给我五十万法郎，还不包括相同数字的版税收入。所以，我的夫人，如果我可以活得久一点的话，我能够得到与我的名声相配的财产。如果在我们结婚的时候你并不像你自己说的那样是个穷女人，我也不是个穷小子了。我们将是一对幸福的老夫妻，不过只要两个人相爱，这些就都不重要了……只有当我们中的一个人活在这世界上的时候，才是最痛苦的。留在世上的那个人将会很痛苦。"

1844 年，事情出现了一线曙光。七月份，德·韩斯迦夫人的女儿安娜跟一个有钱的贵族青年订婚了，巴尔扎克觉得他的障碍已经移走了。他可以把自己的新娘带回家了。但是这次他又得忍受失望了。德·韩斯迦夫人固执地希望跟着女儿女婿到德勒斯登过冬，而且拒绝了巴尔扎克去看她的请求。无人能知她是出于什么原因这样选择的，但总之她又拒绝了他一次，她给他的唯一希望就是交给他一个十分困难的任务。

她把她的女伴，她女儿的瑞士女教师——保勒尔·亨利爱特，他们从前通信的中间人，派到他这里来了。因为亨利爱特突然宣布要离开德·韩斯迦家到修道院去度过余生。这是一个惊人的决定，尤其对于一个瑞士的加尔维尼派教徒来说，这其中必然有不为人知的秘密。德·韩斯迦先生的死显然给了她很大的打击，也许是因为她心底爱恋他，也许是因为曾经帮助他的妻子偷情而遭到良心的谴责。无论出于什么原因，她和德·韩斯迦夫人的关系都算是决裂了，而在她心里也发展成了秘密的仇恨。这是巴尔扎克在《贝姨》中表现出来的，她便是巴尔扎克这部小说的原型。德·韩斯迦夫人不再需要她了，就指示巴尔扎克去完成她的心愿。他也好好地接待了她，因为他觉得要感谢她，德·韩斯迦夫人也请求他帮她办那些进入罗马天主教的手续，使她得到收留。他花费了宝贵的时间去请求那些掌权的人，最终竟成功了。他的《无名女郎》开头的帮手，就隐没在这个修道院中了。

1845年春天，他终于接到了德·韩斯迦夫人的来信，说希望看到他。他把手中的书稿丢在一边，丝毫不在意等待着他的读者，还有那些付过稿酬的出版商，他放弃了一切，立刻到德勒斯登去了。为取悦别人而写的小说远没有他自己的生活小说重要。他让母亲去和那些债主斗争，让出版商基拉尔丁去安抚读者。他已经工作得够多了，他想要生活，要普通人的生活。

我们找不到任何关于巴尔扎克在德勒斯登生活的证据了，但是他一定生活得很快乐。他跟德·韩斯迦夫人的女儿安娜和女婿梅尼齐克伯爵相处得很融洽。梅尼齐克不是奸诈狡猾的人，而是很单纯，他主要的爱好就是收集昆虫，他的脾气很温和，跟热衷享乐的安娜一样喜欢热闹。巴尔扎克正好是给他们增加欢乐的。他跟他们一起享受生活的快乐，他用曾经看过的一出戏剧来命名他们的小圈子"丑角社"。他们游历欧洲，享受着各处的快乐。

他们到康慈塔特、卡尔斯鲁埃和斯特拉斯堡旅行，甚至说服德·韩斯迦夫人到巴黎去，不过他们得偷偷地去，因为沙皇不允许他的臣民到法兰西去。不过巴尔扎克完全可以克服这些困难。因为德·韩斯迦夫人假装他的妹妹，而安娜则扮成他的外甥女欧也妮。他在巴黎的巴士街给她们租了一间房子，带领着她们游览巴黎的美景。他是个无与伦比的好导游，陪着他们用不同的眼光去看巴黎，彼此分享着他们的欢乐。八月份他们又去了方登布鲁、奥里昂、布尔慈。他带着她们参观了他的出生地杜尔。她们从那里又去了鹿特丹、海牙、安特卫普和布鲁塞尔。而巴尔扎克留在巴黎待了一些时候。九月份，他又去巴登跟她们会合，并在那儿停留了两个星期。然后他们就出发到意大利了。十月份，他们到了马赛，然后去了拿波尔。

在这整段时间里，他一点工作都没做。他完全忘记了朋友、出版商和债主。他所关心的就是跟他想娶的女人在一起，他得到了空前的自由。《人间喜剧》也抛之脑后了。以他对景象的吸取和感知能力，他一定大大地享受了一番。几年来昼夜不停地奉献创造力，他需要恢复精神和力气。此刻的他是幸福的，所以他也是沉默的。从艺术家的角度来说，在环境的压迫下他才能够创作。

我们不知道他在这段时间里其他的债务和合同是什么情况，但我们能证实的是他旅行的花费没有自己出一分钱。他们之前应该是有一个分配花销的约定。虽然德·韩斯迦夫人还没有决定嫁给他，但愿意和他生活在一起一段时间。她觉得能跟巴尔扎克、女儿女婿一起旅游实在是一件难得的事。也许她就是怕跟巴尔扎克单独待在一起。

第四节　收藏家

如果我们把 1845 年到 1846 年期间巴尔扎克写的信给一个不认识他的人去看，然后让他猜巴尔扎克的职业和爱好，他一定会自信地回答说他是个古董商人或者图画收藏家，他也可能猜这是个房地产商人或者房屋中介，总之不会觉得他是个小说家。巴尔扎克此时花在给他未来新娘一栋房子上的心思绝对大于《人间喜剧》。他计划用她的资产和他自己挣的钱来建造这栋房子。

这次他又开始凭空想象了。1845 年，他既没有一所房子，也没有建房子的地基，他也没有钱去买一块地来建他想象中的房子。然而他就急切地开始在脑子里布置他的新房子了。他突然有了收集古董的嗜好。他要带他的新娘居住的房子必须得是藏宝室、画廊和博物馆的合体。他要跟罗浮宫、黑尔米达慈和其他的欧洲王宫竞争。他要在墙壁上挂满所有著名画家的画，客厅里铺上珍贵的地毯、古代的家具、细致的瓷器。他梦想着一切神话中的宝物。

当然了，巴尔扎克没有那么多钱去收集那些昂贵的艺术品，但是他的解决办法却很简单。他买了他在拍卖行里看到的一切廉价物品，然后对外宣称搜集到了宝贝。他母亲遗传给他的投机嗜好在这里找到了用武之地。于是他每到一个城市就开始搜集那些廉价物品，他好像不能自控了。有时候他会买几张画，有时候又是几个画架，有时候占有了几个花瓶，然后又是几个烛台。一堆堆的货物相继从德国、荷兰、意大利送来了。他对自己买的这些东西的价值一点概念都没有，任何一个售货员的鼓励都能使他屈服。但他就是跟疯了似的停不下来。而且他相信一定能从中得利，还不停地向德·韩斯迦夫人汇报，让她随时知道他的收获。

德·韩斯迦夫人自己也不是个节约的人。她和她的女儿都爱发狂地买东西，和平街的珠宝店赚了她们不少钱。她最喜欢梳妆台上那些贵重的装饰品。可她虽然花费了大量的金钱，但是她买东西会考虑东西的价值。她大概给巴尔扎克留下了十万法郎，让他自行处置，去买一些东西装饰他们未来的房子。他们管这笔钱叫作"老狼的金库"，因为在信里巴尔扎克被叫作"老狼"。巴尔扎克花钱的基本出发点是对的。随他来说如果愿意去等待合适的时机，他能够搜集到漂亮的家具，甚至可能得到一栋不错的房子，而且拿许多好东西去装饰它。但是他不能等啊，一旦开始买东西，他就停不下来了。开始是偶尔买，后来竟然大规模地朝收藏家的方向发展了。在他的一生中，我们很容易看到冷静的分析和愚蠢的狂热的界限。德·韩斯迦夫人渐渐地开始不放心了，叮嘱他应该谨慎。但他会用一大堆理由来证明他自己的精明和俭省。

　　人们一定会讨厌他常用的这种自欺欺人。不过当你看到他是怎样做买卖企图从中获利的时候，也会感到很有意思。比如说，他买到了一套九人用的古中国餐具，他就会得意地说：“我花了三百法郎买了这个，而仲马则花了四千法郎，而它真正的价值则是六千法郎。”最后他承认他买到的只是荷兰的仿制品：“它并不比我像中国产品。”他还加上一句说：“古董真是门学问。”

　　这并没有阻止他继续去追求这门困难的学问。光 1846 年 4 月 25 日这一天他就买了许多东西：“我花了三个小时的时间到处看，买了好几件古董。第一件是个黄色的杯子，这是个工艺的杰作，至少值十法郎，而我只花了五法郎。第二件是一只蓝色的施维尔杯子，带有帝政时期的风格，是当时的明星用过的，颜色富丽堂皇上面有许多花束。值不少钱呢，而我只花了二十法郎。第三件是六张官制的靠椅，我想把其中两张改造成睡椅。包金的颜色太好看了，很适合装饰小客厅，花了四百二十法郎。还有一对施维尔的花瓶，价值五六百法郎，别告诉别人，我才花了三十五法郎。这是我买到的最实惠的东西了。一般人根本不了解巴黎。只要有时间有耐心你什么东西都能买到，而且非常便宜。如果你看到我花了五法郎买的花瓶，你一定不敢相信。”他又买到了一个烛台：“这曾经是德国的皇帝用过的，有二百磅重。这是由黄铜制的，光这些黄铜就值不少钱，我几乎只出了材料费，四百四十法郎。”

　　看上去他就跟没花钱一样，并且沉浸在想象里：“你可以像王后一样生活，在艺术品的围绕之中，拥有无尽的财富和奢华的生活，而且我们可以等着这些东西升值。"他自信再没有人可以买到比这更便宜的东西了："你要知道我是个精明能干的人，我走过巴黎的每一个角落。真正的好东西每天都在涨价。"

不过他也得承认自己常常上当，但此后立马把注意力转到另一件东西上了。当他自以为便宜地买到那些稀世珍宝的时候，他从来没想过店家怎么会那么蠢让他占那么大的便宜。他从来没从这个角度思考过问题，而是开心地生活在梦幻里，去寻找那些珍宝。似乎到处都有机会在等着他，好像巴黎就这样铺着一地便宜货。

巴尔扎克的妻子在他死后拍卖这些东西的时候，人们看到的情况完全跟他想象的不同。没有一张名家的画作，直到今天人们也没有发现巴尔扎克曾经收藏过的珍品。最贵重的东西卖出的价钱都很可笑。他曾经花十万法郎买进而一万五千法郎卖出的约尔地，并不是他干的唯一的这类事情。

1843 年 12 月 21 日，他在一家古董店里看到了一张书桌和一个旧柜子，很容易看出是意大利出的仿冒品。他以他奇异的鉴别力立刻断定这是皇宫里出来的东西，是王后用过的，而且遗憾地表示它应该收藏在卢浮宫里。这件事是个典型的例子，证明巴尔扎克的直觉总是跟他投机的想法搅和在一起。他其实总是带着获利的欲望，虽然他以为自己在审美，有时候甚至还带着爱国主义色彩："这两件东西是纪念吕邦斯往后的重要物品，我得把它们抢救出来，还得写二十几页的文章来讨论它们。"不过最后他又加上一句："这两件东西至少可以获利一千法郎。"

然后他第二天就花一千三百五十法郎买下了这两件家具，他又因为另一个发现而更加快乐。他发现这个写字台是属于王后的一个情人德·安克尔元帅的，因为上面刻着他们家的徽章，还有两个王后名字的字母，可能是王后把柜子送给他，又给他定制了写字台。

而这个故事中唯一的真相就是王后曾经真的宠爱过这个人，其余的都是巴尔扎克幻想出来的。但是这立刻提高了这东西在他心目中的价值，他可能会发现一些感兴趣的买主。他想把柜子以四千法郎卖给桑美拉尔博物馆。或者三千法郎卖给国王菲利普·路易。那样就可以赚一笔钱然后再去买宝物了。

德·韩斯迦夫人很怀疑这些东西的价值，劝他不要有这种购物的疯狂念头。但他完全听不进去，甚至在报纸上做起了广告。国王并没有注意到这件宝物，有几个商人倒是被吸引来了。巴尔扎克开心得快要飞上天了。他说有个商人出一万法郎买这两样东西，但他只想买柜子。所有人都来赞美这两件东西。

后来人们的兴趣都没有了，过了一段时间还是没有卖出去，人们意识到可能他的鉴赏力有问题，但是巴尔扎克可不这么想。相反他还提高了价格。他把价钱提到了三千英镑。

又过了一个月，他也没有等到一个买主。巴尔扎克并不气馁，他又想出了一个办法，他给这两件家具造了一个雕版，并在《家庭博物馆》上登载，这样就可以得到五百法郎的版税。然而春去秋来，《家庭博物馆》并没有登出这个雕版，也没有出现买主。十月份终于出现了一个感兴趣的人，这次他决定要价四万法郎。过了一年时间，好不容易来了个买主，而他竟然又把价钱提高了一倍。后来再也没听说这件事有什么后续了。

第二年，他又努力了一次，他想把他们卖给荷兰国王，他甚至要价七万法郎，还让他的朋友高提埃为他的家具写一篇文章，然后把图片寄给国王，他相信一定会引起轰动。

但又失败了，这个写字台和柜子他始终没有处理好。幸好他没有看到后来这两件东西拍卖的时候的可怜价钱。

那些家具和摆设堆在那里，瞒不过债主们。是时候用德·韩斯迦夫人的名义买一栋房子来躲避那些人的追讨了。巴尔扎克一开始也是本着节约的目标进行的。因为他们在巴黎要过一种俭朴的生活，虽然他们一年得花四万法郎。巴尔扎克说已经不能再少了，因为雨果只花两万法郎，生活得很不好。

对巴尔扎克来说，买房子不仅是找一个住所，还应该是一笔投资。他认为从经济的角度来讲，买房子是最有利的赚钱机会。他就开始到处找，看到合适的房子他就想着怎么能赚回点钱。巴士街有一所价值十万元的房子，他得想办法只花六万法郎，他听说巴士街要修一条新路，要占用这所房子的一些地方，所以政府会给一万法郎的补助。此外富兰克林街的房子还可以卖三万法郎。他还去实地考察了一次，觉得自己的判断很准确。

然后他又在蒙巴尔拿街发现了一所房子，觉得太适合他们了。但是有个小问题，这个房子得拆一部分，还得把里面完全的改造一下，这得花两万法郎。不过这两万法郎很容易赚回来，只要再去倒卖几处房产。这种想法又跟他以前用印刷厂维持出版公司，又用铸字所去维持印刷厂一样。

春天他又把目光投到了乡下，他们在那里可以过着悠闲平静的生活，而且生活成本很低，直到地价高涨。他们什么都不用做就可以等着钱自己来了。生活原来这么容易啊！

他又看上了芜夫利的一块葡萄园，只要两万多法郎。但是他们已经有了杜尔兰带果园、葡萄园和能眺望罗瓦尔河的别墅，不应该再买这处了。但是巴尔扎克却又觉得自己捡到了便宜。他想要卖十亩葡萄园，然后买这个地方。他觉得自己三十年来的美梦就要实现了。最后他用抒情的语调来结束了给德·韩斯迦夫人的信："你还记得我们倒映在罗瓦尔河中的别墅吗？它可以俯瞰整个杜尔兰。"

他以前的一位同学替他办理这些事务。然而巴尔扎克觉得这些还远远不够，他觉得还得扩大他的地产。他有一个理论认为拥有的地产越多价钱就越便宜。要想干大买卖就得有大地产。为什么不买圣葛拉田别墅呢？这栋别墅的主人为了这栋别墅破产了，就好像他当初为约尔地破产一样，人家买这里的时候花了三十万法郎，他告诉德·韩斯迦夫人他可以花十五万法郎买到。但是人家可不像巴尔扎克那么傻，人家也不愿意卖这里。

巴尔扎克就继续寻找，终于在 1846 年秋天找到了心仪的地方。幸福街的保庄楼，这是一所曾属于一位富翁的老房子。他把他奢华的家具、珍贵的瓷器、知名画家的画作、他的铜烛台等都搬到这里。这里要变成他的博物馆，他私人的罗浮宫，他创造出的艺术纪念碑。后来高提埃看到这所房子惊呼巴尔扎克已经变成百万富翁了，他却苦恼地说，自己比任何时候都穷，这里没有一件东西是他的，他只是这里的看门人和保管员。

为了暂时提防债主们，他并没有搬进新居，还继续住在巴士街的房子里。在那里守着他的书桌，在我们看来这里才是巴尔扎克真正的博物馆。但是那些伟人们往往不知道该把自己真正有价值的东西让人们崇拜，而过分重视那些无足轻重的东西。巴尔扎克就是这其中的典型。

第六章　尘埃落定

第一节　告别小说

在这忙碌的两三年里，巴尔扎克失去了聚精会神搞创作的能力。他不光去收集各种装饰新家的用具，他还要过从来没体验过的生活，闲适舒服，跟心爱的女人一同生活，而没有任何后顾之忧。他的创造才能转到另一个方向上，从虚构想象中的世界变成要给自己的故事寻求一个快乐的结局。

这可以从他的作品里看出来，在这种生活状态之前的那几年，他写了伟大的政治小说《一桩可怕的事请》，生动地描绘了政治阴谋；又写了《打水姑娘》用现代的眼光去看待性的问题；又写了《幻灭》的最后一部。紧接着这些著作他又写了《烟花女荣枯记》，把文学界和商界联系起来。伏脱冷这个人物又回到人们的视线中，跟他之前的作品都联系到了一起构成了一个大全景。这部书虽然也有缺点但是却前所未有地展示了巴黎精神。但是巴尔扎克却完不成他的《农民》了，这本书希望研究城乡斗争的社会问题。这种对立在巴黎人们看来只是股市或文学上的题材，而没有深刻的感受，但是在乡间却实实在在地存在着。那不是看不见摸不着的，而是土地本身，涉及每一寸土地。巴尔扎克花了好几年时间去写这本书，他觉得这本书是他《人间喜剧》里有决定意义的一部书。他时不时地重新写，甚至于把第一部已经出版了，想这样逼着自己去完成。但是他此时又不得不把它搁置起来，去写一些其他无足轻重的书。《柏阿特里克斯》只是开头的几章有点文学价值，他的痴情主义就导致内容上失去了人间真谛。他还写了一些东西，都没有什么价值。里面没有任何大家风范。他自己曾经说过，一个艺术家无论离开他的工作多久，都需要一段时间去恢复技能。巴尔扎克在寻找古董和房子的事情上花费了太多精力。这段时间他留下的信很多，但很少谈到自己要写的书和将来的文学计划。巴尔扎克了解自己的变化。他知道他正在放纵自己，去享受生活的同时已经失去了写作的能力和兴趣。1846 年 1 月，他给德·韩斯迦夫人写信说："我的脑筋已经不灵活了。……我觉得一切都很麻烦。"

他并不再着急自己作品的进度了，他只是为了还债而写作，人们也能感到他对写作失去兴趣了。三月份他突然放下一切到罗马去了。

回到巴黎他又给德·韩斯迦夫人写了好多信，发誓自己一定会继续"大规模的写作"，他再次相信如果他没日没夜地工作，顶多也就把婚期推迟两个星期而已，如果连续写上三个月，他就一定能还清剩下的债务，他现在只有六万法郎的债务了。但是这些信里始终没有提过艺术的灵感。不过没多久，6 月 1 日他就说："这四天我都工作得筋疲力尽的……"

6 月 12 日，他宣布他正在写《农民》，然后又构思了一部短篇小说。两天后他又宣布他有两部短篇小说的写作计划："第一部是《可怜的亲戚们的故事》，包括《彭斯好好先生》和《贝姨》。第二部是《一个检察官的恶行》。"此时他并没有想到这两个短篇所涉及的广度和深度。他只想把它们写成短篇而不是长篇，只想到了能够收到的报酬。不过渐渐地他的创作灵感又回来了。他发现这两篇小说绝不这么简单，创作的快乐又回来了。16日，他宣布了自己的计划："现在，我要写的是两部一流的作品，可以推翻那些虚伪的作品，还可以证明我现在比任何时候都年轻、伟大。《老音乐家》是个心灵纯洁的人物，被厄运击倒的'可怜的亲戚'。《贝姨》是受到不幸的'可怜的亲戚'，她在三四个不同的家庭里生活，报复了自己的苦痛。"

在沉迷于金钱、地产、股票、古董、家具之后，他还能醒悟过来，去创造艺术作品，这实在是件好事。不过他又提前把稿子卖出去了，根本没想要花多少时间去完成。不过做完这些事他就能投身于工作中了。他又恢复了以前的生活习惯，黑白颠倒地去写作。不过那些他订的古董送到的时候老是会影响他。

《老音乐家》的完成速度对巴尔扎克来说都是很特殊的，6月20日巴尔扎克用少有的方式评价了自己的作品："我非常满意我的《老音乐家》。"然后又都是关于那些画那些铜器什么的了。6月28日他发出了一声欢呼，这是几年时间都没有出现过的了："亲爱的！我写完了一部名为《寄生虫》的书，这是我一直提到的《老音乐家》和《蓬斯好好先生》最后的书名。在我看来，这是简洁中扣人心弦的一部作品。它和《杜尔的教士》一样了不起，一样令人动容，甚至更加透彻。我十分兴奋，我要马上把校样给你寄去。""我现在开始写《贝姨》，这是一部冷酷到惊人的小说，取材于我的母亲，你的姨母罗莎莉还有德斯保尔特·发尔摩尔夫人。这里有整套家族的历史。"

他对母亲的愤怒，他跟德·韩斯迦夫人早期的联络人莉勒黛的命运都要在这部小说中表现出来。在写这本书的同时，他还在对另一本书进行校稿，对他来说校对其实就相当于重写。挣钱的想法和艺术家的急躁让他没有去庆幸自己在这么短的时间里写了这么伟大的杰作，却还嫌进度慢。

他不能按原计划脱稿，一直到了八月底，他一直都保持很快的进度。最后好不容易脱稿，紧张的校稿工作又来了，他的身体也开始受不了了。医生告诉他，他的大脑太过劳累了。如果继续下去必然会有不好的结果。他自己也觉得连说话的时候都得费劲地去找词，他知道自己该休息了。

九月份，还在校稿的时候，他就到维斯巴登去找德·韩斯迦夫人了。他需要休息，他有资格休息，因为这个夏天他写出了最伟大的作品。从最初的构想到两部小说《贝姨》《邦斯舅舅》的完成，这是他最大的成就。此时的巴尔扎克达到了艺术的最高峰，他的见地从没像现在这样深刻；他的艺术从没像现在这样成熟；他的写法从没像现在这样锐利。他在长时间的休息之后写出了这两部书，里面没有夹杂任何的理想主义和浪漫主义的色彩。这两部书反映了现实生活的滋味，反映了真实的世界。他不再只关注事物的外表。此时的巴尔扎克已经能和莎士比亚相媲美。

他站在时代的高度上创造着绝对的价值，没有迎合时代的趣味，这时候的巴尔扎克是最伟大的巴尔扎克。这两本书取自什么时代背景一点都不重要，因为可以把它们放到任何时代任何国家里，因为巴尔扎克在这里关注的是人类的基本情感。他的人物展览室里又多了痴情的雨洛男爵和收藏家蓬斯。在《烟花女荣枯记》里他描写了两个不同的堕落女人的肖像。然后《贝姨》，他还创造了没有享受过完整的生活而羡慕别人，做偷情的中间人去寻求快乐的老处女形象。还有悲剧的邦斯舅舅，另外还有另一些血肉丰满的人物。这些小说使初期的伏脱冷这类的人物显得有点夸张。这些小说的现实主义、感情的真实和分析是法国任何文学都不能比的。

这是巴尔扎克跟他伟大的艺术的告别。人们可以从这里看到《人间喜剧》的高度。如果巴尔扎克还有五到十年的成就的话，他要在《农民》里表现城乡的对立，拿表现巴黎的方式去表现农民生活的实况。《战争》和其他军旅生活的故事中，他描写了战争的残酷。他还能去写关于学术界、外交界、戏剧界和政界的真相。他曾经列出的目录里有五十多部他没有写的书。在剧本方面他已经从失败的教训中学到了足够多的东西。后来改称为《梅尔加特》的《阴谋家》是一部描写和债权人斗争的作品，是他第一部真正意义上的独立作品。这部剧本在他死后获得了巨大的成功。他站在了真正的文学最高峰上。但是无论是他的身体还是他的精神方面，他都需要停下来了。他觉得有必要再次离开，到远远的地方去，进行一次彻底的休息。于是他离开了巴黎，跨过了四分之一个地球，到乌克兰，他的爱人那里去了。

第二节　五十知天命

1846 年秋天，巴尔扎克终于迎来了他长久渴望的休息。而此时，德·韩斯迦夫人再也没有任何理由来推脱他们的婚礼。她的女儿已经于 10 月 13 日在维斯巴登举行了婚礼。巴尔扎克亲自参加了他们的婚礼，他的心中满是希望。他已经做好了一切准备。他自己弄到了结婚所需要的一切材料，谎称是从官方申请的。然后他准备把他们结婚的仪式定在梅治秘密举行，他们在那里没有熟人，只有市长知道他们的计划，他们将在市政厅秘密地办理结婚手续，尽量不公开。拿克加尔大夫的儿子和他的另一位朋友将作为证婚人，从巴黎专程赶来。德·韩斯迦夫人先留在德国的一座城市，到了那天再偷偷过来。然后他们可以在德国补行宗教仪式。然后再在维斯巴登的教堂里举行婚礼。这复杂的安排是为了让他们结婚的消息不传到俄罗斯官方那里。他请求她赶快同意。

这也是形势所迫。因为他们之前在意大利旅行的时候，这位45岁的妇女怀孕了。巴尔扎克相信一定会是个男孩，并且取好了名字叫奥诺雷·维克多尔。

但是德·韩斯迦夫人还是没有下定决心。她离不开她的女儿，于是跟着小两口度蜜月去了。于是巴尔扎克只好把辛苦弄到的文件收起来，放弃那些计划，回巴黎去了。还有稿子等着他改呢。不管德·韩斯迦夫人到底有没有爱上巴尔扎克，如果让她在女儿和巴尔扎克之间做一个取舍，那么她会毫不犹豫地选女儿。无论是她的婚姻还是安娜的婚姻，都不会影响这两个女人之间的亲密。她们都冷淡地对待着丈夫或情人。

次年二月份，德·韩斯迦夫人决定到巴黎去，巴尔扎克必须到福尔巴赫去接她。只要她提出要求，他就会无条件服从。他的工作则可以等他。无论她在哪里，他总是抛下一切去见她。只要得到示意，他就会跑到瑞士、意大利、奥地利去，日夜兼程，数着时间直到见到她为止。

她在巴黎的那段日子发生了什么是无从知晓了。他们的孩子不是小产就是生下来死掉了，那是个女孩。巴尔扎克带着初做父亲的天真，说他并没有悲伤："我希望得到一个维克多尔。维克多尔是不会抛弃他的母亲的。我们希望他可以和我们一起生活

25 年。"

　　但是德·韩斯迦夫人还是没有做好决定。她不断找借口去推脱。这让人觉得她越是了解他就越不愿意跟他结婚。这次她说她要回维埃曹尼亚去处理事情，他又乖乖地把她送到福尔巴赫，然后再回巴黎，坐在书桌旁工作。

　　他希望稍微晚点再去陪她，只要他写完《农民》，再写一部剧本，他就能还清他欠老朋友维斯岗地夫妇的一万五千法郎。但是他的健康状况迫使他中断了这一计划。他的医生警告他不能再这样工作了，他对自己也失去了信心。编辑和出版商们也感到了不安。《新闻报》的编辑基拉丁曾两次以连载的方式刊印了《农民》，他相信巴尔扎克那无人不知的工作能力。巴尔扎克从没让编辑们失望过，即使是到了走投无路的时候，他也会拿其他的东西去替代。但是这次基拉丁坚持要拿到全部的稿件之后才会接着连载。巴尔扎克陷入了绝境，他有生以来第一次投降了。为了没有遗憾，他要把钱还给基拉丁。这将赎回他的自由，让他能到维埃曹尼亚去，带他的新娘回他的新房子来。

　　这时候他又不得不跟他厌恶的母亲和解了。每次提到他的母亲时他都很刻薄，但是这位七十岁高龄的女人却是他每次困难时期的依靠。她是唯一能替他看管财物的人。只要他需要托付什么东西，他总是找到他的母亲。他指示他的母亲随时吓唬他的仆人们说他两三天之内就会回来，这样他们干活就会利索。她得盯住这藏满珍宝的房子，因为就像他对妹妹说的："德·韩斯迦夫人非常关心藏着这么多宝物的房子，这是六年来积攒的结果。这里可能会发生抢劫或其他意外。"只有这时候他才会知道他的母亲是他唯一深信不疑的人，把一切交代给她之后，他就放心地到乌克兰去了。

那个年代到乌克兰去简直就像是一次探险。他说："我横跨了地球的四分之一，假如我再多走这么远，我就到了喜马拉雅山另一边了。"一般的旅行路程需要至少两个星期时间，但是巴尔扎克一直不停地走，只花了一个星期多一点就到了。他的出现是很突然的，因为通知的信过了十天才到。

他的第一个感觉就是很快乐，他是很容易快乐的。但是真正吸引他的就是这财富了。德·韩斯迦夫人的富有是毋庸置疑的。现在他亲眼看到她华丽的生活了，数不清的大厦就像王宫一样。地产简直跟法兰西的一个省一样大。乌克兰的土地富饶到可以不用施肥就可以种农作物。他们家拥有一大片森林和一大群奴隶。巴尔扎克快乐地描写了这些奴隶："走到一个人面前，弯下腰，在地上磕几个头，吻你的脚。只有在东方他们才知道卑躬屈膝，只有这里，权力两个字才有真正的意义。"

他关注那些数不清的物品，觉得这样被奢华包围的人没有烦恼。他们的祖宗拥有相当于法兰西一半的土地。梅尼齐克伯爵拥有四千多个农奴，然而他要想全部开垦自己的土地还需要增加十倍的数量。他们的生活就像自然界一样富有。这种生活太符合巴尔扎克的想象了，他在德·韩斯迦夫人家里就像在自己家一样。

生平第一次他不需要为了钱发愁。他所有需要的东西都唾手可得。这里没有债主来打扰他，连信件都很少。但是一个人还是得做他自己，他很难不用金钱的眼光去考量一切，还保留着根深蒂固的投机心理。在到达维埃曹尼亚之前，在森林里穿过的时候，他已经开始计算这值多少钱了。他忘记了以前暴富冒险的失败，立刻给梅尼齐克伯爵交上了一个开采木材的计划。当时正在修建一条俄罗斯通往法国的铁路。巴尔扎克在纸上随意地画出了一条维埃曹尼亚通往法国木材厂的线。目前法国需要大量的橡木去修铁路，而没有来源。橡木的价格都翻倍了，因为建筑和细木工都需要。

然后他就开始算计了。他必须要考虑运费的问题，路途中有一段是铁路，虽然这铁路中间有几处中断，所以这些枕木必须通过两条河。六万棵大木头的运输可不是件小事，会产生很多运费，他们还可以去银行贷款，和铁路公司谈判。就算每棵树只赚五法郎，扣除了一切费用，他们还能赚几十万法郎呢。这件事真值得考虑。

先就不用再说巴尔扎克的投资计划从来没有实施这个结果了。

在维埃曹尼亚的几个月时间里，巴尔扎克纵情地享受着。陪着他们到基辅去的时候，他在乌克兰的首都受到了广泛关注。那里有个俄罗斯富翁，每个星期都焚香祷告，并且答应送给德·韩斯迦夫人的仆人们一份大礼，只要他们告诉他巴尔扎克什么时候再回来，让他有机会见到他。在那里他享受的是一个幽雅的寓所，有一个客厅，一个书房和一间卧室。书房是粉红色的，有一个壁炉，昂贵的地毯和家具。窗户是大玻璃窗，可以从各个角度看到风景。

他还计划到克里米亚和高加索去旅行，但最后没能成行。在工作上，他一个字都没有写。这几年实际上他都没法静下心来写作，因为他得陪德·韩斯迦夫人。他现在已经变成了德·韩斯迦夫人、她女儿和女婿的玩偶了，成了帮他们解闷的人。和卡罗一家还有马尔冈夫妇在一起的时候，人家都敬重他的才华，不去主动耽误他，所以，在他们家里他能写作。但在这里就不一样了，在这些腐败懒惰的人中间实在没有办法集中精神写作。

一月份，俄罗斯的气温到了零下二十八摄氏度。巴尔扎克却突然决定回巴黎了，大概是回去解决铁路股票亏损的事，也许是对房子不放心了。毫无疑问，德·韩斯迦夫人就让他一个人走了。他也没再提什么订婚结婚的事了。她的犹豫似乎有增无减。她可以无忧无虑地在乌克兰继续生活，她知道跟这样一位浮夸和爱冒险的人回去的话，她在巴黎的生活将不会平静。她也就没怎么犹豫的让这个带病的人一个人走了。只是在告别的时候，给他披上了一件俄罗斯的厚皮衣。

不管巴尔扎克离开家多长时间，他都会在回来的时候听到坏消息。这次也一样，不过这次的困难不是他自己惹出来的。他好不容易才回到自己的祖国，1848 年的二月革命就爆发了，君主政权被推翻了。因为他曾经公开发表过保皇派的文章，所以他投身政治的希望就永远的破灭了。他还在 3 月 18 日的《宪政报》上声明，如果有人邀请，他将会当议院的候选人，但是根本没有人邀请他。唯一有意拉拢他的政治派别就是一个叫作"兄弟会"的组织，条件是必须坦白他的政治信仰。对这个要求他都拒绝了，他说邀请他去当议会代表的人应该从他的文章里看出他的政治主张。巴尔扎克有个特质，在他写作的时候，他能够提前看出事情的发展趋势，然后去营造必要的环境。但是在现实生活中，当局势动荡的时候，他总把自己置于一个错误的立场上，就像在商业上总是失败一样。

坏事一件接着一件。他的铁路股票又跌了，戏院对他也不热情了。他没能按时写完《彼得和加泰林》，但是他带回来另一部剧本《继母》，5 月 25 日在历史剧院上演了。巴黎处在政治混乱的时期，人们也没有注意到这部剧本。他最重要的剧本《梅尔加特》已经被法兰西剧院接受了，但是演出还得往后推。这个时期他似乎是完全致力于戏剧了，没什么小说计划。他想建立一个戏剧家联合会，大家共同写剧本，去丰富法国的戏剧舞台。

　　但是，他也不是真的关注这些事，他已经对文学失去兴趣了，唯一让他感兴趣的就是他的房子。虽然离开家的时候，别人替他做了不少事，但他总觉得还不够。这房子的奢华跟他的贫穷对比是非常鲜明的。他没有新的书稿，出版商们把钱攥得比什么时候都紧，他还受到出版商苏威廉的约束。记者们还是老针对他，有时候他自己都觉得他的读者已经把他忘了。出门前他已经还了基拉丁《农民》的定金，就差七百二十一法郎了，听说巴尔扎克回来，基拉丁立马上门要债。两周后就把他告上法庭。巴尔扎克每行卖六十参丁的时代已经过去了。他的短篇小说《初入人世》只能廉价卖给《家庭博物馆杂志》，使他能吃上饭。他比任何时候都穷。他没有了任何收入的来源。

　　他不好意思跟别人借钱去装饰他华丽的房子。他的房子连门上都精雕细琢或者镶着象牙。只为了个镶着龟甲的书架，他就花了一万五千法郎。在杜鲁奥旅馆拍卖的时候，甚至都没人出五百法郎。楼梯上铺着昂贵的地毯，所有地方都摆着中国的瓷器和孔雀石的盘子。不过他最满意的还是那"宽大的画廊"，他也是因为这个而选择了这所房子。画廊是个玻璃顶的长方形的屋子，墙上涂着白色和金色的油漆。十四个雕塑围成一个圆，一个紫檀木的橱子装满了各种古董，真假古董混在一起。墙上挂着他收藏的六十六幅画，都是一些可疑的名作。

　　贫穷和奢侈之间的矛盾是家庭烦恼的来源。他从来不对家人说实话。关于德·韩斯迦夫人不断推迟结婚的原因，他总是想出各种说法。有一次他说他已经直接给沙皇写信请求，但被拒绝了。有时候说诉讼案拖累德·韩斯迦夫人离不开。他总跟家人说德·韩斯迦夫人有经济困难，要么说她的财产已经都由女儿继承了，要么说她的产业被火烧了。他的目的就是在家人面前减小他们两人之间的差距。事实上，双方都反对他们俩在一起。德·韩斯迦夫人那边以她的姨母罗莎莉为首，强烈反对外甥女嫁给那个不靠谱的败家子，那人只会拖累她，把她的产业败光。而老巴尔扎克夫人和女儿觉得奥诺雷未来的新娘只是个傲慢的贵妇人，冷酷自私，享受他的崇拜，不顾他的身体让他奔波在欧洲大陆上。

虽然帮助料理了幸福街的房子，这是需要她来帮忙的事情，但她从没有什么美好的幻想等一切布置停当，一对新婚夫妇美满的生活在里面。她也没奢望能得到什么。她深知在这富丽的保庄楼里没有她的地位，她会被像尘土一般扫出门。她甚至都没奢望得到允许站在门口迎接自己的儿媳，事实就是这样。德·韩斯迦夫人从来没有注意到她的存在，从来没有写过一句问候她的信，没有表示过感谢她的操劳。因此也可以理解她对这位未来儿媳的反感也是与日俱增。她唯一关心的是她能不能从幸福街坐马车去苏尔斯纳斯看她的女儿，在她照管着儿子为德·韩斯迦夫人花费的几万法郎的时候，她也舍不得花这两个苏。巴尔扎克还没有还清从母亲那里借的钱，他和德·韩斯迦夫人都没有想过应该为她预备一笔养老金来尽责。巴尔扎克的解释都不能骗过她，她认为德·韩斯迦夫人迟迟不结婚是因为骄傲。不过另一方面人们也不能强求德·韩斯迦夫人能愉悦的去期盼着住在巴黎，跟巴尔扎克的母亲妹妹相处，更别说其他的中产阶级亲戚了。巴尔扎克奢华的新居并不能给她带来什么更好的生活。

巴尔扎克在这段时间脑子里唯一的念头就是等新房子准备好了，德·韩斯迦夫人就会回心转意，这种愿望在她的毫不在意中受挫了，她丝毫没有把维埃曹尼亚的舒适换成保庄楼虚假的美好的意思。九月份他得再去俄罗斯，他得在严冬来临前动身，因为一月份从那儿回来的时候，他路上很遭罪。他还得亲自去劝说，试着把他的新娘劝过来。

出发前，他还想再试试能不能进入研究院当评议员，因为夏都李昂和另一个人的死空出了两个位置。按照习惯巴尔扎克需要一一拜访剩下的 38 位评议员，但是他没有时间，必须得尽快出发。于是就只能顺其自然了。结果可想而知，他只得了两票，在我们看来这实在是研究院的损失。另外两个当选的人我们今天已经不认识他们了。巴尔扎克坦然地接受了这第三次失败，只让朋友调查是哪两位敢于支持他，以便日后道谢。

十月份，他又去了维埃曹尼亚，但这次，他的心情异常低落。那里对他来说已经不是天堂了，他写信对他的母亲说："如果你来这儿待两个星期，你会发现幸福街是个多么快乐的地方。"他很痛苦地接受着人家的欢迎，甚至带着惶恐的心情："这里的人对我都很热情，但是我归根结底还是一个客人，一个远方的朋友。他们关心我的经济状况，但是我对不可能的事又有什么办法呢？"

德·韩斯迦夫人好像接受了他巴黎的母亲和妹妹，但是隐约察觉到还是有什么不好的事发生。大概是德·韩斯迦夫人指责他为了一所她永远都不可能去住的房子花了那么多钱。她的指责不是没有道理的，他也开始反思自己。

德·韩斯迦夫人又得出一个结论，巴尔扎克花钱方面得受到控制。他一开始估计那房子只花十万法郎，现在已经超了三倍，即使是这么富有的德·韩斯迦夫人也感到心疼。维埃曹尼亚的紧张空气传回了巴黎，巴尔扎克用抱怨的语气往家里写信，他的母亲也以这种口气回信。当她的一封信落入德·韩斯迦夫人手中的时候，发生了一场风波，结果巴尔扎克就把不能结婚的责任推到了他的家庭上。他们的争端已经发展到要把幸福街的房子卖掉的地步。

她在这里过得富有而且被人敬重，她不必为任何事发愁，所以她不愿意换到一个烦恼、债务、花钱和都是陌生面孔的环境里，连她的孩子都为她担心。

巴尔扎克此时也变得很焦虑，他也觉得该节俭了。他突然让他的母亲解雇一个女仆来省钱，只留下佛兰苏给他看家。他甚至给住在苏尔巴纳斯的妹妹写信，问她能不能等他回巴黎后，每个星期都派人来给他准备吃的。

他的状况很不好："我只剩下二百法郎，这些钱花完之后，除了剧本能有点收入，我就没有生活来源了。就是在剧本方面我也有一天会赚不到钱。"这种状态从来没在巴尔扎克的身上出现过，这说明他的自信心已经崩溃了。他已经不是以往的巴尔扎克了。他渐渐失去了活力，他的身体也在长久的紧张中垮塌了。他忽视那些小的警告，一直到了无可挽回的地步。就是这次来维埃曹尼亚的旅行也是个错误，因为他根本适应不了俄罗斯寒冷的冬天。气管炎影响了他的心脏，这是他的医生朋友早在七年前就提醒过的。到了他终于从病床上起来的时候，他觉得自己也不如以前了。他必须大口地喘气，就是说话都很吃力。他变得跟"1819年一样一样瘦弱"，他的病使他跟个小孩一样脆弱，他都不敢想象还能坐下来写作。他甚至把他的白袍子都收起来了。这不得不说是一个象征："我的病服要永远代替我的白袍子了。"

他没有想到冬天回到巴黎去，连基辅和莫斯科的旅行计划都放弃了。他是由两个德国医生父子照顾的，他们的治疗方法似乎很超前，他们用柠檬治疗法。不过这也只是暂时缓解了他的病痛，他的身体机能很多坏了。他的眼睛又出了问题，他又开始发热了，不久前的肺炎又复发了。

虽然没有资料记载德·韩斯迦夫人在巴尔扎克卧床的时候是怎样的。但有一点可以肯定，她从前崇拜的伟大作家，曾经满足她虚荣心的著名作家，已经只是一个好玩的朋友了。当他不能再取悦她的时候，他就成了累赘。这两个爱玩乐的女人，好几个月前就等着去看基辅一年一度的集市。她们都租好了房子，派仆人运送了行李和家具过去，还为此重新定制了新衣。因为巴尔扎克的病，她们得把行程推迟了，虽然路不好走也是一部分原因，他唯一能做的就是躺在床上供她们赏阅了。

虽然在给家里的信里他还是在热情地歌颂神圣的夏娃和她单纯的女儿，但是他一定感觉到了孤单悲凉的空气。他一定感觉到了身处异国，跟这些自私而且只顾自己享乐的女人在一起的悲凉，他突然开始想念从前那些老朋友了。这几年他满脑子都是德·韩斯迦夫人。他都几乎没给他最忠实最贴心的卡罗·珠尔玛写过信，但是当他躺到病床上，他就想起了她多情的挂念，想到她怎样在他需要的时候的帮助。他已经好久没有想起过她来，甚至连他惯用的称呼"亲爱的"都没有了，他信的开头是这样的"我亲切而仁慈的珠尔玛夫人"，好像旧日的感情已经不复存在了。不过一会儿他就恢复了往日的笔调，向她报告希望的语气里带着悲凉。

我的妹妹和外甥女曾经两次告诉过我关于您的情况，我没有给您写信，那是因为我已经不能拿笔了。我已经接近死亡了……这是十五年来过度劳累导致的心脏病。过去的八个月时间我都住在这里，由一个医生治病，在这么荒凉的地方能找到这么好的医生也真不容易。他跟这家主人是好朋友，他是个好医生。他在给我治疗的过程中我又染上了"摩尔达维热病"。这种病发源于多瑙河的沼泽里，肆虐欧亚大陆。我得的是一种间歇脑炎的热病，有两个月时间了。我复原到能够接着治疗心脏病的程度才刚刚一个星期。

昨天我的外甥女在信里提到您，还说到关于佛拉柏斯罗房子的事。佛拉柏斯罗和卡罗夫人这两个词勾起了我强烈的回忆，虽然医生不让我操劳，甚至写信都不行，我却忍不住向您解释从去年二月份到现在为什么没有给您写信。您千万不要以为我忘了您这个好朋友，我想告诉您我从来没有停止思念您、爱您，甚至想起您，还有我们认识的地方……

人在五十岁的时候去观察人生是多么异样啊！我们常常发现离自己的目的还有很远！记得我当初送德斯勒斯夫人安眠在佛拉柏斯罗吗？从那之后我已经送过不少人了。从那之后我渐渐地失去了多少梦想啊！除了我们的感情在增长，其他没有什么进步。厄运来得多快啊！通往幸福路上总有那么多阻碍。生活真是瞬息万变！我花了三年的时间为自己筑了一个小巢，这花了我一大笔财富，然而男女主人又在哪里啊？他们什么时候才可以搬进去？时间流逝，我们也老了，一切都开始凋谢，连我小巢里的家具也不例外。你知道吗？就算生活在富有的环境里，一切也不是那么美好……

他还给常常帮助他还债的没有正经道谢过的德兰诺瓦夫人写信。好像下意识地在警告自己不要太晚去表达这些感情。也许他也感觉到自己将要和他们永远告别了。

第三节　婚姻与家庭

不管巴尔扎克是否意识到自己病情的严重程度，他的医生们都认为他已经难以恢复健康了。如果是他们一旦把这个消息告诉了德·韩斯迦夫人，她意识到他们结婚也只能在一起生活很短的时间，反正她决定答应了这个追求她多年的人。巴尔扎克已经没有心力去做那些冒险败家的事了。巴尔扎克已经变得很可怜了，她也受到了某种同情心的驱使，就好像一位贵妇人会同情为她服务一生而老去的仆人一样。婚礼定于 1850 年 3 月举行。

婚礼将在距离最近的城市柏尔地契夫举行。然后他们就可以动身到巴黎去，保庄楼已经一切准备妥当，就等着这一对新人入住了。巴尔扎克着急地指示他的母亲做好一些准备来迎接他的新娘。

您在客厅隔壁的最高处那一层的第一间房子里找到一个苍希里茜街的花商的地址。他曾经来找我谈装饰我房子的事情，一次可以保持两个星期，一年大概是六七百法郎。当时我正要离开巴黎，这件事就搁置下来了，再说我得等到我有钱了，而且她愿意跟我回去的时候再考虑这件事。她很喜欢花。等这位花商来装饰房子的时候，您可以依据这个跟他交涉价钱的事。您得保证让他用的都是好看的花，都是我们需要的。您得做这几件事：第一，第一个房间里需要一张花桌；第二，日式客厅里要一张花桌；第三，有圆顶的那间房子里需要两个花架子；第四，顶层那间灰屋子壁炉台上备上一个小花池；第五，楼梯顶上放两个大花瓶；第六，花盆里放两个花架子。

巴尔扎克在回家之前下了这几个命令。虽然他是个病人，记性却跟从前一样好，像照相机一样能记住每一个细节。每一件家具、每一只花瓶、每一个花架和它们的位置都在他的脑子里。结婚典礼跟回家的漫漫长路还在等着他，但是他的思绪已经插上翅膀，飞回幸福街去了。

巴尔扎克和德·韩斯迦夫人的婚礼于 3 月 14 日在乌克兰柏尔地契夫城的圣芭芭拉礼堂举行。婚礼是秘密举行的，他们不愿意引起别人的注意。所以没有通知任何人，没有一个客人。早晨七点钟天刚蒙蒙亮，准备来证婚的齐杜米尔主教没能赶来，但巴尔扎克已经很满意有一位贵族教士查鲁斯基伯爵参加了他们的婚礼。唯一的见证人只有教士的一位亲戚和梅尼齐克伯爵，现在已经变成巴尔扎克的女婿了。典礼举行完毕，他们就赶回维埃曹尼亚去，直到晚上十一点才筋疲力尽地赶到。

过了两天之后，巴尔扎克就开始写信宣布他的最后胜利。幸福好像使他恢复了健康，他给母亲、妹妹、拿克加尔大夫、卡罗·珠尔玛写信。他还向珠尔玛保证："当有人问起我从前的好朋友时，我一定会首先说出你的名字。"还用这段话报告了他结婚的喜讯："三天前，我跟我唯一所爱的女人，比任何时候都爱的女人，会继续爱到死的女人结婚了。我相信这是上帝为我保留的礼物，用来补偿我这么多年来所经历的苦难。我的童年有些不幸，我的春天并不美丽，但是现在我将享受灿烂的夏季和甜蜜的秋季。我的结婚可以给你一些安慰，因为你将看到经历了这么多痛苦之后，上帝终于把最后的幸福给了我。"

封上这封信的时候，他的脑子里就只有一个念头，那就是尽快地跟他们会合，回到他自己的家里去。他还是不能在信上附上妻子的问候，他没法劝他的妻子给他的母亲表示一点礼貌，他只好解释说："我的妻子想在这信上加几句话，但是信差在等着了，而且她起不了床。她的手因为风湿肿得拿不了笔。她会在下一封信里向您致敬。"

巴尔扎克将会为他新得到的幸福付出代价。那时候积雪还很深，不能通行，所以他们回不了巴黎。就算道路能同行，他的身体状况也不允许他出门。他给他的新房子订花订得太早了。他的身体每况愈下了，心脏病和胃病都复发了，眼睛也看不见东西了。

在这段时间里他还得不停地向他的母亲做出解释，以平息她的担忧。此时他的妹妹也躺在病床上由老母亲照顾。他说他的妻子向她们致敬，还说了自己的身体状况。

最后他们终于决定动身了。这次的旅程比想象的还要艰难。在波兰，巴尔扎克差点撑不住了。他吃不下东西，大量地出汗使他虚脱。他熟悉的朋友们看到他甚至都认不出来，5月11日，他在德勒斯登写信说："平时只要六天时间，这次我们花了一个月才走到这里，而且路上不止一次遇到危险。我们经常需要十五六个人把我们从埋到车窗的泥浆里拉出来。不过幸好我们活着走到了这里，但是我们都生病了。这种旅程能使人老上十年。你可以想象得到，在我们如此相爱的时刻，总是担心一个人会死在另一个怀里，那是种什么心情。"

在疲劳不堪和接近失明的状态下，他坚持到了德勒斯登。他都没法上台阶了，他开始怀疑自己还能不能坚持到巴黎。虽然在这种情况下，他还不得不亲自写信替他的妻子解释："她很高兴您在信里提到她，但是她的手肿得没法给您写信。"

不过，她的风湿并没有妨碍她去逛德勒斯登的珠宝店，花了两万五千法郎买了条珍珠项链，她还给女儿用圆润清晰的笔迹写了一封信，详细描述了买珍珠项链的过程。此时的巴尔扎克正躺在旅馆的床上经历病痛的折磨，而她关心的只是珍珠项链，这足以证明她的内心了，而且她此时称他为"这位亲爱的朋友"也是很奇怪的。他是她的负担，她不知道他还得麻烦她多长时间。

或许他们在德勒斯登的时候就有了分歧，但巴尔扎克始终坚持着，他给他的妹妹写信："我只能靠你了，你一定要保证我们到达的时候母亲不在幸福街。"他不敢想象两个女人见面的样子，他还解释说："如果母亲在，并且帮我们收拾行李的话，这有损她的尊严。"

老人当初的预测果然是正确的。她虽然知道在他们到来之前她一定会被要求离开，但还是细心看守着他们的财产，监督家里的仆人，处理一些事情。只要她把花都安置好，她就可以轻轻地关上门然后离开了。佛兰苏将站在门口迎接他的女主人。所有房间的灯都要打开。巴尔扎克的母亲知道自己在这里没有立足之地了，她就办好事情，到苏尔纳斯去了。

巴尔扎克还在回家的路上受着罪。命运给他的一点幸福都要他付出代价。还有一个更大的灾难等着他呢，他一回到保庄楼就看到可怕的一幕。最后一段行程是坐火车，不过火车晚点了。直到深夜他们才回到幸福街门口。巴尔扎克期待着看灯火和鲜花是不是按他说的布置好了，佛兰苏是不是捧着烛台站在门口。

最后，马车终于停下来了。佛兰苏听从了他的命令。所有屋子的灯都亮着。巴尔扎克按响了门铃，但是没有人来开门。他不停地按铃，但是整个房子却在明亮中缄默着。邻居都被引出来看。他问了一些话，没有人能回答他。他的妻子仍端坐在马车里，车夫则去寻找开锁匠。房门终于打开了，一幅惨痛的画面展现在巴尔扎克面前。

他的仆人佛兰苏蹲在屋子里，疯了。命运选择了这个时候让他发疯，人们得在半夜把他送到精神病院。佛兰苏被人们带走的时候，巴尔扎克领着他的新娘走进他们的新家。

第四节　与世长眠

巴尔扎克命运的规律到最后都没有改变。他在现实生活中永远实现不了自己的梦想，他的梦想只能在小说里实现。他付出了巨大的代价去给自己和心爱的人建筑了一所度过"最后二十五年"的房子。当他搬进去的时候，却命不久矣。他给自己布置了完美的书房去完成《人间喜剧》，他已经计划好了另外五十本书，但是一个字也没有写出来。他的眼睛已经完全失明了，后人所看到的从幸福街寄出的最后一封给高提埃·提奥飞尔的信其实是他的妻子代笔的，他只在信的最后潦草地写了一行"我已经不能读书或写字了"。

他布置好了一间美丽的书房，但是没有从里面翻看过一本书。他的客厅布置华美，是他准备去招待巴黎的贵族们的，但从没招待过。他希望能够亲自把他的那些收藏展示给全巴黎，给他的朋友们、作家们、艺术家们，但是当雨果来看他的时候，却得由他的妻子去给他的朋友解释说明。他曾经把这里想象成王宫，现在却变成了一所监狱。他一个人孤单地躺在大房子里，他的母亲像做贼一样偷溜进来照顾他，而他的妻子和以前一样对他漠不关心。

她的态度可以从给她女儿的信里看出来。她们快乐地闲聊珠宝、宝石或新衣服，没有一句对她临死的丈夫的担心。这个时候她还在用她们那时候给他取的绰号来称呼他："玩意儿到这儿的时候比任何时候都虚弱，他已经不能走路了。"

看见他的人都知道他的死期已近了，但他自己还不相信，他的乐观主义让他觉得自己还有复原的希望。他已经习惯蔑视困难，创造奇迹了，他没有放弃最后的挣扎。每当他情况好一点能说出话的时候，他就要用最后的力量去跟一位客人谈话，讨论政治，表示他不久就能恢复，说服别人也说服自己，他还有力量。

夏天到来之前，医生们做出了最后的诊断。拿克加尔大夫、路易大夫、卢大夫和福基埃医生四个人联合研究的结果表明他们现在唯一能做的就是设法缓解他的痛苦。至于其他的，他们觉得都没有必要了。巴尔扎克自己也开始沮丧了，他因不能完成《人间喜剧》而悲伤，又在想他死后他的作品将会发生的事。他逼问拿克加尔医生告诉他，他到底还能活多长时间，他从老朋友的脸上看到了答案。曾经流传过这样一个故事，这也许是真的，也许只是个传说。据说当他脑筋已经混乱的时候，他曾经呼唤过他在《人间喜剧》里拿来说明科学奇迹的毕安仓·霍拉斯的名字："如果毕安仓在这里，他会拯救我的。"

死亡的到来是很快的。雨果曾经在回忆录里描写过他在巴尔扎克临死前看望他的情景："月光从云里透出来，街上没有行人，我按响了门铃，没有人应答，我再次按响门铃。门开了，一个女仆拿着蜡烛走出来，她在抽泣。'您要找谁，先生？'我报上姓名，她带我走进客厅，那里有一座德·安吉尔·大卫给巴尔扎克雕的半身像，放在壁炉对面的支架上。一盏灯在房子中间的一张华丽的桌子上亮着，桌子的六个脚是包金的小雕像。另一个同样在哭泣的女人走过来说：'他就要死了，太太已经回她自己的房间休息了。从昨天起，医生就不管他了。他的左腿受过伤，现在这些伤口都生疮了。医生们也不知道怎么办。水肿让他的心脏脂化，他的肌肉和皮肤都变成了脂肪，所以没有办法钻孔放水。一个月前他还磕在一件突出的家具上……今天早晨九点开始他就没有说过话，太太派人去请了牧师给他做临终的涂油仪式。他点了点头，表示知道发生了什么。一个小时之后他像他的妹妹德·苏维尔夫人伸出手。十一点他的喉咙里出现了一阵急促的怪声。我怕他活不过今晚了。如果您需要，我可以把德·苏维尔先生叫来，他还没睡。'妇人离开，我等了一会儿。微弱的灯光照耀在客厅的家具和墙上的画上。云母石的半身像发出了亮光，好像是这位临死的人的灵魂。房子里充满了尸体的味道。德·苏维尔先生来了，证实了女仆的说法。"

　　我们沿着走廊上去，登上了一个铺着的红色地毯，装饰着各式艺术品、雕像、花瓶的楼梯，又穿过了一个走廊，这里有一扇门开着。我听到了一阵响亮的、不祥的、急促的声音。后来到了巴尔扎克的卧室。他的床就在屋子中间，是一张桃花心木做的床，周围都是布带和栓子，方便移动病人用。巴尔扎克躺在床上，倚在一堆枕头上，这里还有从睡椅上拿来的靠垫。他的脸是紫色的，甚至于可以说是黑色的，朝右边歪着。他没有刮胡子，头发是灰白色的，很短。他睁着眼凝视着我。我看到他的侧脸，觉得他很像拿破仑皇帝。他的母亲，还有一位护理人员和一位仆人在床的两边，床后面的桌子上点着灯，门边的柜子上点着另一盏灯。茶几上放着一个银盘。护理人员和仆人惶恐地站在一边看着这个临死的人。床边的灯火照耀着壁炉旁边一个含笑的年轻人的肖像。床上传来一阵阵令人作呕的气味。我翻开被子握住他的手，他的手上都是汗珠，我紧紧握住他的手，但他没有回握……

看护告诉我，天一亮他就要死。我下楼的时候带走了这一幕活生生的图画。走过客厅，我又看到静立不动没有感觉的精致半身像，发出光辉。此刻，我分不清死亡和不朽。

巴尔扎克在 1850 年 8 月 17 日夜里十点半离开人世。他的母亲是唯一留在他身边的人，他的妻子早就回自己的房间了。巴尔扎克的死是凄凉孤单的。葬礼定在 8 月 22 日举行，在圣鲁尔·菲力礼堂。在一场倾盆大雨中，他的尸体被送到墓园。他的妻子当然不了解他的内心，所以还有雨果、仲马·亚历山大、圣提·柏夫来为他执绋扶灵。这三个人没有一个跟他有深厚的友谊。圣提·柏夫还曾经是他的敌人，是他唯一怀恨在心的敌人。巴尔扎克被安葬在拉雪兹神父公墓，这里是他喜欢的地方。他小说中的人物拉斯蒂涅就是从这里窥伺京城，向巴黎挑战的。这是巴尔扎克最后的家，就像人家说的，唯一一个可以让他躲避债权人，寻求安息的地方。

维克多·雨果在墓前宣读了那篇著名的葬词，在葬词中，他说："巴尔扎克的一生是短促的，但也是饱满的，作品比岁月还多。"这是巴尔扎克生前从没听过的。就像他自己小说里的人物一样，他也要从拉雪兹公墓出发去征服巴黎、征服世界。